Wörterbuch überflüssiger Anglizismen

Herausgegeben von
Rudolf Bartzsch, Reiner Pogarell und Markus Schröder

Bibliografische Information der Deutschen Bibliothek:
Die Deutsche Bibliothek verzeichnet diese Publikation in der
Deutschen Nationalbibliografie; detaillierte bibliografische Daten
sind im Internet über http://dnb.ddb.de abrufbar.

Im IFB Verlag erscheinen zwei Wörterbücher zum Thema
Anglizismen, die über weite Teile eine scheinbare Ähnlichkeit
aufweisen. Auch bei den Verfassern gibt es personelle Über-
schneidungen. Trotzdem unterscheiden sich die beiden Titel
grundlegend.

Der „Anglizismen-INDEX" ist als offizielle Veröffentlichung des
größten deutschen Sprachvereins (VDS) um ein Höchstmaß an
Objektivität bemüht. Er beurteilt jeden Eintrag daraufhin, ob der
Anglizismus verdrängend, differenzierend oder ergänzend ist.
Insofern enthält er nicht nur überflüssige, sondern auch will-
kommene Anglizismen. Darüber hinaus entsteht der „INDEX"
immer in engster Zusammenarbeit mit namhaften Sprachwis-
senschaftlern.

Dagegen ist das „Wörterbuch" unbekümmerter und kämpferi-
scher angelegt. Es verzichtet keineswegs auf eine gewisse
Polemik und greift gelegentlich die Anglizismenverbreiter
offensiv an. Es ist weder einem Verein noch der Wissenschaft
verpflichtet.

Erste Auflage: September 1999
Siebente, erheblich erweiterte Auflage: April 2007
Nachdruck der siebenten Auflage: Juni 2008
Copyright © 2007 by
IFB Verlag
Schulze-Delitzsch-Straße 40, D-33100 Paderborn

Umschlaggestaltung: Sascha A. Pogarell
Druck: Janus Druck, Borchen

ISBN 978-3-931263-33-1

Wörterbuch überflüssiger Anglizismen

Inhaltsverzeichnis:

Wir danken allen, die uns mit Material versorgt und in jeder erdenklichen Weise in der Arbeit unterstützt haben. Das sind insbesondere

> Herr Peter Amels, Köln
>
> Herr Dipl.-Ing. Gerhard Both, GB - Seaford
>
> Herr StD a.d. Dieter Burkert, Dortmund
>
> Herr Erhard Dietermann, Siegen
>
> Herr Dipl.-Ing. Dr. Helmut Floegl, A - Wien
>
> Herr Prof. Dr. Helmut Glück, Bamberg,
>   mit seinen Studentinnen und Studenten
>
> Herr Prof. Dr. Michael Grade, Köln,
>   mit seinen Studentinnen und Studenten
>
> Frau Myriam Grobe, Paderborn
>
> Herr Prof. Dr. Wolfgang Haße, Berlin
>
> Herr Robert W. Heyder, Nürnberg
>
> Herr Dipl.-Ing. Jürgen Himstedt, Delbrück
>
> Herr Gisbert W. Hundacker, Höxter
>
> Herr Dipl.-Ing. Gerhard H. Junker, Friedrichshafen
>
> Herr Dr. Fritz Kasten, Hamburg
>
> Herr Prof. Dr. Walter Krämer, Dortmund
>
> Herr Peter von Meissner, Bamberg
>
> Herr Gernot Meißner, Berlin
>
> Herr Dr. Klaus Miehling, Freiburg
>
> Herr Karl Mosler, Bergheim
>
> Herr Dr. Rolf Neumann, Gehrden
>
> Frau Daniela Piel, Paderborn
>
> Herr Sascha Pogarell, Paderborn
>
> Herr Matthias Reif, CH - Freiburg
>
> Herr Dr. Rudi Renné, Kerpen
>
> Frau Barbara Schmeling, Paderborn
>
> Herr Eberhard Scholz, Bad Schwalbach
>
> Herr Dr. Johann Karl Teubner, B - Brüssel
>
> Herr Franz Thiel, Kumhausen
>
> Herr Horst Toussaint, F - Cambo-les-Bains
>
> Frau Regina Tschirschke, Wadersloh
>
> Herr Prof. Dr. H. Ueberberg, Biberach an der Riß
>
> Herr Werner Voigt, L - Luxemburg
>
> Herr Andreas Weigard, Tetenbüll
>
> Herr Dr. Hartwig Wilde, Braak
>
> Herr Prof. Dr. Hermann Zabel, Dortmund

und viele andere.

Vorwort

„Die englische Sprache breitet sich in Deutschland mit solch einer halsbrecherischen Geschwindigkeit aus, dass man sich fast fragen muss, ob es sich lohnt, weiterhin Deutsch zu lernen."
(The Daily Telegraph, London)

„Trotz einer Rechtschreibreform hat Englisch die deutsche Sprache kannibalisiert."
(Le Figaro, Paris)

Jede Sprache entwickelt und verändert sich, jede Sprache entlehnt einzelne Wörter aus anderen Sprachen. Das Deutsche macht da keine Ausnahme. Entwicklungen, Veränderungen und Entlehnungen sind wichtig, damit die Sprache jederzeit auf neue Herausforderungen reagieren kann.

In welche Richtung die Sprachentwicklung geht, sollte normalerweise die Sprachgemeinschaft bestimmen. Die deutsche Sprachgemeinschaft besteht zur Zeit aus rund 100 Millionen Menschen vor allem in Europa. Normalerweise müsste jedes Mitglied dieser Gemeinschaft einen gleichberechtigten Anteil an dieser Entwicklung haben. Das allerdings ist in unserer Mediengesellschaft eine Wunschvorstellung.

Wer Zeitungen in Millionenauflage verbreiten kann, hat halt naturgemäß größeren Einfluss auf die Sprache als jemand, der sich nur ab und zu mit seiner Nachbarin unterhält. Wer viele Stunden am Tag viele Millionen Menschen mit Fernsehsendungen versorgen darf, wird auf deren Sprache stärker einwirken können als jemand, der wöchentlich im Stadtrat seiner Heimatstadt die Anträge seiner Partei vertritt.

Über Zeitungen, Zeitschriften, Rundfunk, Fernsehen, Plakatwände, Handzettel, Kataloge und Hochglanz-Broschüren nimmt eine Branche einen ganz besonders starken Einfluss auf unsere Sprache: die Werbung. Ob man nun Werbung mag oder nicht, niemand kann sich ihr entziehen. Wenn wir am Frühstückstisch die Morgenzeitung lesen, auf dem Weg zur Arbeit Radio hören, am Schreibtisch die Post sichten, am späten Nachmittag einen Stadtbummel machen oder am Abend einen Spielfilm im Fernsehen anschauen, immer begleitet uns die Werbung.

Nun haben einige Werbetreibende eine unschöne Vorliebe entwickelt. Sie verwenden bei allen sich bietenden Gelegenheiten Wörter und Versatzstücke aus der englischen Sprache. Offenbar verfügen sie zur Zeit über keine anderen kreativen Mittel. Da wird dann jeder Laden zum Shop, was leicht ist, heißt light, und selbst das Warten auf Weihnachten wird zum Christmas Countdown.

Nicht die aufgeführten Einzelbeispiele sind dabei Besorgnis erregend, sondern die Gesamtmenge. Die Werbung verändert unsere Sprache durch viele tausend englische Ausdrücke so nachhaltig, dass sie droht, ihren Status als eigenständige Kultursprache zu verlieren. Was soll denn das für eine Sprache sein, in der es anscheinend keine eigenen Wörter für Liebe, Laden, Leben oder Weihnachten, Wohlgefühl und Welt gibt. Warum sonst liest man überall Love, Shop, Life, Christmas, Wellness und World?

Internationaler wird die deutsche Sprache dadurch in keiner Weise. Erstens gibt es viele der verwendeten Anglizismen in der englischen und amerikanischen Sprache gar nicht, das gilt für Wörter wie Handy, Dressman, GlobalCall und so weiter. Zweitens nutzen eingesprengte englische Wörter überhaupt nichts, solange der Rest deutsch bleibt. Man könnte sogar noch einige Argumente dafür finden, die deutsche Sprache vollkommen abzuschaffen. Das wäre zwar schade, aber begründbar. Für den derzeitigen Mischmasch gibt es keinerlei Rechtfertigung. Er ist unschön, wirkt peinlich auf englischsprachige Besucher und ist auch für viele Menschen nicht mehr verständlich.

Andere gesellschaftliche Bereiche haben sich der Werbung angeglichen. Unternehmen nennen ihre Sitzungen fast nur noch Meeting, im Fußball ist aus dem Torwart der Keeper geworden.

Es sind viele tausend Wörter geworden, die auf diese Weise in unseren Wortschatz gekommen sind. Immer häufiger erscheinen sie uns so selbstverständlich, dass wir einfach nicht mehr wissen, wie das eigentlich richtige deutsche Wort noch heißt. Diese Entwicklung ist unterschiedlich weit fortgeschritten. Noch wissen die meisten Menschen, dass Christmas eigentlich Weihnachten heißt. Aber viele Unternehmensmitarbeiter wissen nicht mehr, dass das Wort Meeting leicht durch Treffen, Sitzung oder Besprechung ersetzt werden kann.

Einmalig ist dieser Vorgang in der deutschen Sprachgeschichte nicht. Im Gegenteil, es gab immer wieder regelrechte Schübe der Übernahme fremder Wörter. Unsere Wörter Mauer und Fenster stammen aus der Zeit des intensiven Kontaktes mit der römischen Welt. Das Christentum trug viele Wörter lateinischen und griechischen Ursprunges in unseren Wortschatz. In der Alamodezeit ertrug die deutsche Sprache eine regelrechte Überschwemmung durch französische Wörter. Adel und Gebildete sprachen nur noch in Ausnahmefällen Deutsch. Französisch schien unsere Sprache zu erdrücken.

Dass Römer, Missionare und Franzosen die deutsche Sprache im Nachhinein zwar verändert und bereichert, nicht aber erdrückt haben, liegt daran, dass es immer auch Bewegungen gegen eine zu starke Beeinflussung gab. Die frühen christlichen Missionare aus Irland und Italien konnten ihre Missionserfolge durch das Wort nur erreichen, weil sie große Mühe in die Übersetzung und Verdeutschung lateinischer Bibelstellen investierten. Gegen die Überschwemmung durch französische Wörter entstanden bereits im 17. Jahrhundert zahlreiche private Vereine und Bewegungen, die es im Laufe vieler Jahrzehnte schafften, ihren Einfluss sogar auf die staatliche Ebene auszudehnen. Eine große Anzahl von Wortlisten und Verdeutschungs-Wörterbüchern für alle möglichen Anwendungsgebiete entstand. Diese trugen sehr dazu bei, immer mehr französische Wörter im deutschen Wortschatz zu ersetzen. Betroffen waren auch solche Romanizismen, die damals als unverzichtbar und unübersetzbar bezeichnet wurden. Die Nazis schließlich verboten solche Anstrengungen 1940 mit nachhaltigem Erfolg. Ihnen lag mehr an einer verschleiernden Sprache als an gutem Deutsch. Viele Jahre gab es keine nennenswerte Einrichtung, die sich für die deutsche Sprache einsetzte.

Mit diesem Wörterbuch wollen wir die Überflüssigkeit der meisten englischen Wörter in unserer Sprache dokumentieren. Gegen sinnvolle Übernahmen und Bereicherungen haben wir natürlich nichts einzuwenden. Und wir wollen denjenigen Menschen helfen, die sich um gutes Deutsch bemühen und deutschsprachige Texte auch aus deutschen Wörtern bauen möchten.

Wir haben die Wörter aus allen gesellschaftlichen Bereichen gesammelt, mit denen ein normaler Mensch in Berührung kommen kann. Es geht also nicht nur um die Werbung. Wo immer uns überflüssige Anglizismen auffielen, haben wir sie aufgenommen. Sehr vorsichtig verhalten haben wir uns bei Fachwortschätzen und bei bestimmten Modesportarten, die nur von einem kleinen Bevölkerungsteil ausgeübt werden. Ganz die Finger gelassen haben wir von typischen englischen oder amerikanischen Erscheinungen: Keinesfalls ersetzen wir Basketball durch Korbball. Eigennamen amerikanischen Ursprungs sind sowieso ausgeschlossen, den McChicken lassen wir also so wie er ist. Dass trotzdem das Wort Soccer in unserem Wörterbuch erscheinen muss, liegt an Werbetreibenden, die Fußballausstattung in Deutschland unter dem Begriff Soccer verkaufen wollen. Aufgenommen haben wir aber deutsche Produktnamen denglischer Gestalt, die sich vor allem an deutsche Käufer richten.

Vollständigkeit konnten wir nicht ernsthaft anstreben, zu groß ist die Menge englischsprachiger Wörter in allen Bereichen des Wortschatzes geworden. Zudem ist der Wortschatz ständig in Bewegung. Wir gehen davon aus, den Kern abgebildet zu haben. Über Nachträge, Ergänzungen und Vorschläge freuen wir uns.

Die Werbung verteidigt ihre Vorliebe für englische Wortbestandteile meist damit, dass das Englische kürzer und prägnanter sei. Das mag insgesamt stimmen. Aber erstens ist Kürze ja kein Wert an sich – längere Texte können verständlicher und angenehmer sein als kurze, und dicke Bücher verkaufen sich nicht schlechter als dünne – und zweitens zeigt die folgende Wortliste, dass die Werbeaussagen nicht so ohne weiteres haltbar sind. In einigen Fällen sind die englischen Wörter deutlich kürzer, in anderen die deutschen. In der Mehrheit der Fälle sind die Abweichungen jedoch geringfügig. Man kann sich somit in der deutschen Sprache ebenso prägnant ausdrücken wie in der englischen – man muss es nur tun.

Vorwort zur 7. Auflage

Seit der ersten Auflage im Jahre 1999 hat sich die sprachliche Wirklichkeit in den deutschsprachigen Staaten erheblich gewandelt. Auf der einen Seite nimmt die Zahl der überflüssigen Anglizismen immer noch zu. Daher ist auch dieses Wörterbuch so umfangreich wie nie zuvor.

Auf der anderen Seite gibt es kaum noch eine seriöse Werbung, kaum noch ein seriöses Unternehmen, das auf peinliche Anglizismen setzt. Die großen und soliden Unternehmen präsentieren sich zunehmend in der Sprache ihrer Kunden.

Englisch bzw. Denglisch ist dagegen zur Sprache der Billigprodukte, zur Hochstapel- und Dummensprache geworden. Wer nichts zu sagen hat, sagt es auf Englisch.

Dabei ist die Akzeptanz unseres Wörterbuches ständig gestiegen. Es ist in allen wichtigen Bibliotheken präsent, große Unternehmen bestellen es für ihre Mitarbeiter. Wir bekommen Zustimmung von allen politischen Seiten, aus allen deutschsprachigen Regionen. Verkniffene und englischtümelnde Angriffe gibt es nur noch sehr selten.

Wir haben daher die Hoffnung, dass dieses Buch dazu beiträgt, sich selbst überflüssig zu machen.

Brand-Erbisdorf, Paderborn, Wadersloh, im April 2007

Dr. Rudolf Bartzsch
Dr. Reiner Pogarell
Dr. Markus Schröder

Benutzungshinweise

Originäre englische Begriffe sind in der Regel in der englischen Originalschreibweise nach dem „American Heritage Dictionary", das gleichzeitig das Standard-Herkunftswörterbuch im Amerikanischen ist, aufgeführt.

Der Begriff „Denglisch" umschreibt Wörter, die deutsche Erfindungen (Handy, Showmaster usw.) oder ein Gemisch beider Sprachen (abtörnen, versnobt usw.) sind. Enthalten solche Wörter deutsche Komponenten, richtet sich die Schreibweise nach dem aktuellen „Duden" bzw. dem „Großen Duden-Fremdwörterbuch". Komposita werden demgemäß vorzugsweise ohne Bindestrich zusammengeschrieben. Denglische Begriffe mit ausschließlich englischen Komponenten werden dagegen wie die rein englischen Begriffe behandelt.

Stabile, eingeführte Übersetzungen und geeignete Synonyme sind in normaler Schrift gesetzt.

Bloße Erläuterungen des englischen bzw. denglischen Begriffs, Ergänzungen hinsichtlich der im Einzelfall gemeinten Bedeutung bei mehrdeutigen deutschen Ausdrücken, eine Reihe von denkbaren Übertragungen bzw. passenden Synonymen zu bereits weitgehend im Deutschen aufgegangenen Anglizismen, etliche vorläufige Übersetzungen und schließlich einige wenige gewagtere eigene Neubildungen sind in kursiver Schrift gesetzt. In gleicher Form erscheint eine Reihe von Kommentaren, die Hintergrundinformationen zur Entstehung und zur Verwendung besonders ärgerlicher Anglizismen bieten.

In Klammern gefasste Begriffe (auch in normaler Schrift gesetzte) werden i. Allg. bei Übersetzungen nicht gebraucht, wenn sich der Sinn aus dem Textzusammenhang ergibt.

Nicht in das Wörterbuch aufgenommen worden sind Eigennamen aus dem englischen Sprachraum, da sie natürlich nicht überflüssig sind.

In den meisten Fällen ist bei Personenbegriffen, die für beide Geschlechter gelten, nur die kürzere – meist männliche – Form genannt, was allein der Lesbarkeit des Textes dient und das jeweils andere Geschlecht nicht ausschließen soll.

Gibt es für ein Stichwort mehrere Bedeutungen, so ist das Wort in jeder Bedeutung einzeln aufgeführt und mit hochstehenden Zahlen nummeriert. Weniger große Bedeutungsunterschiede innerhalb eines Eintrags sind durch Semikola gekennzeichnet.

A

@: Zeichen „at", „Klammeraffe" *(Herzstück einer E-Post-Adresse), siehe auch* **generation @**

a.a.: *siehe* **author's alterations**

ab-: *deutsche Vorsilbe, die in denglischen Mischmasch eingearbeitet wird, so in*

  abcashen: abkassieren, *Denglisch*

  abchecken: prüfen, überprüfen, durchprüfen, klarmachen, erklären, *Denglisch*

  abgefuckt[1]: heruntergekommen, verwahrlost, *Denglisch*

  abgefuckt[2]: lustlos, gelangweilt, *Denglisch*

  abgespact, abgespaced: weltfremd; verrückt, durchgeknallt, *Denglisch*

  abhotten: tanzen, *Denglisch*

  absaven: absichern, sichern, *Denglisch*

  abspacen: *den Problemen entfliehen, durchdrehen, entrücken, auf einem anderen Stern leben, sich von der Wirklichkeit lösen, den Boden unter den Füßen verlieren, manchmal auch im Sinne von „entspannen", Denglisch*

  abtörnen, abturnen: anwidern, lästig sein, aus der Stimmung bringen, *Denglisch, siehe auch* **antörnen**

aboard: an Bord

abort[1]: Abbruch, abbrechen

abort[2]: Programmabbruch

about: ungefähr, *siehe auch* **roundabout**[1]

above: Obiges, das Obenerwähnte, über

absence: Abwesenheit, Fehlen

absorber: *(Absorptions-)*Kühlschrank

abstract[1]: Kurzfassung, Zusammenfassung, *(kurze)* Inhaltsangabe

abstract[2]: abstrakt, dunkel

academy: Hochschule, Akademie, *in der Praxis sehr oft nur:* Fortbildung, Weiterbildung *oder gar* Schule

accent: Akzent, Aussprache, Ton, Stil, Betonung, Ausdruck

accept: annehmen, *auch in*

  acceptable: annehmbar

access: Zugriff *(z. B. zu Datenbanken, zum Internet, zu Konten oder Schließfächern)*, zugreifen, *auch in*

  accession: Anschluss, Beitritt, Zugang

  access point: Zugangspunkt

access provider, provider: (Netz-)Anbieter *(von Material zum Einstieg ins Internet)*

accessories: Beiwerk, Zubehör, Klimbim, Requisiten, Utensilien, Kinkerlitzchen

acclamation: Beifall, Zustimmung

account[1]: Bericht

account[2]: Zugangsberechtigung, Nutzungsrecht, Zugang

account[3]: Konto, Rechnung, *auch in*

    accountant: Buchhalter, Rechnungsprüfer

    account executive: Kundenbetreuer

    accounting: Buchführung, Rechnungswesen; Zählung, Rechnung, Berechnung

    account manager: Buchhalter

    account sales: Rechnungslegung, Verkaufsrechnung

accuracy: Sorgfalt, Genauigkeit, Präzision

acid[1]: Säure

acid[2]: Rauschmittel, LSD, *auch in*

    acid trip: Drogenrausch

acid[3]: abgefahren, geil, scharf, toll

acknowledgment: Anerkennung

acquisition: Übernahme *(von Unternehmen bzw. Unternehmensteilen)*, Kundengewinnung, Kundenfang, Anheuern

across: quer, quer durch, über

act[1]: Großereignis *(der Popmusik)*, Darbietung, Darstellung, Schau, Anstrengung, Akt

act[2]: Verordnung, Gesetz, z. B. **small business act** *der rot-grünen Bundesregierung*

action[1]: Aktion, Bewegung, Rummel, Spaß, Unternehmung, *auch in*

    action painter: Aktionsmaler, Spontanmaler

    action painting: Aktionsmalerei, *abstrakt-expressionistische Malerei in den USA*

    action weekend: Erlebniswochenende

action[2]: *(spannende)* Handlung, Tat, Bewegung, turbulente Szenen, *auch in*

    Actionfilm: Abenteuerfilm, Aktionsfilm, Handlungsfilm, *Denglisch*

    action getter: Handlungsauslöser, Veranlasser

    action item: Aufgabe, Maßnahme

    action news: Sensationsnachrichten, *unterhaltsame Nachrichten, siehe auch* **infotainment**

    action story: Reißer, reißerischer Bericht

    action stress: *Überforderung bei Rechnerspielen*

    action team: *(temporäre)* Arbeits-, Projekt-, Einsatzgruppe

    action thriller: Spannungsfilm

action[3]: Sonderangebot, Verkaufsaktion

active: aktiv, handelnd, rührig, *auch falsch „activ" geschrieben*

activity: Aktivität, Tätigkeit, Betätigung, Energie, Handlung, Geschäftigkeit, Rührigkeit

actor: (Film-)Schauspieler, (Film-)Darsteller

actress: (Film-)Schauspielerin, (Film-)Darstellerin

actual: tatsächlich, konkret, *nicht: „aktuell", auch in*

   actuality: Wirklichkeit, Realität

ad: *siehe* **advertisement**, *auch in*

   ad click: Werbeklick *(eines Schaltknopfes oder Banners)*

   ad-click rate: Anzeigenbeachtungsrate, Bannerklickrate

   ad game: Werbespiel *(im Internet)*

   ad impressions: Werbeeindruck

   ad mail: Werbebrief *(im Internet)*

   ad view: Werbenutzung, Werbezugriff, „Klickzahl"

   adware: "Spion im Rechner", *Werberoboter mit Spionageaufgaben, siehe auch* **spyware, phishing** *und* **pharming**[1]

adapt: anpassen

add: hinzufügen; kaufen *(Börse), auch in*

   add a card: Anzeige mit Bestellkarte

   added value: Mehrwert, Zusatznutzen, Zusatzleistung *(in der Vermarktung)*

   added value tax: Mehrwertsteuer, *Denglisch, im Englischen:* **value-added tax**

   add-in: Einschub

   additive: Zusatz

   add-on: Zusatz, Aufsatz

address a problem: ansprechen, Problem bearbeiten

administration: Verwaltung, *meist als Synonym für die (US-)Regierung gebraucht (in diesem Sinne Denglisch)*

adult: erwachsen, Erwachsener

adult content: jugendgefährdend, nicht jugendfrei

advance: vorweg, im Vornherein, Vor-, *viele denglische Verbindungen wie:* Advance Reinigungssystem = Vorreinigungssystem, *auch in*

   advance booking: Vorverkauf, Vorbestellung, Vorausbuchung, Reservierung

   advance letter: *Warmhaltebotschaft, Werbebrief zur Aufmerksamkeitserregung, oft ein einfacher Infobrief oder eine Vorankündigung*

   advance notice: Voranzeige, Voranmeldung, Vorwarnung

   advance payment: Vorauszahlung

advantage: Vorteil *(im Tennis, aber auch z. B. in Werbeprospekten von Finanzberatern)*

adventure[1]: Abenteuer, *auch in*

    adventure holidays: Abenteuerurlaub

    Adventurespiel *(Denglisch)*, **adventure**[2]: Abenteuerspiel *(am Rechner)*

advertainment: Werbeunterhaltung, unterhaltende Werbung, Spaßwerbung

advertise: werben, inserieren, *auch in*

    advertisement: Werbung; Anzeige, Inserat

    advertising: Werbung, Werben, Werbe-

    advertising agency: Werbeagentur

    advertising letter: Werbebrief

    advertising manager: Anzeigenbearbeiter, Anzeigenannahme

adviser: Berater, Ratgeber, *auch in*

    advisory board: Beirat, beratendes Gremium

    advisory body: Beratungsorgan

aerobic: Tanzgymnastik *(Stärkung der körperlichen Verfassung durch tänzerische und gymnastische Übungen)*, Denglisch, im Englischen „aerobics"

aerospace: Luft- und Raumfahrt, *auch in*

    aerospace industry: Luft- und Raumfahrtindustrie

affair[1]: Sache, Angelegenheit

affair[2]: Liebschaft, Affäre, Verhältnis

affect: einwirken, wirken auf, sich auswirken auf

Affiliate-Programm: Partnerprogramm, *Denglisch*

afresh: erneut, von vorn, von neuem; gestärkt

afro look: Kraushaar

after: nach, hinter, Nach-, *auch in*

    afterburner: Nachbrenner *(Formel 1)*

    after-business party, **after-office party**: Feier-Abend, Feierabendfeier, Blaue Stunde

    aftereffect: Nachwirkung, Folge(-erscheinung); Folgefehler

    after-game party: *(Spiel-)*Nachfeier, *z. B. beim Fußball*

    after-hours party: Nachfeier

    after-market: (Kfz-)Ersatzteilmarkt, (Kfz-)Zubehörmarkt; Nachkauf (-betreuung), *nicht etwa ein Toilettenpapiergeschäft*

    after sales (service): Nachkaufbetreuung, Kundendienst, *siehe auch* **post sales**

    after-school party: Schulfete *(nach Schulschluss)*, *siehe auch* **school-out party**

    after-shave (lotion): Rasierwasser, *siehe auch* **pre-shave**

    after-shave balm: Rasierbalsam

    aftershow party: *(Veranstaltungs-)*Nachfeier

    after-ski: Schivergnügen, *Vergnügen nach dem Schilaufen, auch:* Après-Ski

After-Sun-Produkt: Sonnenschutz(-mittel) *(nach der Sonneneinwirkung zu verwenden)*, Nach-Sonnenschutz, *Denglisch*

after-work club: Feierabendtreff

after-work party: Feierabendfete

age: Alter, Zeitalter, *auch in*

age explorer: „Altersentdecker", *eine Art Raumanzug, der es einem jungen Menschen ermöglichen soll, sich wie ein alter zu fühlen*

ageism: Veralterung, Vergreisung

ageless: zeitlos, alterslos

age simulator: *siehe* **age explorer**

aging, ageing: Alterung, z. B. *in Werbestrategien für* Antiaging-Mittel *oder Verjüngungskliniken wie:* The Art of Anti-Aging Institute *und* Anti-Aging-Clinic Köln

agency: Vermittler, Vertretung, Agentur, Geschäftsstelle

agenda: Tagesordnung, Plan, Notizbuch, Terminkalender, Merkbuch, *Liste von Gesprächspunkten*

agent[1]: Agens, Wirkstoff

agent[2]: Spion, *Denglisch*

agent[3]: Künstlervermittler

agent[4]: Kundenbetreuer, Kundenberater *(telefonisch)*; Vertreter, Vertragshändler - *in manchem* **call center** *ist der* agent *auch nur der* Verkäufer *oder der* Sachbearbeiter, *in anderen ein reiner* Telefonist *ohne Kompetenzbereich. Die große Anzahl an Übersetzungen zeigt den Verlegenheitscharakter des Wortes. Man benutzt den Anglizismus, wenn man nicht richtig weiß, welche Aufgabe der Mitarbeiter eigentlich hat.*

agility: Hundesport *(mit Orientierung auf Gewandtheit, Mobilität usw.)*

agreement: Vertrag, *(formlose)* Übereinkunft, Abkommen, Abmachung, Absprache, Einklang, Zustimmung, Vereinbarung

aid: Beistand, Unterstützung, Hilfe *(neuerdings gern auch bei Spendensammlungen verwendet)*

air[1]: Luftsprung *beim* **snowboarden**

air[2]: Luft, *auch in*

air bag: Prellsack, Prallkissen, *siehe auch* **side bag**

air base: Fliegerhorst, Militärflugplatz, Luftwaffenstützpunkt

air board: Luftkissen *(neues Schisportgerät)*

air box: Luftversorgung *(Formel 1)*

air brake[1]: Luftbremse, Luftdruckbremse, Druckluftbremse

air brake[2]: Bremsklappe *(am Flugzeug)*

airbrush: luftpinseln, sprühmalen; Spritzpistole, Spritztechnik

air-condition, air-conditioner, air-conditioning: Klimaanlage

air-conditioned: (voll-)klimatisiert

aircraft: Flugzeug, *siehe auch* **airplane**

air crane: Luftschiffkran, *siehe auch* **cargo lifter**

aircrew: Flugzeugbesatzung, Flugpersonal

Aireffekt: Lufterfrischer, *Abwehr schlechter Gerüche, z. B. mit Hilfe von speziellen Katalysatoren in Gardinen, Denglisch*

airfield: Sportflugplatz, Kleinflugplatz

airflow: Luftströmung, Luftstrom

air force: Luftstreitkräfte, Luftwaffe

airframe: (Flugzeug-)Zelle, Flugzeuggerüst

air hole: Luftloch

airing[1]: Lüftung

airing[2]: senden *(über Radio / Fernsehen)*

airless[1]: windstill

airless[2] **(tires)**: Vollgummireifen, Vollwandreifen, luftlose Reifen

airline: Fluggesellschaft, Fluglinie

airliner: *(großes)* Passagierflugzeug

airmail: Luftpost, Luftpostbrief

air place: Sendeplatz

airplane, plane: Flugzeug, *siehe auch* **aircraft**

airplay: Radio-, Fernsehausstrahlung

air police: Luftpolizei

airport: Flughafen. *Das Wort verdrängt den deutschen Ausdruck zurzeit auf breiter Ebene, auch auf offiziellen Beschilderungen. Dazu zahlreiche denglische Zusammensetzungen:* Airportmagazin, Airportshop, Airportparking, Airportrestaurant.

airport cityliner: *Zubringerbus zum Flughafen,* Flughafenzubringer

air safety: Flugsicherheit

airship: Luftschiff, Zeppelin, *siehe auch* **blimp**[2]

air show: Flugschau

airsick: luftkrank

air terminal: Abfertigungshalle

air ticket: Flugschein

airtime: Gesprächsdauer, Sprechzeit, *z. B. am Telefon*

Airtransfracht: Luftfracht, *Denglisch*

aka (also known as): (auch) bekannt als, alias

alcopop: alkoholhaltige Limonade, *Alkolimo (Kombination von* **alcohol** *und* **pop**[2]*), siehe auch* **soda pop**

alert[1]: aufmerksam, wachsam; agil, aufgeweckt, flink, lebhaft, munter

alert[2]: Alarm, Warnsignal, Alarmbereitschaft

alert line: Frist, Stichzeit, Abgabedatum

aliasing: *Informationsverlust bei Bildkompression,* Verfälschung, Verzerrung, Treppeneffekt *(EDV)*

alien: Fremder, Außerirdischer, Fremdling

alive: lebendig, munter

all: alles, *auch in*

All-Age-Buch: *Buch für alle Altersgruppen, Buch für jedermann, Denglisch*

all for free: alles (für) umsonst, alles kostenlos, *Denglisch*

all included: alles inbegriffen

all inclusive[1]: Gesamtpaket, mit allem, alles inbegriffen, vollständig

all-inclusive[2], **All-inclusive-Angebot**: Gesamtangebot, Pauschal(reise)angebot, *Denglisch*

all-inclusive card, **All-inclusive-Karte**: „Rundum-Karte", „Gesamtkarte", *Denglisch*

All-inclusive-Pflege: Rundum-, Pauschal-, Festpreispflege, *umfassende medizinische Behandlung und Betreuung, Denglisch*

all in one: alles in Einem, vollständig

All-in-one-Gerät: Verbundgerät, Kombigerät, Multifunktionsgerät (MFG), *Denglisch, siehe auch* **multifunctional device**

All-in-one-Rechner: Komplettrechner, *Denglisch, siehe auch* **panel PC**

all over: ganzflächig, vollständig, überall

allover look: *durchgängig (einheitlich) gestaltete Kleidung*

all-purpose: Allzweck-

all right: in Ordnung

all-stars: Auswahlmannschaft, die Besten

all-star team: Auswahlmannschaft, Bestenmannschaft

all-terrain bike: Allgeländerad, Mehrzweckrad, Allzweckrad

all-terrain vehicle, **ATV**: Geländefahrzeug, *Fahrzeug für jedes Gelände, Fahrzeug für unwirtliches Gelände*

all-time favorite: Lieblings-, Dauerfavorit

all-time high: Allzeithoch, absoluter Höchstkurs *(Börse)*

all-weather: wetterfest, Wetter-

all-you-can-eat: „soviel du verträgst", „soviel Sie wollen", Pauschalessen

alles roger: alles in Ordnung, *Denglisch*

alliance: Bündnis, Verbindung

allowance: *Oberbegriff für:* „finanzielles Zugeständnis", *bereichsspezifische Bedeutungen sind z. B.:* Bewilligung, Anerkennung *(Behörden)*, Zuteilung, Zuwendung, Zuschuss, Taschengeld, Mitgift, Entschädigung, Vergütung, Steuererleichterung

all-round: überall einsetzbar, vielseitig, vielfältig, *auch in*

all-rounder, **all-round man**: Alleskönner, Tausendsassa

Allrounderin: Alleskönnerin, *Denglisch*

Allroundlösung: Universal-, Allzwecklösung

Allroundspieler: Allesspieler, *kann in einer Mannschaft überall spielen, Denglisch*

Allroundtalent: vielseitiges Talent, *Denglisch*

always: immer, stets *(oft in sinnlosen denglischen Produktnamen wie der bewährten „always ultra")*

a.m.: vormittags, *englische Abkürzung für den lateinischen Begriff* **ante meridiem**, *siehe auch* **p.m.**

ambulance: Krankenwagen

American way of life: amerikanische Lebensart

amnesty: Amnestie, Straferlass

ampersand: *Zeichen „et"*, kaufmännisches „Und"

amplification: Erweiterung, Verstärkung, *auch in*

  amplifier: Verstärker

amused: erfreut, *Denglisch. Regierungssprecher: „Der Bundeskanzler war nicht amused. ", auch in*

  amusement: Unterhaltung, Zeitvertreib, Vergnügung, Spaß

  amusing: amüsant, vergnüglich, nett

an-: *beliebte deutsche Vorsilbe für denglische Begriffe, so in*

  anclicken: *Schaltfläche betätigen,* anklicken, *Denglisch, siehe auch* **clicken**

  andocken: ankoppeln, *Denglisch*

  anfitten *(Denglisch): siehe* **fitten**

  anpowern: anspornen, antreiben, in Schwung bringen, *Denglisch*

  ansurfen: *(im Internet)* anwählen, *(eine Seite im Internet)* besuchen, *Denglisch*

  anteasern: anfüttern, anreizen, *auf etwas* aufmerksam machen, die Neugier wecken, *Denglisch, siehe auch* **teaser**

  antrailern: *(Fernsehsendungen)* ankündigen, *Denglisch, siehe auch* **trailer**[2]

  anturnen, antörnen: reizen, anregen, erregen, in einen Rausch bringen, begeistern, Interesse wecken, *Denglisch, siehe auch* **abtörnen**

analysis tool: Analysehilfe, Auswertungshilfe, Untersuchungshilfe

analyst[1]: Börsenfachmann/frau, Börsenbeobachter/in

analyst[2]: Analytiker

analyzer: Analytiker, Analysator

anchor: Halt, Anker, Festpunkt, *auch in*

  anchorman[1], **-woman**: Chefsprecher/in, Chefmoderator/in, Hauptnachrichtensprecher/in *(viele Fernsehzeitungen verwenden das Wort auch einfach für* Nachrichtensprecher, *z. B. die „Funk-Uhr")*

  anchorman[2]: Schlüsselfigur

angel[1]: Engel

angel[2]: Wirtschaftsberater, *in der Wirtschaft für jede hilfreiche Person, z. B.* **business angel**

Angelshop: *(Geschäft für)* Anglerbedarf, *Denglisch - keineswegs „Engelgeschäft", siehe auch* **Backshop** *und* **Badshop**

angry: zornig, ärgerlich

animal: Tier, *auch in*

    animal point: Tierheim, *Denglisch*

anniversary: Jahrestag *(gerade halbwissenschaftliche Vereinigungen versuchen sich so wissenschaftlich zu machen)*

announce: bekannt geben, *in der Wirtschaft auch als denglisches Verb* announcen („Ich announce" = „Ich gebe bekannt"), *auch in*

    announcement: Ankündigung, Bekanntmachung

annual[1]: jährlich, *auch in*

    annually: Jahr für Jahr, jährlich

annual[2]: Jahres- *als Vorsilbe, wie in*

    annual fee: Jahresbeitrag

    annual financial statement: Jahresabschluss, Geschäftsbericht

    annual income: Jahreseinkommen

    annual meeting: Jahreshauptversammlung

    annual profit: Jahresgewinn

    annual report: Jahresbericht, Geschäftsbericht

    annual salary: Jahreseinkommen, -gehalt

    annual turnover: Jahresumsatz

ante meridiem: *siehe a.m.*

anthrax: Milzbrand

anti-: *griechische Vorsilbe in überflüssigen Anglizismen, so in*

    antiaging: das Altern aufhalten, verzögern, verhindern, Alternsverzögerung, *Jugend im Alter, siehe auch* **better-aging**

    antiaircraft: Flugabwehr(-kanone)

    antialiasing: *Wettmachen von Informationsverlusten bei Bildkompression,* Treppeneffektglättung, Entfälschung, Entzerrung, Korrektur *(EDV)*

    antiblemish: Antipickel-

    anticlimax: Tiefstpunkt

    Antidialer-Programm: *Schutzprogramm im Internet (Programm zum Schutz vor kriminellen* **dialer**-*Versionen),* Rückwählerschutz, *Denglisch*

    anti-dim glass: Klar(sicht)scheibe

    anti-dive: Fahrwerkstabilisierung *(Formel 1)*

    antifouling: Unterwasseranstrich

    antifreeze: Frostschutzmittel, Frostmittel, Frostschutz

    antiicing: Enteisung *mit Schutz vor erneuter Vereisung, siehe auch* **deicing**

    antiknock: klopffest

    Antishake-Technik: Bildstabilisierer *(bei Digitalkameras), Denglisch*

Antispam-Programm: Müllschutzprogramm *(zum Schutz vor Werbe-überflutung im Internet)*, *Denglisch*

Antisplash-Reifen: Spritzschutzreifen, Sicherheitsreifen, *Denglisch*

anticipate: erwarten, vorwegnehmen, einplanen, verhindern, vorgreifen, *auch in*

    anticipation: Erwartung, Voraussicht, Zuvorkommen, Vorsorge

any: jeder/e/s, *als Vorsilbe auch in*

    anybody: jedermann

    anytime: jederzeit

    anyway: sowieso, wie auch immer, jedenfalls, wie dem auch sei

apartment-sharing: Wohngemeinschaft, gemeinsame Wohnung, *siehe auch* **time-sharing**

appeal^1: Appell, Berufung, Aufruf

appeal^2: Reiz, Anziehungskraft, Anreiz, Ausstrahlung, Attraktivität, *auch in*

    appealing: anziehend, reizend

appear: erscheinen, *auch in*

    appearance: Erscheinungsbild, Auftreten

appeasement: Beschwichtigung, Beschwichtigungspolitik, Anpassung, Nachgiebigkeit, Beruhigung

appetizer: Appetitanreger, Appetithappen, Aperitif, *häufig auch im übertragenen Sinne gebraucht:* Vorgeschmack

applet: *(kleines)* Anwendungsprogramm *(im Internet)*

application^1: Anwendung, Programm *(EDV)*, *auch in*

    application development: Anwendungsentwicklung

    application engineer: Anwendungsingenieur

    application launching: Start der Anwendung, Anwendungsstart

    application service providing: Programmmiete, *Miete für Programme*

application^2: Anhängsel, Beifügung

application^3: Antrag(-stellung); Bewerbung

apply^1: anlegen, anwenden, gebrauchen

apply^2: sich bewerben

appointment: Verabredung, Termin; Ernennung

appreciaten: schätzen, würdigen, dankbar sein, *Denglisch*

appreciation (award): Anerkennungs-, Wertschätzungsprämie, *auch:* Überläuferlohn, „Belohnung" von Führungskräften, die ihr Unternehmen durch feindliche Übernahmen u. ä. verloren haben

approach: Annäherung, Zugang, *möglicher* (Problem-)Ansatz, Denkansatz, Vorgehensweise, Herangehensweise

approval^1: Billigung, Genehmigung

approval^2: Freigabe, Zulassung

approximate: approximieren, sich annähern

aptitude: *(anlagebedingte)* Begabung

aqua-: Wasser-, *als Vorsilbe in*

aqua fitness: Wassergymnastik, *Gesundheits- und Konditionspro-gramm bzw. Gymnastikmethoden im Wasser, Oberbegriff für eine Unzahl von verschiedenen* **aqua**-*Kombinationen (Beispiele:* aqua aerobic, aqua boxing, aqua dancing, aqua fatburning, aqua jogging, aqua stretching, aqua wellness), Denglisch*

aquaplaning: Wasserglätte

aqua power: Wasserkraft, Naturstrom

arbitrator: Schiedsmann, Schlichter, *Mitglied eines Schiedsgerichts, vor allem an der Börse*

arc lighting: Lichterbogen

area: Gebiet, Bereich, Teil, Raum, *auch in*

area manager: Bereichsleiter, Gebiets(verkaufs)leiter, regionaler Vertriebsdirektor

arguliner: Argumentationsempfehlung, -hilfe, -vorgabe

armchair shopping: Fernseheinkauf, *siehe auch* **online shopping**

arrange: veranstalten, bewerkstelligen, durchführen

arrangement[1]: Vereinbarung, Abkommen

arrangement[2]: Anordnung, Gruppierung

array[1]: (räumliche) Anordnung

array[2]: Reihung, Feld, *indizierte Anordnung gleichartiger Datenelemente (EDV)*

arrival[1]: Ankunft, Eingang

arrival[2]: Ankunft(shalle) *(in Flughäfen)*

art: Kunst, *auch in*

art center: Kunstzentrum, künstlerisches Zentrum, *eigentlich ein Null-wort, das sich jeder selbst deutet -, von „Laden für Kunstdrucke" bis hin zu „Kulturhauptstadt".*

art director[1]: Werbeleiter

art director[2]: Gestalter, Entwerfer

art director[3]: künstlerischer Leiter

art gallery: (Kunst-)Galerie

art house: Kunsthaus, *speziell:* Filmkunsttheater, Experimentalfilmtheater

artless: natürlich, einfach

art work[1]: Grafik, Illustrationen, Bildgestaltung; künstlerische Gestaltung

art work[2]: Plastiken

art work[3]: Installationen; Modeentwurf

artificial intelligence, AI: Künstliche Intelligenz, KI

asap (as soon as possible): schnellstmöglich, schleunigst *(Wirtschaft)*

asphalt cowboy: Streuner, Herumtreiber, *Denglisch, im Englischen andere Bedeutung*

assembler[1]: Fließbandarbeiter, *auch in*

    assembly line: Fließband, Montagestraße

assembler[2]: Assemblierer, *Übersetzer aus symbolischem Elementarkode in Maschinenkode (EDV)*

assembler[3]: *symbolischer Elementarkode eines bestimmten Rechnertyps (EDV)*

assembling cooking: Zusammenkochen, aus dem Baukasten kochen *(Zusammenführen von frischen, halbfertigen und fertigen Roherzeugnissen), vgl.* **convenience food**

assessment[1]: Ermittlung, Feststellung, Abschätzung, Beurteilung, Bewertung, Einschätzung, Prüfung, *auch in*

    assessment center: Auswahlzentrale, Beurteilungstag, Bewerbertag, *psychologischer Eignungstest, Auswahlverfahren für Stellenbewerber*

assessment[2]: Steuerveranlagung, -bewertung

asset: Anlage, Wirtschaftsgut, Sachwert, Vermögenswert, *auch in*

    asset management: Kapitalanlagesteuerung, (Kapital-)Anlagenverwaltung, Vermögensverwaltung

    asset manager: (Kapital-)Anlagenverwalter

assist[1]: unterstützen, *auch in*

    assistant: Mitarbeiter, Gehilfe, Hilfskraft, *wird in der Wirtschaft gern als Euphemismus verwendet*

assist[2]: Punktvorbereitung, Torvorbereitung, (Treffer-)Vorlage, Zuspiel *im Sport*

association: Verbindung, Gesellschaft, Verband

assurance: Versicherung

at its best: von bester Qualität, in Bestform

atomizer: Zerstäuber *(oft als Produktbezeichnung)*

atom power: Atomkraft, Kernkraft, *Denglisch für:* **nuclear power**

attach: anfügen, anhängen, *auch in*

    attachment: Anhang, Beipack, Dateianhang *(bei E-Post)*

attendance: Anwesenheit, Begleitung, Erscheinen

attention: Aufmerksamkeit, Vorsicht

attest: bestätigen, bescheinigen, *auch in*

    attester: Zeuge, *siehe auch* **witness**

attract, attractive: reizend, anziehend

audience: Zuhörerschaft, Publikum, Zuschauer, *auch in*

    audience flow: Zuschauerfluss, *vor allem während der Fernsehwerbeblöcke, Zuschauer, die „dranbleiben"*

audio-: *griechische Vorsilbe in Anglizismen, siehe auch* **Video**, *so in*

    audio book: Hörbuch

audio clip: (kurze) Hörsequenz

audio description: Hörfilm

audio (guide) system: Audioführer *(z. B. in Museen)*

audioline: Audioausgang, -leitung

audio room: Tonraum, Aufnahmeraum, Hörraum

audio stream: Audiotransfer, Musiktransfer *(im Netz)*

audit[1]: Anhörung

audit[2]: Überprüfung, Revision, *besonders in der Vergabe von Zertifikaten wie ISO 9002 u. ä., auch in*

    auditieren: (über-)prüfen, *Denglisch*

    audit manager: Leiter (der) Qualitätsprüfung

    auditor: Rechnungsprüfer, Wirtschaftsprüfer

audition: Hörprobe, Sprechprobe, Vorsingen

auf-: *beliebte deutsche Vorsilbe in denglischen Wörtern, so in*

    auffeaturen: aufmöbeln, aufschneiden, hochjubeln, *Denglisch*

    aufpeppen, peppen: in Schwung bringen, aufmöbeln, *Denglisch*

    aufsplitten: aufspalten, aufteilen, *Denglisch*

    aufstylen: aufmöbeln, *Denglisch*

augmented reality, AR: erweiterte Wirklichkeit *(Filmtechnik)*

aus-: *beliebte deutsche Vorsilbe in denglischen Wörtern, so in*

    auschecken: abmelden, abfertigen, *Denglisch, siehe auch* **einchecken**

    ausflippen: ausrasten, explodieren, aus sich heraus gehen, *Denglisch*

    ausgeburnt: ausgebrannt, *Denglisch*

    ausgeflippt: überspannt, überdreht, *Denglisch*

    ausgepowert: ausgelaugt, ausgepumpt, kraftlos, schlapp, entmutigt, fertig, erschöpft, kaputt, verausgabt, *Denglisch (wörtlich eigentlich: ausgebeutet, verarmt, verelendet)*

    ausknocken, ausnocken: kampfunfähig machen, niederschlagen, ausschalten, *Denglisch*

    ausleveln: ausbalancieren, ausgleichen, einebnen, *Denglisch*

    ausloggen *(sich)*: abmelden *(im Netz)*, *Denglisch, siehe auch* **log out** *und* **einloggen**

    auspowern: sich verausgaben, *Denglisch*

    auszoomen: vergrößern, *Denglisch, siehe auch* **zoomen**

Aussie food: australisches Essen

austerity: Sparzwang, spartanisches Verhalten

Austria: Österreich, *z. B. in der österreichischen Fernsehserie* Hello Austria, Hello Vienna, *neuerdings auch Landesname auf einigen österreichischen Briefmarken, wobei hier eventuell die lateinische Benennung gemeint sein kann*

authentic shirt: Nationaltrikot *(Fußball)*

author: Autor, *auch in*

authoring: Genehmigen *von etwas*, Erstellen *von etwas*

Authoringprogramm: Autorenprogramm

authoring software: Redaktionsprogramm

Authoring-System: Redaktionssystem, *Denglisch*

author's alterations, a.a.: *Verbesserungen des Verfassers (an Texten)*, Autorenänderungen, Zitatänderungen

authorship rights: Urheberrecht(e)

auto-: *griechische Vorsilbe in unnötigen Anglizismen, so in*

autocross: Gelände-Wagenrennen, Geländerennen, *Querfeldein-Autorennen*

automation: Selbststeuerung, Automatisierung

automotive: Autozulieferer; Automobiltechnik

Auto-Power-off-Funktion: Selbstabschaltung, Selbstabschaltfunktion, *Denglisch*

auto reply: Autoantwort, automatische Beantwortung *(von E-Post)*

auto reverse: Selbstrücklauf, Selbstrückspulen

autoscooter, Autoskooter: Kleinauto(-fahrgeschäft) *auf Jahrmärkten, Denglisch (im Englischen heißt es „dodgems")*

auto-stop: per Anhalter, *Denglisch*

auto zoom: selbst fokussierend, Autofokus, *automatische Scharfeinstellung durch die Kamera*

available: erhältlich, erreichbar, verwendbar, verfügbar

aviation: Luftfahrt, *auch in*

aviation industry: Luftfahrtindustrie

award: Preis, Auszeichnung - *mit rasanter Geschwindigkeit verdrängt der Anglizismus zurzeit ohne irgendeinen Sinn das deutsche Wort, wie z. B. beim „Deutschen Umwelt Reporting Award" der Firma BASF, beim „Grimme-Online-Award" des renommierten Adolf-Grimme-Instituts für besondere Leistungen im Internet oder beim „LeadAward", „Deutschlands renommiertester Auszeichnung" im Medienbereich, siehe auch* **She-Study-Award**

awareness: Bewusstsein, Sensibilität; Beachtung *(z. B. von Werbung)*

away shirt: Auswärtsspielkleidung, Trikot für Auswärtsspiele *(überall im Fußball üblich), siehe auch* **home shirt**

B

baby: Säugling, Kleinkind, *auch als Kosewort, auch in*

    baby blues: „Heultage" *(Depressionsphase nach einer Geburt)*, Wochenbettpsychose

    baby face: Kindergesicht, Milchgesicht

    babylifting: *(zweifelhafte) Adoptionspraxis*

    baby look: *Kleinkindaussehen*

    baby on board: Kind im Auto

    baby-sit, babysitten: Kinder betreuen, *Kinder hüten, Denglisch*

    baby-sitting: Kinderbetreuung

baby bonds: *gestückelte Schuldverschreibungen*, Kleinschuldverschreibungen

baby leg: Kleinstativ

bachelor[1]: Bakkalaureat, Bakkalaureus *(akademischer Titel, der auch in deutsche Hochschulen einzieht und die bewährten und international anerkannten Abschlüsse wie Diplom und Magister verdrängt), siehe auch* **master**[1]

bachelor[2]: Junggeselle

back: hinten, zurück, gegen, *auch in*

    back again: wieder da

    backbencher: Hinterbänkler

    backbone: Hauptdatenbahn, Hauptleitung, Netzbasis *(Internet)*; tragendes Element, *eigentlich: „Rückgrat"*

    backdoor pilot: Pilotfilm, Probefolge *einer Fernsehserie, über deren Fortsetzung die Zuschauer entscheiden können*

    backfire: zurückschlagen, Gegenschlag

    backfire bomber: Überschallbomber

    background[1]: Hintergrund

    background[2]: Lebenserfahrung, Herkunft

    background music: Hintergrundmusik

    Backgroundsänger: *Gesangsbegleitung im Hintergrund, Denglisch*

    backhand: Rückhand

    Backkatalog: Alt-, Archivbestand *(bei Plattenfirmen)*, Musikarchiv, *Denglisch*

    backlash: Gegenschlag, Konterschlag, Gegenbewegung

    backlink: Rückverweis

    backlist: Lieferliste, Verlagskatalog; Altbestand *(früher herausgegebene Bücher), siehe auch* **frontlist**

    backlog: (Liefer-)Rückstand

back office: Verwaltung *(in Dienstleistungsunternehmen)*, Abrechnungsstelle, Buchhaltung, Sachbearbeitung, bearbeitendes Büro, *im Gegensatz zum* **front office**

backout[1]: Rückzug

back out[2]: sich zurückziehen

backpack: Rucksack

backpacker: Rucksackreisender

backroom: Hinterstübchen

backslash: rückwärtiger Schrägstrich (\), Rückschrägstrich, Rückstrich, *siehe auch* **slash**

backspace: Rücktaste

backstage: (Bereich) hinter der Bühne, hinter den Kulissen, *oft auch:* Hinterbühne, Kleinbühne, Probebühne

backstory: Hintergrund(-geschichte)

back to the basics, back to the roots: zurück zu den Ursprüngen / Anfängen / Wurzeln

backup[1], **backuppen** *(Denglisch)*: Datensicherung, Sicherheitskopie, Sicherungsabzug; absichern, sichern

backup[2]: Reserve, Vertreter

backwoodsman: Hinterwäldler

Back Factory: *keine Hinterhof- oder Rückenfabrik, sondern der einfallslose denglische Name einer Ladenkette für den Verkauf vor- und fertiggebackener Backwaren*

Backshop: Bäckerei, Backladen, Backstube, *Denglisch, siehe auch* **Angelshop** *und* **Badshop**

bacon: Schinken, Speck, Frühstücksspeck

bad: schlecht, böse

bad bank: Risikobank, Abwicklungsbank

badge: Abzeichen, Ausweis-, Namensschild; Anstecknadel

badge engineering: Mehrfachvermarktung, *Verkauf eines (nahezu identischen) Produkts unter verschiedenen Marken*

bad girl: Zicke

bad guys: Bösewichte, die Bösen, negative Helden *(z. B. im Film), im Gegensatz zu* **good guys**

Badshop: *(Geschäft für)* Sanitäreinrichtungen, *Denglisch - keineswegs „mieses Geschäft" oder „übler Laden", siehe auch* **Angelshop** *und* **Backshop**

bad silly English, bad simple E., bad stupid E., BSE: *primitives Englisch, das dem Denglisch nahe steht (im Herkunftsland auch: vereinfachtes Werbe- oder Boulevardpressen-Englisch für Muttersprachler)*

bad trip: Schreckensfahrt, *haarsträubendes Erlebnis, unbeschreibliches Grauen, siehe auch* **horror trip**

bag: Beutel, (Einkaufs-)Tasche, *auch in*

    baggy pants: Sackhosen, Pluderhosen

bagpack: Rucksack, *Denglisch*

baggage check: Gepäckkontrolle; Gepäckschein, -abschnitt

baggage claim: Gepäckausgabe, Gepäckschalter

baggage (identification) tag: Gepäckanhänger, -aufkleber

Bahncard, BahnCard: Bahnkarte, Bahnpass, *Denglisch*

balance: Gleichgewicht, Ausgleich, *eigentlich rein französisch, auch in*

> **balanced scorecard**: Kennzahlenanalyse *(zugleich Instrument der Qualitätssicherung)*, „Firmenspiegel"; *auch: Hilfsmittel für Leitungskräfte mit den wichtigsten Firmendaten*

> **balance of power**: Machtausgleich, Kräfteausgleich

ballooning: Ballonfahren, *siehe auch* **hot-air ballooning**

ballroom: Tanzsaal, Ballsaal

ballyhoo: Tamtam, Trara, (Reklame-)Rummel

balm: Balsam

band: (Musik-)Gruppe, Kapelle, *(kleines)* Orchester, *auch in*

> **bandleader**: *(musikalischer)* Leiter

bankabel, bankable: prominent, kreditwürdig, *Denglisch*

banker: Bankfachmann/frau, Bankangestellte/r, Bankier, Bankprofi, *Bänker*

bank holiday: Bankfeiertag, gesetzlicher Feiertag

bank identifier code, BIC: internationale Bankleitzahl, *früher:* **SWIFT code**

banking: Bankgeschäfte tätigen, *als Substantiv:* Bankgeschäftsabwicklung, Kontoabwicklung, Bankverkehr, *siehe auch* **telebanking**

bankrupt: bankrott, zahlungsunfähig, pleite

banner^1: Flagge

banner^2: Werbebotschaft, Werbebalken, Werbeeinblendung

barbecue: Grillessen, Grillfeier, *oft einfach nur:* Grillen

bar code: Streifenkennung, Balkenschlüssel, Balkenkode, Strichkode

bargaining: verhandeln, fälschen, Vertragsabschluss

barkeeper: Kneipier, Wirt; Barmixer, Barmann, *Denglisch (im BE nur:* „*bartender")*

Bartergeschäft *(Denglisch)*, **bartering**: Tauschgeschäft, Kompensationsgeschäft

base camp, Basiscamp *(Denglisch)*: Basislager

basecap: Schirmmütze *(Kurzform von* „baseball cap")

base-lining: Netzwerkanalyse, *Aufzeichnung des Betriebszustands eines Netzwerks (EDV)*

basement: Untergeschoss, Keller, Tiefparterre, Tiefgeschoss

bashing: (öffentliche) Beschimpfung, Verunglimpfung

basic: grundlegend, *auch in*

> **basics**: Grundlagen, Wesentliches, Grundausstattung

basket: Aktienkorb, Korb *(Börse), auch in*

basket warrant: Korboptionsschein, *Optionsschein auf einen Aktien-korb*

basket case: hoffnungsloser Fall, „totales Wrack"

bass drum: große Trommel *beim Schlagzeug*

batch: Satz, Haufen, Stapel, Los, *auch in*

    Batchdatei: Kommandodatei, Stapeldatei, *Denglisch*

    batch mode: Stapelverarbeitungsmodus, Stapelmodus

    batch processing: Stapel(daten)verarbeitung, Stapelbetrieb, *siehe auch* job^2

    batch sampling: Stichprobenentnahme

bath soap: Badeseife

battle: *(sportlicher)* Kampf, Wettstreit

Baucontrolling: Bauüberwachung, *Denglisch*

bay watch: Strandwache, -aufsicht

bazaar: Basar

B2B: *siehe* **business-to-business**

B2C: *siehe* **business-to-consumer**

BCC: *siehe* **blind carbon copy**

BD-ROM: *siehe* **blue-ray disk**

beach: Strand, *auch in*

    beachbag: Strandbeutel

    Beachmode: Strandmode, *Denglisch*

    beach party: Strandfeier, Strandvergnügen

    beach queen: Strandschönheit, -königin

    beach soccer: Strandfußball

    beach volleyball: Strandvolleyball

    beachwear: Strandbekleidung

beam: Strahl, strahlen, *auch in*

    Beamantenne: Richtantenne, *Denglisch*

    beamen^1: strahlen, glänzen, *Denglisch*

    beamen^2: (ent-)materialisieren, teletransportieren, *in Zukunftsfilmen, Denglisch*

    beamer: Bildwerfer, (Video-)Projektor

    beam splitter: Strahlenteiler

bear market: Kursrückgänge *(Börse mit rückläufigen Kursen)*

beat: Schlag, Rhythmus, *auch in*

    beats per minute, bpm: Taktschläge je Minute

beauty: schön, Schönheit, *auch in*

    beautiful: wunderschön

    beauty case: Kosmetikkoffer, Schminkkoffer, Kosmetiktasche

    beauty center: Kosmetikladen, -salon; Kosmetikabteilung

beauty contest: Schönheitswettbewerb, Schönheitskonkurrenz; *auch: (unverbindliche)* Vorwahl *(in der Politik)*

beauty farm: Schönheitsklinik

beauty fluids: Schönheitselixiere, Schönheitsmittelchen

beauty organizer: Kosmetikkoffer

beauty parlor: Schönheitssalon

beauty queen: Schönheitskönigin

beauty salon: Schönheitssalon

bed and breakfast, b&b: Übernachtung mit Frühstück, ÜF; Zimmer mit Frühstück, ZF

Bedienpanel: Front-, Bedienplatte, Konsole, Schalttafel, *Denglisch*

bed-in: *siehe* **rooming-in**

beep: Kunst-, Signal-, Warnton, *auch in*

   beeper[1]: *Pieper (elektronisches Fernrufgerät)*

   beeper[2]: *persönlicher Standortbestimmer, persönlicher Lokalisierer (mit Hilfe von Satellitennavigation), siehe auch* **hiper**

beer: Bier, *oft in Produktbenennungen wie:* Beer meets Cola

beetle: Käfer, *siehe auch* **New Beetle**

before-dinner drink: Aperitif

behavior scan: Verhaltenskontrolle, *Untersuchung des Kaufverhaltens,* Kundenüberwachung *(bei Umfragen)*

be-in: drin sein

believer: Gläubiger, *sowohl religiös als auch weltlich gebraucht*

below: unter, unten, hinab

belt: Gurt, Gürtel, Riemen, *auch symbolisch*

benchmark[1]: Vergleichstest, Testprogramm(-sammlung) *(EDV)*

benchmark[2]: Maßstab, Leistungsvergleich, Messlatte *(EDV), auch in*

   benchmarking[1], **benchmarken** *(Denglisch)*: vergleichen, testen

   benchmarking[2]: Abteilungsvergleich, Leistungstest *(EDV)*, Leistungsmessung, Leistungsvergleich

   benchmark-orientiertes Controlling: vergleichende Unternehmensanalyse, *Denglisch, siehe auch* **controlling[1]**

   benchmark test: *siehe* **benchmarking[2]**

benefit: Nutzen, Vorteil, Vorzug *(in vielen industriellen Zusammenhängen wird das deutsche Wort* Nutzen *fast verdrängt:* **customer benefit** *usw.)*

besprayen: besprühen, *Denglisch*

best: bestmöglich, bester/e/s, *auch in*

   best ager: *(Person)* „im besten Alter", *(zahlungskräftiger)* Senior *(in der Werbung), die „jungen" Alten*

   best boy: Lichtassistent, Bühnengehilfe

   best case: günstigster Fall, Bestfall, Glücksfall

   best choice: erste Wahl

best-first search: Bestensuche

best man: Trauzeuge

best of: das Beste von ..., Höhepunkte, Glanzlichter, *auch in absurden Werbungen wie:* best of Udo Lindenberg

best offer: bestes Angebot, Spitzenangebot

best of five: „drei von fünf", *Regel bei Endspielen im Sport, z. B. im Eishockey, Baseball oder Basketball, wonach drei von fünf gewonnenen Spielen für den Sieg entscheidend sind (analog* **best of three**, **best of seven***)*

best practice: Synergieeffekt, Optimallösung, *„Lerne von den Besten" - bei einem Vergleich mehrerer Arbeitsweisen in verschiedenen Abteilungen wird von allen gleichermaßen die bewährteste übernommen*

Best-Price-Angebot: Bestpreisangebot, *Denglisch*

bestseller: Spitzenreiter, Kassen-, Verkaufsschlager, Erfolgsbuch, Verkaufsrenner

bestseller appeal: Spitzenreiterruf

Bestshot-Funktion: *selbsttätig optimierende Einstellung bei Digitalkameras, Denglisch*

Bestellhotline: Bestelltelefon, *Denglisch, siehe auch* **hotline**

bet: Wette, wetten

better-aging: Gesundheitsvorsorge - *wie* **antiaging***, aber ohne den Einsatz von Hormonen und anderen Medikamenten*

Bewerber-Recruiting-Management, **BRM**: Bewerbungsverwaltung, *Denglisch, siehe auch* **customer relationship management**, **employee relationship management**

bias: Verzerrung *(Wissenschaft)*, Abweichung, Unschärfe, *auch in*

    bias(s)ed: voreingenommen, parteiisch, *siehe auch* **unbias(s)ed**

BIC: *siehe* **bank identifier code**

bid-ask spread: Geld-Brief-Spanne *(Börse)*

bidirectional: ambivalent, in zwei Richtungen gehend, Zweirichtungs-

Bi-Fuel-Fahrzeug: Zweistofffahrzeug, *Denglisch*

big: groß, mächtig, *auch in*

    big band: Tanzorchester, Großkapelle

    big bang: Urknall, „Großer Knall"

    big biggies: die ganz Großen, die Allergrößten

    big book: Jahreskatalog

    big boss: Magnat, Bonze, Chef, Vorgesetzter

    big box: großer Karton

    Big Brother: *staatliches Zentralüberwachungssystem,* „Großer Bruder"

    big business: das große Geschäft, große Geschäftswelt, Großindustrie

bigger than life: schöner als in Wirklichkeit, besser als echt, zu schön um wahr zu sein

big pack: Großpack, Großpackung

big points: entscheidende Punkte, Gewinnpunkte *im Sport*

big save: *(Torwart hat einen Ball)* gehalten

big science: Großforschung, *große wissenschaftliche Unternehmen, staatlich oder privat*

bike: Zweirad, *gemeinsam für: Fahrrad, Mofa, Moped, Motorrad, auch in*

bike line: Radwanderweg

biken: Rad fahren, radeln, *Denglisch*

bike park: Fahrradparkhaus

biker: Zweiradfahrer, *wie* **bike***, allerdings Schwerpunkt* Motorradfahrer

biketights: Radlerhose

bike trial: *Gelände-Kunstradfahren (Radsportart)*

bikewear: Zweiradbekleidung *(Fahrrad, Motorrad)*

biking: Rad fahren, radeln

billboard system, BBS: Forumrechner, Forumsystem

billing: Umsatz *(Wirtschaft), oft aber einfach:* Rechnung, Abrechnung, *so in*

billing center: Verkaufsabrechnung

binary: binär, *auch in*

binary digit: *siehe* **bit**^{2}

binary file: Binärdatei, Binärprogramm, Programmdatei

binary image: Binärbild

binary tree: Binärbaum

binge drinking: Kampftrinken, Komasaufen

binge eating: Heißhungerattacke

bingo: genau, du sagst es, Volltreffer, alles klar

biochip: Molekülplättchen, *Rechnerplättchen aus organischen Verbindungen*

biofeedback^1: Körperrückmeldungen, -antwort *(Medizin)*

biofeedback^2: „Humanreaktion", *Steuerung von Rechnerspielen mit Einsatz des ganzen Körpers (Bewegung, Stimme)*

biofood: Bionahrung, *biologisch (meist ökologisch) erzeugte Nahrungsmittel, Denglisch (im Englischen heißt es „organic food")*

biotech: Biotechnik, Biotechnologie, Gentechnik, Gentechnologie

Biotechfirma: Biotechnologieunternehmen, *Denglisch*

bit^1: *Schrauberaufsatz*

bit^2**, binary digit**: Binäreinheit, *kleinste elementare Dateneinheit der EDV*

black: schwarz, *auch in*

black belt: „schwarzer Gürtel", *vom Judo übernommene ehrende Auszeichnung für Mitarbeiter, die in ihren Unternehmen nachweislich beträchtliche Kosten einsparen, ohne auf Entlassungen zurückzugreifen*

blackboard: Tafel

black box: Flugschreiber, Fahrdatenschreiber, Fahrtenschreiber

blackmail: Erpressung, erpressen

blackout[1]: *vorübergehende* Ohnmacht, Aussetzer, Filmriss, Denkloch, Denkaussetzer, Mattscheibe, Bewusstseinsstörung

blackout[2]: Stromausfall, Verdunkelung

blade: Klinge *(oft in Produktaufschriften)*

blank: Leerstelle, Leerzeichen, Zwischenraum

bleached: gebleicht *(oft in Produktaufschriften)*

bleaching: Zahnaufhellung, -bleichung

blend: Mischung, Gemisch *(oft in Produktaufschriften)*

blended learning: vermischtes, integriertes, hybrides Lernen, (Lern-) Methodenkombination, *z. B. Verbindung von Fern- und Präsenzunterricht*

blessing *(be a)*: „Sei gesegnet!", *häufig bei deutschen Kirchentagsveranstaltungen verwendet*

blimp[1]: Schallschutzhaube, -gehäuse

blimp[2]: lenkbares Luftschiff, Prallluftschiff, *erhält seine Form durch Überdruck der Gasfüllung, im Gegensatz zum Starrluftschiff, Zeppelin*

blind carbon copy, BCC: Blinddurchschlag

blind copy: verdeckte Kopie, *nicht ausgewiesene Kopie*

blind date: Erstbegegnung, Verabredung mit einem/r Unbekannten

blister: *transparente* Kunststoffverpackung, Durchdrückpackung, *siehe auch* **Skinverpackung**

blizzard: Schneesturm

blockbuster: Kinoerfolg, „Straßenfeger", Kassenschlager, Erfolgssendung, „Bombenerfolg"

blog: *siehe* **weblog**

bloggen: *ein persönliches Netztagebuch führen, Denglisch*

blogger: *siehe* **weblogger**

blowup[1]: (Bild-)Vergrößerung

blowup[2]: Explosion

blowup[3]: Großreklame

blue: blau, *symbolisch auch „traurig", auch in*

    blue box: Kunsthintergrund, blauer Hintergrund, *künstlich projizierter Hintergrund*

    blue chip: hochwertige Aktie, Erfolgsaktie, Spitzenaktie

    blue-collar worker: Arbeiter, *siehe auch* **white-collar worker**

    blue hour: Dämmerstunde

    blue movie: Erotikfilm

    blueprint: Blaupause, technische Zeichnung, Zeichnungskopie

blue-ray disk, **BD-ROM**: Speicherplatte, Speicherscheibe *(Film, EDV)* - *mit einer gegenüber der* **DVD** *bedeutend höheren Kapazität, Konkurrenzprodukt zur* **HD-DVD**

blue screen: *siehe* **blue box**

blues: Depression, *siehe auch* **baby blues** *und* **Herbstblues**

bluetooth: *drahtlose Datenübertragung*

bluff: Täuschung, Irreführung, Drohung, Hochstapelei, *auch in*

    bluffen: täuschen, irreführen, blenden, *Denglisch*

B movie: Billigfilm, B-Film, *Film mit geringem Kapitaleinsatz, siehe auch* **low budget**

board[1]: Brett, Bord, Tafel, *auch in*

    boarden[1]: *siehe* **skateboarden**

    boarder cross: Querfeldein-Schibrettlauf

    boarder jump: Schibrettspringen

board[2]: Ausschuss, Gremium, Direktion, Vorstand, *auch in*

    board level: (auf) Vorstandsebene

    board meeting: Aufsichtsratssitzung, Ausschusssitzung

board[3]: beköstigen, Kost, *auch in*

    boarding house: Pension, Gasthaus

    boarding school: Internatsschule

board[4]: Platine, Leiterplatte *(EDV)*

board[5]: Bord, *auch in*

    board card, **boarding card**: Einstiegkarte, Bordkarte

    boardcase, **Bordcase** *(Denglisch)*: Bordgepäck, kleiner Koffer *(für Flugreisen)*

    boarden[2]: einsteigen, *Denglisch*

    boarding[1]: Einsteigen, Einstiegsverfahren, an Bord gehen

    boarding[2]: Kontrolle von Schiffsladungen *(Marine)*

    boarding pass: Einstiegkarte, Bordkarte, Zustiegsausweis, Zustiegskarte

    board movie: Bordfilm, Filmvorführung *im Flugzeug*

board restaurant, **Bordrestaurant** *(Denglisch)*: Speisewagen

boat people: Bootsflüchtlinge

bob, **bob sleigh**: Bobschlitten

body: Körper, Leiche, Leib; Gehäuse, *auch in*

    body art: Körperkunst

    body bag: Leichensack, *in der Produktwerbung einer Kaffeekette sollte es* Körpertasche (= Umhängetasche) *heißen, bei anderen Firmen geht es vom* Bauchtäschchen *bis zum* Tornister *und* Rucksack - *aber den Vogel schießt die Lufthansa ab, die während des Flugs unter dieser Bezeichnung gut gemeinte* Beutel *mit Augenklappen, Pantoffeln und Ohrstöpseln* verteilt

bodyball: gymnastische Ballübungen

bodybuilder: Körperbildner, Muskelmann

bodybuilding: Körperformung, Körperbildung, Körperertüchtigung, *siehe auch* **bodyforming**

body check: Rempler, Körperstoß, Anschlag *(Sport)*

bodyforming: Körperformung, *Problemzonenbehandlung (Sport), siehe auch* **bodybuilding**

bodyguard: Leibwächter, Personenschützer

body language: Körpersprache

body lotion: flüssige Körperpflege

body mass index, BMI: Körpermassenzahl, „Fettleibigkeitsindex", „Korpulenzindex"

bodypainting: Körperbemalung

bodypiercing: *siehe* **piercing**

body scanner: Körper(ab)taster *(zum Maßnehmen für geschneiderte Bekleidung)*

body sculpture: *menschliche Skulptur - ein Kunstwerk, das aus einem veränderten (bemalten, beklebten), bewegungslos verharrenden Menschen besteht*

bodyshaped: körpergeformt

bodyshaper: Turngerät, Sportgerät

bodyshaping: Körperformung

body shop: Drogerie, *fälschlich für: Geschäft für Körperpflegemittel*

body stocking: *(eng anliegende weibliche) Unterbekleidung*

body styling: Körperpflege

body suit: *(eng anliegende einteilige weibliche) Unterbekleidung*

bodywear: Unterwäsche

bold: (halb-)fett, *Schriftschnitt in der Typografie*

bombast: Schwulst, Überladenheit, Wortschwall

bond: Festzinsschuldverschreibung, Anleihe, Pfandbrief, Schuldschein

bonden: zusammenfügen *(Mikroschaltkreise), Denglisch*

bonus track: Zugabe

book: Buch, *auch in*

book corner: Buchabteilung, Bücherecke

book crossing: "Freilassen von Büchern", Bücherring, Bücherwandern, Bücheraustausch, „Internetbibliothek", Internet-Buchtauschring, *kostenlose Buchweitergabe an Interessenten mit Hilfe des Internets*

booklet: (Werbe-)broschüre, Beiheft *(zur CD)*, Heft

bookletieren: *(schriftliche Unterlagen)* binden, *im Sinne von: ein Heft binden, Denglisch*

bookmark: Lesezeichen, Merker; Favorit

bookmarken: markieren, Merker setzen

book on demand: Buch bei Bedarf, Buch auf Bestellung, *siehe auch* **printing on demand**

bookbuilding[1]: *(Festlegung der)* Emissionspreisspanne *(im Vorfeld eines Börsengangs)*

bookbuilding[2]: *(endgültige Festlegung des)* Emissionspreis*(es) (Börse)*

booker: Disponent

boom: Hochkonjunktur, sehr starke Nachfrage, Hochnachfrage, sehr starker Anstieg, Wirtschaftsaufschwung, Aufschwung, Blüte, *auch in*

> **boomen**: blühen, gedeihen, sich ausdehnen, stark wachsen, *Denglisch*

> **Boomregion**: Wachstumsregion, *Denglisch*

> **boomtown**: Hochkonjunkturstadt, Stadt im Aufschwung, aufstrebende Stadt

boomer: Tonassistent

boost: anschieben, verstärken, ankurbeln; ausdehnen, ausweiten, *also wie* **boom**, *jedoch aktiv betrieben, auch in*

> **booster**: Hilfstriebwerk, Zusatzrakete, Zusatzverstärker

boot[1]: Stiefel, (hoher) Schuh

boot[2]: Hochfahren, Start *eines Rechners oder komplexen Programms (EDV)*, *auch in*

> **booten**: *(Rechner)* hochfahren, *(Rechner)* (neu-)starten *(EDV)*, *Denglisch*

boot camp: *militärische* Grundausbildung, *meist jedoch:* Umerziehungs-, Besserungs-, Disziplinarlager

bootleg, bootlegger: Raubpressung *(einer Schallplatte)*

bootlegging[1]: *(eine Schallplatte)* raubpressen

bootlegging[2]: schwarzbrennen

bootstrap: Starthilfe *(EDV)*

boot-up: Systemstart *(EDV)*

Bordcase: kleiner Koffer *(für Flugreisen)*, *Denglisch, siehe auch* **boardcase**

bordercrossing: grenzüberschreitend, *auch symbolisch*

borderline case: Grenzfall

Borderline-Syndrom: *nicht genauer definierter Zustand zwischen Neurose und Psychose, Denglisch*

Bordrestaurant: Speisewagen *(englische Aussprache), Denglisch, siehe auch* **board restaurant**

Börsenboom: *Drang an die Börse, Denglisch*

Börsencrash: Börsenzusammenbruch, Börsenkrach, Börsensturz, *Denglisch*

boss: Leiter, Unternehmer, Geschäftsinhaber; Chef, Vorgesetzter; Anführer *einer Gruppe, auch in*

> **bossing**: herumkommandieren, schikanieren

bottle: Flasche, *auch in*

> **bottle bank**: Altglasbehälter *(Entsorgungsbranche)*

bottleneck: Flaschenhals, *symbolisch:* Engpass, Nadelöhr

bottlepack: Flaschenpack(ung)

bottle party: Mitbringfeier, Trinkgelage

bottom-line: Kernaussage; im Endeffekt, unterm Strich

bottom-up: von unten nach oben, aufwärts, aufsteigend, z. B. *in der Unternehmenskommunikation*, Aufwärtskommunikation, *Gegenstück zu* **top-down**

box[1]: Kiste, Kasten, Karton, Schachtel, Dose, Büchse

box[2]: Garage, Montageplatz, Stand

box[3]: Pferdestall

box[4]: Postfach, *siehe auch* **postbox** *und* **post office box**

Boxenstopp: *Zwischenhalt (Formel 1), Denglisch*

box office: Kasse, *auch in*

     box office charts: Kinorangliste

     box office hit: Kassenschlager, Kassenerfolg

     box office star: Kassenfüller, Kassenerfolgsgarant

boy[1]: Junge, Knabe

boy[2]: (Hotel-)Diener, Bote

boycott: Ausschluss, Nichtbeachtung, Ächtung, *benannt nach einem irischen Gutsverwalter*

boykottieren: ächten, ausschließen, *Denglisch*

Boy Scout: Pfadfinder, *vgl.* **Girl Scout**

bracket: Eckklammer, eckige Klammer

brain: Gehirn; Vordenker, *auch in*

     brain drain: Wissensabwanderung, Intelligenzabwanderung, Abwanderung der Hochqualifizierten, Intelligenzabwerbung

     brain factory: Denkfabrik, Ideenlabor

     brainfood: Gehirnstimulanz, Hirnnahrung

     braingym: Gehirnakrobatik, Gehirngymnastik, *Gymnastik für das Gehirn, Steigerung der Leistungsfähigkeit des Gehirns durch körperliche Übungen*

     brainie: kluger Kopf, Kopfmensch, Hirnmensch

     brainjogging: Gehirnakrobatik, Gehirnschulung

     brainpower: *(besondere)* Geisteskraft

     brainraising: Wissensvermittlung

     brain respiration: „Hirnatmung", „Gehirnatmung", Meditation

     brainstorm, brainstormen *(Denglisch)*: angestrengt nachdenken, Ideen sammeln, brüten, *um die Wette denken, seinen Grips anstrengen*

     brainstorming: Gedankensammlung, Ideensammlung, Ideenkonferenz, Denkwerkstatt, *Köpferauchen, gemeinsame* Problembewältigung

brain trust: Beratungsausschuss, Beratungsgremium, Experten-
ausschuss

brain up!: *Aktion der ehemaligen deutschen Wissenschaftsministerin
mit dem Ziel „Deutschland sucht seine Spitzenuniversitäten!", angelehnt an den Titel einer wenig gehaltvollen Fernsehsendung, Denglisch (wörtlich: „etwas anspruchvoller machen", „schlauer werden",
„besser werden", „Hoch das Hirn!")*

brainwalk: Gedächtnisschulung, *Steigerung der geistigen Leistungsfähigkeit, Denglisch, siehe auch* **Gehirnjogging**

brainwash(ing): Gehirnwäsche

brainwork: Kopfarbeit

brake: Bremse, bremsen *(Formel 1)*

branch: Zweigstelle, Niederlassung, Zweig, Abteilung, *auch in*

branch office: Zweigstelle, Zweigniederlassung, Filiale

brand: Marke, Warenzeichen, *auch in*

brand excellence: Markenführung, -qualität

branding[1]: Brandzeichnung, Brandmarkung, Malbrennung

branding[2]: Namensprägung, *gezielte Erfindung eines Markennamens,
siehe auch* **naming**

branding handy: *Netzbetreiber-Mobiltelefon (mit voreingestellten
Diensten des jeweiligen Betreibers, z. B. für das Herunterladen von
kostenpflichtigen Informationen aus dem Internet), Denglisch, siehe
auch* **handy**[2]

brand loyalty: Markentreue

brand manager: Markenentwickler, -verantwortlicher, -chef, *Verantwortlicher für die Markenentwicklung oder für eine bestimmte Marke
einer größeren Firma – manch wackerer* **brand manager** *dürfte
schon in Kompetenzgerangel mit dem Brandschutzbeauftragten ge-
raten sein; der eine organisiert Brände, der andere bekämpft sie.*

brand name: Markenname

brand-new: nagelneu, brandneu, funkelnagelneu; *auch symbolisch,
wie:* hochaktuell, noch warm, druckfrisch

brass band: Blechbläserkapelle, Blaskapelle

Brassmusik: Blasmusik, *Denglisch*

break[1]: Werbeeinblendung, Werbeunterbrechung

break[2]: Pause, Unterbrechung, Einschnitt, *auch in*

breakdown: Zusammenbruch

break-even (point): *Punkt des Umbruchs,* Kostendeckungspunkt,
Gewinnbeginn, Gewinnschwelle, Rentabilitätsschwelle, Übertritts-
punkt

breaking news: Eilmeldung, letzte Meldung, letzte Nachrichten

break out: aussteigen, ausbrechen

break[3] **(point)**: Haltepunkt, Unterbrechung *(EDV)*

break-through: Durchbruch, entscheidender Fortschritt

break[4]: *Gewinn eines Spiels bei gegnerischem Aufschlag (Tennis), auch in*

breaken: *(dem Gegner) den Aufschlag abnehmen (Tennis), Denglisch*

breakfast: Frühstück

breeches: Reithosen

bridge: Brücke, *auch in*

bridging, Bridge-System: Brückensystem *(Wechsel in den vorgezo-genen Ruhestand), Denglisch (z. B. bei der Bundesagentur für Ar-beit)*

brief: kurz, *auch in*

briefen: instruieren, einweisen, unterrichten, unterweisen, *Denglisch*

briefing: Einweisung, Einsatz-, Lagebesprechung, Kurzinformation, Informationsgespräch, Leitlinie, Einleitung, Instruktion, Unterweisung - *in der betrieblichen Praxis oft für alle Besprechungen, in denen ir-gendwelche Informationen verbreitet werden, siehe auch* **Presse-briefing**

bright: hell, *auch in*

brighten: aufhellen

bring: (her-)bringen, *auch in*

bring down: herunterbringen, herabsetzen, senken, reduzieren

bring home: überzeugen

bring-in service: Stützpunkt-Kundendienst

bring out: herausbekommen, herausholen, deutlich machen; veröffentlichen, herausbringen

britcom: *typisch britische* Situationskomödie, *siehe auch* **sitcom**

broad: breit, weit, umfassend, allgemein; offenkundig, *auch in*

broadcast[1]: Funkübertragung, Rundfunksendung

broadcast[2]: Meldung *(an alle Benutzer eines Subnetzes / Rechners)*

broadcasting: *per Funk* senden, übertragen

broadside: Breitseite

broken home: zerrüttete Familie

broken windows: Nulltoleranz-Prinzip, *siehe auch* **zero tolerance**

broker: Händler, Verhandler, Makler, Zwischenhändler; Börsenmakler, Aktienhändler, *auch in*

brokerage[1]: Wertpapiergeschäft *(von Privatanlegern)*, Maklergeschäft

brokerage[2]: Maklergebühr, Maklerprovision, Makleranteil

brown: braun

browse, browsen *(Denglisch)*: schmökern, stöbern, sich umsehen, blättern; navigieren *(im Netz), auch in*

browser: Ansichtsprogramm, Darstellungsprogramm, Navigator, Leseprogramm, Zugangsprogramm, Blätterprogramm, *Brauser*

brunch: Gabelfrühstück, Vormittagsbuffet, zweites Frühstück, *kombiniertes Frühstück und Mittagessen,* Spätfrühstück, Großfrühstück, *auch in*

brunchen: frühstücken, *einen* **brunch** *einnehmen, Denglisch*

brush up: *(Kenntnisse)* auffrischen

bubble: Blase, *auch in*

    bubble economy: Scheinblüte

    bubblegum: Kaugummi, *mit Blasenbildung im Gegensatz zum* **chewing gum**

buddy: Freund, Kumpel, Kumpan - *dieser in der Umgangssprache kaum verwendete Anglizismus wird uns z. B. von AOL in seiner „Buddy-Liste" aufgedrängt; besonders albern und sprachlich oberpeinlich war vor einiger Zeit die Aktion „Buddys zeigen Flagge".*

Buddyprinzip[1]: Kumpanei, Klüngelei, Seilschaften, *Denglisch*

Buddyprinzip[2], **Buddysystem**: *Betreuung durch Gleichrangige (an Universitäten Betreuung von Gaststudenten durch einheimische Studenten, in der betrieblichen Praxis fachliche Betreuung neuer Mitarbeiter durch gleichrangige ältere), Denglisch*

budgeting: Budgetierung

budget manager: Leiter (der) Budgetierung

buffer: Puffer(-speicher) *(EDV)*

bug[1]: Programmfehler *(EDV), siehe auch* **debugger**[1]

bug[2]: Abhörwanze

bug[3]: Käfer, Wanze

buggy: *kleiner, zusammenklappbarer* Kinderwagen; Sportkarre

Bühnenshow: Bühnenschau, *Denglisch*

builder: Bauunternehmer, Baumeister

build-upper: Werbeleiter, *Denglisch*

built-in: eingebaut, integriert

bulk[1]: (große) Masse, *auch in*

    bulk carrier: Massengutfrachter

    bulk e-mail: Massen-E-Post, Massenversand von E-Post, *siehe auch* **e-mail spam**

    bulk mailing: Massenversand

bulk[2]: lose, unverpackt

bull[1]: Börsenspekulant, Hausspekulant

bull[2]: Bulle, *auch in*

    bulldog: Schlepper, Trecker, Traktor

    bulldozer: Planierraupe, Großräumpflug, Schubraupe

    bull's eye: Mitte der Zielscheibe; Volltreffer

    bullshit: Scheiße, Mist, Unsinn, Bockmist

bulletin board: Notizbrett, *Datei für Notizen im Internet,* Schwarzes Brett

bull market: Kursanstieg *(Börse mit stetig steigenden Kursen), Bullenmarkt,* freundliche Börse, Hausse(markt), Käufermarkt

bully[1]: Freistoß, Schiedsrichterball *(im Eishockey)*

bully[2]: Rüpel, *auch in*

bullying: Schikane, Terrorisierung *(unter Schülern)*, im *AE Schüler-variation zu* **mobbing**, *im BE gleichbedeutend mit* **mobbing**

bundle: Bündel, Paket, *auch in*

bundling: Koppelangebot, Warenzusammenstellung

bunkern: horten, bevorraten, *Denglisch*

burnout[1]: Erschöpfung, Zusammenbruch; ausgebrannt, *im Rennsport auch:* durchdrehende Reifen, *auch in*

  Burn-out-Syndrom: Erschöpfungserscheinungen, *Denglisch*

burnout[2]: Brennschluss *(Raumfahrt)*

burn rate: Kapitalabnahmerate *(Wirtschaft)*

Bürotower: Büroturm, *Denglisch*

burst: Ausbruch, Bruch, Explosion, Häufung

bus: Datenleitung *(EDV)*

business: Geschäft(sleben), Unternehmen, Gewerbe, *auch in*

  business angel: Gründerbetreuer, „Gründervater"

  business area: Geschäftsfeld, Geschäftsbereich

  business as usual: weitermachen wie bisher, alles wie immer

  business bag: Aktentasche, Aktenkoffer *(mit Schulterriemen)*

  business card: Geschäftskarte, Visitenkarte

  business case[1]: Geschäfts(vor)fall, Geschäftsvorgang

  business case[2]: *Köfferchen für Geschäftsleute*

  business center: Geschäftszentrum; Geschäftskundenbereich *(auf Messen)*

  business class: Geschäftsklasse, gehobene Klasse *(„zweite" Klasse bei Flugreisen)*

  business executive: Geschäftsführer, *Denglisch*

  business hours: Geschäftszeiten, Öffnungszeiten

  business improvement district, **BID**: Stadtentwicklungsgebiet, *z. B. in Hamburg. Ziel ist die Aufwertung städtischer Quartiere, besonders die Revitalisierung und Stärkung innerstädtischer Geschäfts-bereiche.*

  business intelligence: *(rechnergestützte) individuelle Kunden-werbung, siehe auch* **data mining**[2], **data warehousing**, **knowledge discovery**

  business jet: Firmenflugzeug, Geschäftsflug

  business journey: Geschäftsreise

  business language: Geschäftsausdrücke, Firmensprache; Sprache des Geschäftslebens

  Businessleute: Geschäftsleute, *Denglisch*

  businesslike: geschäftsmäßig, sachlich, praktisch

  business lounge: Aufenthalts-, Warteraum für Geschäftsreisende *(mit Arbeitsmöglichkeiten)*

BusinessMail: *spezieller Tarif der Telekom, Denglisch*

businessman: Geschäftsmann

business manager: Geschäfts(stellen)leiter

business outfit: Geschäftsanzug, Geschäftskleidung

business outlet: Geschäftsverkauf

Businessplan *(Denglisch)*, **business plan**: Geschäftsplan

business process outsourcing, BPO: Prozessausgründung, *Auslagerung von Geschäftsprozessen;* Verwaltungsaufgabenauslagerung

business (process) reengineering: Geschäftsprozessoptimierung

business school: Wirtschafts(fach)schule, Handelsschule

business seat: Firmenplatz *(das sind Sitzplätze in Stadien, z. B. in Stuttgart, die Unternehmen für ihre Gäste nutzen können, abgespeckte Variante einer* **VIP lounge***)*

business services: *Verwaltungsdienste, Verwaltungsdienstleistungen, oft einfach nur:* Dienstleistungen

business television: Firmenfernsehen *zur Mitarbeiterschulung*

business tower: Büroturm

business trip: Geschäftsreise

business unit: Geschäftsbereich, -einheit

business unit manager: Geschäftsbereichsleiter

Businesswetter: (Geschäfts-)Reisewetter, *Denglisch*

businesswoman: Geschäftsfrau

business world: Geschäftswelt

business-to-business, B2B: Firmenkunden, *(Geschäfte)* zwischen Unternehmen, unter Geschäftsleuten, von Firma zu Firma *(mitunter auch als sinnentleerte Bezeichnung für Seminare, in denen Menschen sprechen)*

business-to-consumer, B2C: Endverbraucher, von Firma zu Kunde

bust[1]: Nahaufnahme, Großaufnahme

bust[2]: geplatztes Geschäft, Pleite, Bankrott

busy: fleißig, beschäftigt, arbeitsam, verkehrsreich, belebt, *auch in*

   busybody: Wichtigtuer

butler: *im übertragenen Sinne:* ausgenutzte Hilfskraft

butterfly: Schmetterling, *auch in*

   butterfly knife: Doppelgriffmesser, Klappmesser

   Butterflystil: Schmetterlingsstil, Schmetterlingsschwimmen, *Denglisch*

button[1]: Knopf; Abzeichen

button[2]: Schaltknopf, Schaltfläche

buy: kaufen, erwerben, *auch in*

   buyaholic: Kaufsüchtiger, *dem Kaufrausch verfallene Person, siehe auch* **credit junkie**

   buyers' market: Verbrauchermarkt

   buy now, pay later: Zahlungsaufschub, *(jetzt kaufen,) später bezahlen*

buy out[1]: aufkaufen, freikaufen

buy-out[2]: *siehe* **management buyout**

buy side: Käuferseite

buzzer: Summer

buzzword: *Technoworthülse,* Modewort, *Begriff der für Gesprächsstoff sorgt*

by: an, bei, neben, mittels, durch, *oft verwendet im Sinne von „mit"*

bye-bye: Tschüss, Servus, auf Wiedersehen

bypass: Umgehung, *im Deutschen hauptsächlich als medizinischer Begriff gebraucht:* Umleitung der Blutbahn am Herzen

byte: *Binäreinheitssequenz, meist benutzt für 1 Druckzeichen (EDV, 1 byte = 8* **bit**[2]*)*

by the way: übrigens, nebenbei (bemerkt), beiläufig gesagt

by wire: per Draht, *elektronische statt mechanische Ansteuerung von Funktionselementen eines Kfz (Gaspedal, Lenkung, Bremse usw.)*

C [vgl. auch K und Z]

cab: Taxi *(tatsächlich bei einigen Taxiwerbungen zu sehen), siehe auch* **charter cab**

cabin: Kabine, Zelle, Kajüte, *auch in*

    cabin crew: Flugbegleitpersonal, Kabinenpersonal

cache: Zwischenspeicher, Pufferspeicher *(EDV), auch in*

    cache file: Pufferdatei

    caching: Zwischenspeicherung *(EDV)*

CAD: *siehe* **computer-aided design**

caddie[1]: Einkaufswagen

caddie[2]: Golfkarre, *Golfsherpa*

caddy[1]: Pritschenwagen

caddy[2]: Büchse, Dose; Hülle *für digitale Schallplatten bzw. Speicherplatten (*CD, CD-ROM*); (Schutz-)Gehäuse für das Einlegen solcher Platten in das entsprechende Lesegerät*

cake: Keks, Kuchen, Plätzchen

call: rufen, anrufen; Ruf, Anruf, Bitte, *auch in*

    call a bike: Mietfahrrad; Fahrradverleih

    Callagent: Telefonist, Sachbearbeiter, *Denglisch*

    callback: Rückmeldung *(eines Dienstes beim Klienten)*

    Call-back-Verfahren: Rückrufverfahren, *Denglisch*

call-billing center: Kundendienst

call box: elektronischer Briefkasten, *siehe auch* **mailbox**[1]

call by call: Sparvorwahl *(Einzelwahl von Telefonanbietern ohne Vertrag)*, Auswahlnummer, *fallweises Wählen, Denglisch, siehe auch* **Internet by call**

call center: Anruferzentrum, zentraler Kundendienst, Auskunft(sstelle), Beratungsstelle

Callcenteragent: *ausgebildeter* Kundenberater, Telefonberater, *Denglisch*

callen: anrufen, *Denglisch*

caller: Anrufer

call for: anfragen, bitten um

call for action: Handlungsbedarf

call for papers: Vortragsanfrage, -aufruf

call for tenders: Ausschreibung *(Entsorgungsbranche, auch sonst im öffentlichen Dienst neuerdings beliebt)*

call hold: *siehe* **hold**

calling: rufen, anrufen, herbeirufen

Call-in-Sendung *(Denglisch)*, **call-in show**, **calling show**: Reinrufsendung, Mitmachsendung, interaktive Sendung, *Hereintelefonieren der Zuschauer in eine Fernsehdiskussion*

call sheet: Tagesdisposition

call shop: Telefonierstube; Telefonladen

call-through: Durchwahl *(bei Mobiltelefonen)*

call transfer: Anrufweiterleitung

call up: abrufen, anrufen, aufrufen

call[2] **(option)**: Kaufoption, *auch in*

    calls: Optionspapiere *auf steigende Aktien*

CAM: *siehe* **computer-aided manufacturing**, *vgl.* **CIM**

camcat: „fliegende Kamera", *an Seilen aufgehängte, bewegliche Kamera (im Sport)*

camcopter: fliegende Kamera *(meist Hubschrauber)*

camcorder: *Kombination von Kamera und Rekorder, heute meist:* Digitalkamera

cameraphone: Kameratelefon, *Kombination von Mobiltelefon und Kamera, Mobiltelefon mit integrierter Digitalkamera*

campaign: Kampagne, Aktion, Werbefeldzug

cancel, **canceln** *(Denglisch)*: streichen, ungültig machen, absagen, abbrechen, löschen

cancelling[1]: Kündigung, Entwertung

cancelling[2]: Abbruch

candle: Kerze, *auch in*

    candlelight: Kerzenlicht

candlelight dinner: Essen bei Kerzenlicht, Romantikessen

candy: Zucker, Süßigkeit, *oft im Sinne von „süß", „niedlich", auch in*

    candy colours *(BE)*, **c. colors** *(AE)*: Bonbonfarben

canvassing: „Klinkenputzen" *der Politiker im Wahlkampf,* „Schirmchentag", *d. h. Sonnenschirm mit Parteisymbol aufstellen, Informationszettel verteilen, Hände schütteln*

canyoning: Wildwasser fahren, *schluchteln, siehe auch* **rafting**

cap: Mütze, Kappe, Deckel, Abdeckung

capability: Fähigkeit, Begabung, Möglichkeit

capable: fähig, geeignet

capacitance: (Energie-)Speichervermögen

capacity: Umfang, Kapazität, Stellung, (geistiges) Vermögen

cape: Umhang, *siehe auch* **Regencape**

Cape Town: Kapstadt - *die Verwendung der Originalbenennung im deutschen sprachlichen Umfeld erinnert an die Praxis der DDR, wo aus politischen Gründen unbedingt Brünn durch Brno und Stettin durch Szczecin ersetzt werden musste, während niemand auf die Idee kam, Milano statt Mailand oder Venezia statt Venedig zu sagen*

capital[1]: Geld, Kapital, Vermögen, *auch in*

    capital investment: Kapitalanlage

capital[2]: Hauptstadt

capital[3]: Großbuchstabe

capital[4]: Kapital-, *auch in*

    capital crime: Kapitalverbrechen

    capital error: Kapitalfehler, kapitaler Fehler

capturen: überspielen, einspielen, aufnehmen, digitalisieren, *Denglisch*

car: Auto, PKW, Kfz, Wagen, *auch in*

    car cocooning: Autoeinschweißung, Autolagerung *durch Einschweißen in Schutzhüllen*

    car ferry: Autofähre

    Car-Hifi-Anlage: (Hochleistungs-)Autoradio, *Denglisch*

    carjacking: Autoentführung, -diebstahl, *siehe auch* **home carjacking**

    car kit: Autobausatz

    car napping: Fahrzeugdiebstahl, Autoklau

    car pool: Fahrbereitschaft, Fahrgemeinschaft

    carport: Autounterstellplatz, Autoüberdachung

    car rig: Autostativ

    car sharing: Auto teilen, *mehrere Personen teilen sich die Nutzung eines Autos,* Fahrgemeinschaft, Autogemeinschaft, *geteilte Autos*

    car sharing station: Autogemeinschafts-Station

    car wash: Autowaschanlage, Autowäsche, Waschstraße

caravan: Wohnwagen, Wohnanhänger, *auch in*

caravan(n)ing: Wohnwagentouristik

carbon copy, CC: Durchschlag

card: Karte - *ein besonders beliebter Anglizismus mit einer interessanten Bedeutungsverschiebung. Seit einigen Jahren erleben wir eine wahre Karteninflation. Tankstellen, Möbelhäuser, Lebensmittelmärkte, Bäckereien, Stromlieferanten, Freizeit- und Kultureinrichtungen, Touristikverbände, sie alle bieten ihren Kunden irgendeine Karte mit irgendwelchen meist geringfügigen Vorteilen oder Rabatten an. Selbstverständlich heißen all diese Karten „card". Somit steht „card" fast schon für: „wertlose Karte", was den Anbietern ernsthafter Karten (z. B. Deutsche Bahn) bald Probleme bereiten dürfte. Am Rande bemerkt: Die Firma Comcard Falkenstein, einer der Großen der Branche, stellt ungeachtet ihres Firmennamens immer noch alle diese „cards" als „Karten" her!* - auch in

card reader: Kartenleser, *siehe auch* **memory card reader**

care: Hilfe, Unterstützung *(viele frühere Kundendienste nennen sich heute* **customer care***), auch in*

Care-Berufe: Pflege-, Betreuungsberufe, *Denglisch*

career: Laufbahn, Beruf, Karriere, *auch in*

career assistance: Mitarbeiterentwicklung; Bewerbungsunterstützung

career center: Berufseinstiegs-, Karrierezentrum, *Bindeglied zwischen Hochschule und Wirtschaft*

care of, c/o: bei, (zuzustellen) über, wohnhaft bei *(wörtlich: unter der Obhut von)*

cargo: Fracht, Ladung *(selbst der Güterbereich der Deutschen Bahn musste sich in „DB Cargo" umbenennen), auch in*

cargo checker: Tallymann

cargo handling: Frachtumschlag

cargo hold: Laderaum

cargo insurance: Frachtversicherung

cargo lifter: Frachtluftschiff, *Denglisch*

cargo plane: Fracht-, Transportflugzeug

cargo ship: Frachtschiff, Frachter

cargo tram: Güterstraßenbahn, *Denglisch*

carriage: Beförderung(skosten), Fracht, Frachtkosten

carriage return: Zeilenumbruch, Wagenrücklauf

carrier[1]: Träger, Zubringer, *oft auch nur* Zug, *z. B. Die Bahn - Offizieller Carrier der Expo*

carrier[2]: Fluggesellschaft

carrier[3]: Netzbetreiber

carry: tragen

carry away: zum Mitnehmen

carry home: Abhol-, Mitnahmemarkt

carry on: weitermachen, fortführen, *übertragen auch:* sich lustig machen über

Carry-over-Effekt: Übertragungseffekt, Wirkungsübertragung, *erst später eintretende Werbewirkung, Denglisch*

cartoon[1]: Karikatur, Bildwitz, *auch in*

    cartoonist: Karikaturist, Witzzeichner

cartoon[2]: Bildergeschichte, Zeichentrickfilm

cartridge: Patrone, Kassette, Kartusche

carve, carving[1]: schnitzen, einritzen, einschneiden, markieren

Carvingski: taillierter Schi, *neue Form des normalen Sportgerätes, für den Hochleistungssport entwickelt, Denglisch, auch in*

    carving[2], **carven** *(Denglisch)*: *(mit dem)* **Carvingski** fahren

case[1]: Behälter, Tasche, Schachtel, Kästchen, *auch in*

    casemodding: *siehe* **modding**

case[2]: Fall, *auch in*

    case history: Fallstudie; Krankengeschichte

    case management[1]: Sachbearbeitung

    case management[2]: Patientenbetreuung, *Wiedereingliederung langzeitkranker Arbeitnehmer*

    case manager[1]: Patientenbetreuer

    case manager[2], **Fallmanager** *(Denglisch)*: (Fall-)Sachbearbeiter *bei einer Arbeitsagentur - Millionen Arbeitslose mussten leidvoll erfahren, dass die denglische Umbenennung ihres Sachbearbeiters nichts, aber auch gar nichts an den bekannten Umgangsformen geändert hat.*

    case of conflict: Konfliktfall

case[3] **(upper, lower)**: Groß- *bzw.* Kleinschreibung

cash: bar, Bargeld, Bares; Barzahlung, Sofortzahlung, *auch in*

    cash advance: (Bar-)Vorschuss

    cash-and-carry: Mitnahmepreis; Abholgroßhandel, Abholmarkt

    cash audit: Kassenprüfung

    cash box: (Geld-)Kassette

    cash-burn rate: *Zeitraum, der benötigt wird, bis (bei schlechter Börsenlage) ein in Aktien oder Fonds angelegtes Kapital vernichtet ist*

    CashCall: *geistloses Geldgewinnspiel bei den verschiedensten Medienanstalten, Denglisch*

    cash counter: Barkasse

    cash cow: „Goldesel", „Gans, die goldene Eier legt" - *in der Wirtschaft für den eigentlichen und profitablen Geschäftsbereich eines Unternehmens verwendet*

    cash desk: Kasse *(in Warenhäusern)*

    cash flow: Bargeld, Liquidität, Geldumlauf, Geldfluss, Überschuss *nach Abzug aller Unkosten*

    cash in advance: Vorauszahlung

    cash point: Kasse, Bargeldstelle, Zahlstelle

cash refund: Bargeld(rück)erstattung, *speziell:* Mehrwertsteuererstattung

cash turnover: Barumsatz

cash value: Barwert, Kapitalwert, Kurswert, *meist einfach nur: „Wert"*

cashable: einlösbar

cast: *(schauspielerische)* Besetzung

casting[1], **casten** *(Denglisch)*: auswählen; Sichtung, Vorsprechen, Vorspielen, Vorsingen, Rollenbesetzung

casting[2]: Trockenangeln, Turnierangeln *(Sportart)*

casting show: Talentsuche, Talentwettbewerb, Auswahlschau

casting vote: Zünglein an der Waage, ausschlaggebende Stimme

casual: salopp, sportlich, *auch in*

  casual look: saloppes, sportliches Aussehen, *lässige, moderne Männermode*

  casual outfit, casualwear: Freizeitkleidung, lässige Kleidung

cat: Katze, *oft in Werbung für Katzenfutter*

catch: Fang, fangen, *auch in*

  catchen: *schauringen, Denglisch*

  catcher: *Schauringer*

  catchline: Schlagzeile

catch-as-catch-can: regellose Prügelei, *im übertragenen Sinne, z. B. in der Wirtschaft, auch:* aufs Ganze gehen, *siehe auch* **wrestling**

caterer: Gastronom, Kantinenbewirtschafter, Gastverpfleger, Verpfleger, Beköstiger, *Festeausrichter*

catering: Gastronomie, Verpflegung, Beköstigung, Versorgung *(mit Speisen und Getränken)*, Bewirtung *in Luft-, Schifffahrt, auch in*

  Catering am Set: *Imbiss am Drehort, Denglisch*

  catering service: Gastronomie-, Beköstigungsdienstleistung, Verpflegungswesen, Versorger *in Luft-, Schifffahrt*

catwalk: Laufsteg, *auch in*

  catwalk beauty: Laufstegschönheit

caution: Vorsicht, Achtung

CBT: *siehe* **computer-based training**

CC: *siehe* **carbon copy**

C2C: *siehe* **customer-to-customer**

CD: *siehe* **compact disc**[1]

CD-player: *siehe* **player**[3]

CD-ROM: *siehe* **compact disc**[2]

celebrate: zelebrieren, feierlich begehen, *etwas* feiern

celebrity: Berühmtheit, *berühmte* Persönlichkeit

cell: Zelle, Feld

center[1] *(AE)*, **centre** *(BE)*: Zentrum, Mitte, Mittelpunkt, *auch in*

center court: Hauptplatz, Haupt(tennis)platz

Centerfiliale: Hauptstelle, Mittelpunktfiliale, Innenstadtfiliale, *Filiale mit erweitertem Dienstleistungsangebot (Deutsche Post), Denglisch*

centerfold: Mittelfalter, Mittelplakat, Ausfalter *in der Mitte einer Zeitschrift*; Aktfoto *auf einem solchen Ausfalter, siehe auch* **foldout**

center^2: Einkaufsmarkt, Einkaufszentrum; Laden, Fachgeschäft

center policy: zentrale Richtlinie; zentrale Verfahrensweise, grundsätzliche Verfahrensweise

central: mittig, innen, zentral, *auch in*

    central processing unit, CPU: Zentraleinheit *(des Rechners)*, ZE *(EDV)*

CEO: *siehe* **chief executive officer**

cereal: Getreide, Müsli, *das Wort feiert zurzeit große Erfolge in der Werbung, z. B. in lustigen Aussagen wie:* Da glaubst du, dass die Cerealien gerade erst in die Milch gefallen sind.

chairman: Vorsitzender, *auch in*

    chairmanship: Vorsitz

    chairperson: *politisch korrekt für* **chairman**

    chairwoman: Vorsitzende

challenge: Herausforderung, Ansporn, *auch in*

    challenger: Herausforderer

    challenge tour: Herausforderungsreise, Streifzug, Turnier

champion, champ: Sieger, Bester, Meister, *auch in*

    championship: Meisterschaft

    Champions League: Königsklasse, Meisterliga, *meist allgemein:* Europaliga

chance: Möglichkeit, Gelegenheit, Aussicht

change^1: Kleingeld, Wechselgeld

change^2: Wechsel, Tausch, *auch in*

    change agent: Veränderer, Umgestalter

    change management: Wechseldurchführung, Veränderungsorganisation, radikaler Unternehmensumbau, *in der sprachlichen Praxis innerhalb der Wirtschaft oft nur* Veränderung *oder* Erneuerung

    changer: Wechsler *von Schallplatten,* **CD** *usw.*

change^3: Wechselstube, Geldwechsel, *Denglisch (im Englischen heißt es „exchange")*

changeover: Überarbeitung *(in jeglicher Form)*

channel: Kanal, *(Fernseh-)*Programm, *auch in*

    channel hopping: *(Fernseh-)*Senderspringen, *ständiges* Umschalten, *siehe auch* **zapping**

channel distribution manager: Bereichsleiter *(in einem Waren- oder Versandhaus)*

character: Zeichen, Buchstabe, Schriftzeichen, *auch in*

character code, character set: Zeichensatz

Chargekarte: *Kreditkarte ohne Kreditrahmen,* Pseudo-Kreditkarte, *Denglisch*

charity: Wohltätigkeit, Nächstenliebe, *auch in*

Charitybewusstsein: Gemeinsinn, *Denglisch*

charity event: Benefiz-, Wohltätigkeitsveranstaltung

charming: Verführen, Bezaubern, *auch in*

charming loser: sympathischer Verlierer

chart: Diagramm, Statistik, Rangliste, Schaubild, Kursverlauf *(Börse), auch in*

chart breaker, Chartstürmer *(Denglisch)*: Listenstürmer

charter: Transportmittelvermietung, *auch in*

charter cab: Sammeltaxi *(die übliche deutsche Schreibweise* CharterCAB *ist Denglisch)*

Charterflug: Bedarfsflug, Mietflug, Sammelflug, *Denglisch*

chartern: anmieten, mieten, heuern, *Denglisch*

charts[1]: Bestenliste, Rangliste; Schlagerparade, *auch in*

charts topper: Listenstürmer

charts[2]: Tabellen, Auflistungen

chat: Geplauder, Unterhaltung, Gesprächsrunde *(im Internet),* Netztratsch, *siehe auch* **voice chat***, auch in*

chat cafe: *siehe* **chat room**

chat community: Gesprächsrunde, *Gemeinschaft, die sich im Internet in virtuellen Klatschstuben trifft*

Chatforum: *(sachlich begrenzter)* Treffpunkt *(im Internet), Denglisch*

chat group: Netz(plauder)gruppe

chatiquette: Diskussionsgebaren *(im Netz),* Umgangsformen *(bei Netzdiskussionen), siehe auch* **netiquette**

chat line: Plauderkanal

chat room: Plauderstube, -ecke, Treffpunkt, Plauschstube, Klatschraum, Austauschforum, Mitteilungsforum *(im Internet)*

chat slang: *spezielle, meist stark verkürzte Internetsprache, siehe auch* **cyberslang**

chatten: plaudern, quasseln, tratschen, schwatzen, schnattern, sich unterhalten, *Denglisch*

chatter: (Netz-)Plauderer

cheat: Schummelpaket, Mogelvariante, Lösungshilfe *(bei Rechnerspielen), auch in*

cheaten: schummeln *(bei Rechnerspielen), Denglisch*

check[1]: Prüfung, Probe, Abfrage, Kontrolle, Hindernis, *auch in*

check-back: Rückfrage

check-in (point): (Flug-)Abfertigung, Anmeldung; Schleuse

Checkliste: Frage-, Kontroll-, Merk-, Prüfliste, *Denglisch*

checkout: Abfertigung, Abmeldung, Schleuse

checkpoint: Kontrollstelle, Kontrollpunkt, Grenzkontrollpunkt

checkup: Vorsorgeuntersuchung; Prüfung, Untersuchung

check^2: Rempler

check^3 *(AE)*: Scheck

checken^1: verstehen, begreifen, durchschauen, raffen, schnallen, merken, *Jugendsprache, Denglisch*

checken^2: prüfen, nachprüfen, überprüfen, kontrollieren, abfragen, *Denglisch*

checker: Schlaumeier, *jemand mit Durchblick*

cheek: Backe, Wange, *auch in*

    cheek to cheek: Wange an Wange

cheerio, cheers: Prost, zum Wohle; *von England ausgehend auch zurzeit Modewort für:* auf Wiedersehen, Tschüss

cheerleader: Jubelmädchen, Anfeuerer, Stimmungsmädchen *(im Sport)*

cheese: bitte lächeln, bitte recht freundlich *(Fotografie)*

cheque *(BE)*: Scheck

chewing gum: Kaugummi, *ohne Blasenbildung im Gegensatz zum* **bubblegum**

chicken^1: Huhn, *auch in*

    chicken wings: Hähnchenflügel. *Galten Hähnchenflügel eher als minderwertig, so werden nunmehr die* **chicken wings** *als Spezialität angesehen - ein erstaunliches Phänomen, von dem wahrscheinlich bald die Vertreiber von Hühnerhälsen lernen werden.*

chief administrative officer, CAO: Personalchef

chief engineer: Chefingenieur

chief executive committee: Vorstand, Geschäftsführung

chief executive officer, CEO: Vorstandsvorsitzender, Geschäftsführer, Unternehmensvorstand

chief financial officer, CFO: Finanzvorstand, Leiter des Finanzwesens, Leiter der Finanzabteilung

chief information officer^1, CIO: EDV-Verantwortlicher

chief information officer^2, CIO: Presse-, Unternehmenssprecher, Leiter der Öffentlichkeitsarbeit

chief investment officer, CIO: Leiter des Einkaufs; Immobilienverantwortli-cher

children's corner: Kinderecke, Spielecke *(z. B. in Restaurants, Geschäften usw.) - statt die von Ikea bekannte „Kinderecke" einfach komplett zu kopie-ren, entscheiden sich gerade zweitklassige Einrichtungen gern für die engli-sche Benennung; schaut man hin, findet man Kugeln und Kinder - wie bei Ikea, siehe auch* **kids' corner**

chill area: Ruhezone, Ruheraum

chill out: ausklingen lassen, sich entspannen, sich ablenken, sich erfrischen

chip^1: Marke, Spielmarke, Spielgeld, Plättchen

chip^2: Mikroschaltkreis, *elektronisches Bauteil, auch in*

chip coin: *elektronische Eintritts- und Auslasskarte in Form einer Plastikmünze, oft mit Kostenerfassungsfunktion, wird z. B. in Hallenbädern, Hotels und ähnlichen Einrichtungen genutzt; speziell auch:* Parkmünze

Chipkarte: elektronische Karte, *meist für:* Versichertenkarte *(SV-Karte), Denglisch, siehe auch* **smart card**

choice box: Auswahlfeld

choke, choker: Kaltstarthilfe, Luftklappe *(am Vergaser)*

chopper: Hackmesser, Zerhacker, Lichtunterbrecher

Christmas: Weihnachten, *auch in*

    Christmas countdown: Advent, Warten auf das Christkind, Vorweihnachtszeit

    Christmas event: Weihnachtsveranstaltung, Weihnachtsfeier

    Christmas tree: Weihnachtsbaum

CIM: *siehe* **computer-integrated manufacturing**

Cinchstecker: *spezieller* Steckverbinder *(zum Anschluss von Audio- und Videogeräten), Denglisch*

cinema: Kino, Lichtspieltheater, Lichtspielhaus, *auch in*

    cinemascope: Breitwandaufnahmeverfahren *(beim Film)*

    cinematographer: Kameramann

circle: Kreis, *in der Wirtschaft gern für:* Runde

circuit training: Zirkelübung *(Sport)*; Rennstreckentest *(Autorennen)*

city: Innenstadt, Stadtkern, Altstadt - *ursprünglich die ganze (Groß-)Stadt, auch in falschen Verbindungen wie:* Mexico-City *für* Mexico-Stadt (Ciudad de México), Palma-City *für* Palma Ciudad *sowie in Dutzenden denglischen Konstrukten, etwa in* Hafencity *(Viertel in Hamburg),* Kai-City *(neues Hafenviertel in Kiel), auch in*

    city airport: Stadtflughafen, innerstädtischer Flughafen

    city bag: Stadttasche, Einkaufstasche; Damenhandtasche

    Citybahn: Stadtbahn, Städtebahn, *Denglisch*

    city beach: *künstlicher* Innenstadtstrand

    city beautification: Stadtverschönerung, Stadtpflege, Unsere Stadt soll schöner werden!

    city bike: Stadt(fahr)rad, *Denglisch*

    city bus: Innenstadtbus, Stadtbus, *Denglisch*

    city call: Ortsgespräch

    city card: „Rundum-Karte", „Gesamtkarte" *(für Touristen bei Stadtbesuchen), je nach Verwendungszweck auch:* Tagesfahrkarte, Sammeleintrittskarte, *siehe auch* **all-inclusive card**

    city carrier: *örtlicher* Telefonanbieter, *Denglisch*

    city center[1] *(AE)*, **c. centre** *(BE)*: Stadtzentrum, Innenstadt, *siehe auch* **downtown**

    city center[2]: Stadt-Verkaufsbüro

city dressing: Stadt(aus)gestaltung

Citygespräch: Ortsgespräch, *Denglisch*

city guide: Stadtführer, Stadtplan

city lights: Leuchtreklame, Reklametafeln

Citylightständer: Leuchtwerbeträger, *Denglisch*

citylike: städtisch, *für die Stadt passend, für die Stadt geeignet*

cityliner: Stadtverkehrsmittel, *Denglisch*

city look: Stadtansicht

city management: Stadtverwaltung

city nightline: Hotelzug, Nachtzug

city of learning: Bildungsstandort, Bildungsstadt, *Stadt mit ausgeprägter Hochschul-, Schul- und Weiterbildungsstruktur*

city of living: lebenswerte Stadt, *Stadt mit hoher Lebensqualität und besonderer Lebensart*

City-Parkhaus: Zentrum-Parkhaus, Stadt-Parkhaus, *Denglisch*

city point: *einfallslose denglische Bezeichnung für die Geschäftsstelle einer Krankenkasse*

Cityrad: Stadtfahrrad, *Denglisch*

city shuttle: Pendelbus, Städtependler *(Bus, Bahn)*

Citytarif: Stadttarif, *Denglisch*

city ticket: *Verbundfahrschein der Deutschen Bahn, Ergänzung zur* **Bahncard** *im Nahverkehr, Denglisch*

citywalker: Roller, Stadt(tret)roller, *siehe auch* **kickboard**

city weekend: Städtekurzreise, *Denglisch*

claim[1]: Anspruch, Forderung, Besitztitel

claim[2]: Werbespruch

clan: Gruppe, Lebensgemeinschaft, Sippe, Stammverband

clash of civilization(s): Kollision der Zivilisationen, Zusammenprall der Zivilisationen, *fälschlich auch:* **crash of civilization(s)**

clash of culture(s): Aufeinanderprallen von Kulturen, Kollision der Kulturen, Zusammenprall der Kulturen, *fälschlich auch:* **crash of culture(s)**

classic: klassisch, Klassiker - *der Anglizismus hat inzwischen seine eigentliche Bedeutung weitgehend verloren. Er wird besonders gern bei Produktbenennungen dann eingesetzt, wenn das Produkt nichts Besonderes zu bieten hat und der Werbefirma überhaupt nichts einfallen wollte. Bei verschiedenen Mineralwassermarken heißt das normale Produkt gern „classic" im Gegensatz zu den Produkten mit wenig Kohlensäure. Bei der Strommarke „avanza" heißt der alte, unveränderte Tarif „classic". Insofern hat das Wort eher die Bedeutung von „normal", „alt", „bewährt" oder „traditionell" angenommen.*

classics: *Sportveranstaltung mit langer Tradition, renommierte Sportveranstaltung, Klassiker*

clean: sauber, rein, untadelig, anständig; entgiftet, entwöhnt, frei von Drogen; seuchenfrei, *auch symbolisch und auch in denglischen Zusammensetzungen wie:* Colgate Mediclean, *auch in*

clean air: optimaler Luftstrom

cleanen: reinigen, säubern, *Denglisch*

cleansing emulsion: Reinigungsemulsion

clean systems: Reinraumtechnologie; sauberer Bereich

clean the frame: Bild frei

clear[1]: klar, rein, *auch in*

clearance certificate: Zollabfertigungsschein

clear certificate: Unbedenklichkeitsbescheinigung

clearness: Klarheit

clear space: Toleranzbereich, Toleranzfeld

clear[2]: löschen, säubern, leeren, *auch in*

clear away: aufräumen, wegräumen

clear out: abmelden, Hotel verlassen, *wie* **auschecken**

clearing[1]: Leerung, Entlastung, *meist einfach:* „Klärung" *oder* „Aussprache", *auch in*

clearing papers: Zollpapiere

clearing[2]: Verrechnung, Abrechnung, Datenprüfung *(EDV), auch in*

clearing agreement: Verrechnungsabkommen

Clearingstelle: Verrechnungs-, Abrechnungsstelle; Schiedsstelle *(im Verbraucherschutz und bei den Hartz-Gesetzen benutzt);* Nach- und Rücksendestelle *(hieß es früher bei der Deutschen Post), Denglisch*

clever: klug, schlau, gescheit, begabt, pfiffig, gewitzt, gerissen, *auch in*

cleverness: Klugheit, Gewandtheit, Gewitztheit, Gerissenheit

clicken: anklicken, klicken, *Denglisch*

client[1] **(computer)**: anfragender Rechner, *Rechner, der die zentralen Dienste eines Servers nutzt*

client[2]: Kunde, Anfrager, Klient, *auch in*

client management: Kundenbetreuung

client-server (system), **client-server model**: Mandantendienst-System

cliff: Klippe, Schlucht, *auch in*

cliffhanger: Spannungshalter

cliffhanging: Schluchtenüberquerung *per Seil*, Schluchtenhangeln *(Abenteuersportart)*

climber power: Kletter(konditions)schulung *(neue Modesportart)*

climbing: Klettern

clinch[1]: sich verklammern, festhalten

clinch[2]: Streit, Streiterei

clinic: Klinik, Krankenhaus, *z. B. Anti-Aging-Clinic Köln, auch in*

clinical engineering: Klinikwirtschaft, -bewirtschaftung

clinical practice guideline: Hinweistafel *(im Krankenhaus)*, *wörtlich: praktische Klinikleitlinie*

clip[1], **film clip**: Werbefilm, (Kurz-)Film

clip[2]: Halter, Klemme, Klammer, Spange, *auch in*

   clipboard: Zwischenablage *(EDV)*; Klemmbrett

clipper: Friseur, Haarschneider

cloaking: *Manipulation bzw. Überlistung (von Suchmaschinen)*

clone: nachbauen, nachahmen, kopieren *(z. B. ein Rechnerprogramm)*

closed shop: vertrauliche Geschäftsbesprechung, vertrauliche Mitarbeitergespräche, vertrauliche Verhandlungen, *Denglisch*

closed user group: geschlossene Benutzergruppe

close of business, **COB**: Geschäftsschluss | Ende eines Geschäftstages, Ultimo

close to balance: *nahezu ausgeglichener Haushalt, Euphemismus für:* Negativbilanz

close to home: haushaltsnah

close-up: Nahaufnahme, Großaufnahme; Nahlinse

closing: Stilllegung, Schließung; Schlusstermin, *siehe auch* **deadline**

clubbing: organisiertes geselliges Beisammensein, im Klub treffen, *allgemein:* (das) Ausgehen

club wear: Vereinskleidung

clueless: ahnungslos, keine Ahnung

cluster: Bündel, Traube, Gruppe, Haufen; Ballung, Verbund, zusammenhängende Einheit, *auch in*

   cluster computer: Parallelrechner, *ein aus Standardkomponenten zusammengesetzter Rechner*

   clustering, **Cluster(bild)ung** *(Denglisch)*: Bündeln, Bündelung; *kreative Ideenfindung*

   clustern: anhäufen, ballen, bündeln *(Wirtschaft)*; *zu Großrechnern kombinieren (EDV), Denglisch*

   cluster of computers: Rechnerverbund

   Clustertechnologie: *Rechneraufbau aus Standardkomponenten, Denglisch*

c/o: *siehe* **care of**

coach: Leiter, Ausbilder, Repetitor, Übungsleiter, Tutor, Mentor, Betreuer

coaching, **coachen** *(Denglisch)*: Unterstützung, Anleitung, Betreuung *bei der Arbeit, intensive* Einzelbetreuung, *praxisnahe Beratung;* betreuen, anleiten

Coachingsendung: Ratgeber-, Lebenshilfesendung, *Denglisch*

coating: Lack, Lackierung, lackieren, *auch in Firmennamen wie* „BASF Coating"

cockpit: Pilotenkanzel, Pilotenkabine, Steuerkabine, Fahrersitz *in einem Rennwagen*, Führerstand, Kanzel

cocooning: Abkapselung, Isolierung, *Zurückziehen in die eigenen vier Wände, siehe auch* **homing**[1]

code, coding: Schlüssel, Zeichenzusammenhang, Verschlüsselung, Kodierung, Kennwort, Geheimzahl, *auch in*

    codeswitching: Sprachwechsel

code of conduct: Verhaltenskodex

coffee: Kaffee, *auch in*

    coffee shop: Kaffeehaus

    coffee to go, Kaffee to go *(Denglisch)*: Kaffee zum Mitnehmen, Kaffee „über die Straße", *siehe auch* **food to go**

cold: kalt, *auch in*

    cold calling: *(unerwünschte)* Werbepost, *vor allem über Mobilfunktext (SMS), siehe auch* **e-mail spam**

    cold mailing: *(unerwünschte)* Werbepost, Kaltakquise

collaboration: Zusammenarbeit; Gemeinschaftsproduktion, *nicht: Kollaboration im deutschen und französischen Sinne*

collectibles: Sammlerstücke, Souvenirs

collection[1]: Zusammenstellung

collection[2]: Abholung *(Entsorgungsbranche), auch in*

    collection rate: Erfassungsquote *(Entsorgungsbranche)*

Cologne: Köln - *zahlreiche Kölner Unternehmen verwenden lieber die englische Bezeichnung und Aussprache*

colour *(BE)*, **color** *(AE)*: Farbe, *auch in*

    coloration: Färbung, Einfärbung

    colouring: färben, bunt machen

    colourless: farblos

column: Spalte

come: komm!, kommen, *auch in*

    come-as-you-are party: zwanglose Fete, Stegreif-, Spontanfete

    comeback: Wiederauftreten, Neubelebung, Wiederkehr, Rückkehr, Neuanfang, Wiederantritt, Wiedereinstieg

    comebacker: Rückkehrer, Wiedereinsteiger, *Denglisch (bemerkenswerter Beitrag des ZDF-Sportchefs zur Weiterentwicklung der englischen Sprache)*

    come in: hereinkommen, herein!

    come-together: Zusammenkunft

comedian: Komödiant, Spaßmacher

comedy: Komödie, Lustspiel, Schwank, *siehe auch* **sketch comedy** *und* **dramedy**

Come-in-and-find-out-Gottesdienst: *besonders „jugendgemäße" Form eines Gottesdienstes, Denglisch (ursprünglich von der Parfümeriekette Douglas kreierter Werbespruch)*

comic (strip): Bilderzählung, Bild(er)streifen, Bildgeschichte

Coming-of-Age-Film: Initiations-, Reifefilm, *Film über das Erwachsen-werden, Denglisch*

Coming-of-Age-Roman: Initiations-, Reiferoman, *Roman über das Erwachsenwerden, Denglisch*

coming-out: öffentliches Bekenntnis, Selbstenttarnung, Selbstentlarvung, *meist zur eigenen Homosexualität*

command: Befehl, Kommando, *auch in*

> **command processor**: Befehlsprozessor

comment: Kommentar, Erklärung, Auslegung, Erläuterung

commerce: Handel

commercial: Werbung, Werbefilm

commercial banking: Kreditgeschäft *der Banken*

commercial waste: Gewerbeabfall *(Entsorgungsbranche)*

commission: Übertragung, Auftrag

commission rates: Provisionssätze

commit: sich verpflichten, Zusagen geben, *auch in*

> **commitment**: Versprechen, Verpflichtung

> **committed[1], committet** *(Denglisch)*: verpflichtet, eingeschworen, *inzwischen in den unsinnigsten Zusammenhängen:* Wir wurden committet = informiert, eingewiesen, eingestimmt. Wir haben uns committed = Wir haben uns vorgenommen, verpflichtet *(oft beschönigend als gemeinsame Entscheidung für eine Sache, die dem kleineren Partner aufgezwungen wurde).*

committed[2]: begeistert, einer Sache ergeben

committee: Ausschuss

commodities: Rohstoff- und Warenhandel

common: allgemein, üblich

Common-Rail-Diesel, Common-Rail-Turbodiesel, CRDi: Speichereinspritzung, Speichereinspritz(ungs)diesel, Vorkammerdiesel, *Denglisch*

common sense: natürliche Logik, gesunder Menschenverstand, allgemein anerkannte Regel

communication: Kommunikation, Verständigung, Verbindung, *auch in*

> **communication highway**: Datenautobahn *(EDV), siehe auch* **information highway**

> **communication manager**: Pressesprecher, Leiter Öffentlichkeitsarbeit, Leiter interne Öffentlichkeitsarbeit, *je nachdem was gemeint ist, könnte es auch ein* Kommunikationsbeauftragter *sein*

> **communication services**: Kommunikationsdienstleistungen

communicator: *Verständigungshilfe jeglicher Art, wie:* Übersetzer, Übersetzungsprogramm, Kleinfunkgerät, Sprachnachrichtenübermittler *usw.*

community: Gemeinschaft, Gemeinde; Interessengemeinschaft *(z. B. im Internet), auch in*

community council: Bürgerversammlung; Gemeinderat, Gemeinde-amt

community management: Kunden-, Unternehmenskommunikation

community policing: bürgernahe Sicherheit

commutability: Austauschbarkeit

compact: kompakt, gedrungen, zusammengepresst, *oft einfach nur:* klein, *auch in*

compact disc[1], **CD**: (Musik-)Scheibe, „Silberscheibe"

compact disc[2], **CD-ROM**: Speicherplatte, Speicherscheibe *(EDV)*, Kompaktplatte *(spezieller Datenträger)*

company: Firma, Gesellschaft, *auch in*

company doctor: Betriebsarzt, Werksarzt

comparable: vergleichbar

comparison: Vergleich, Gegenüberstellung

compatibility: Vereinbarkeit, Verträglichkeit

compensate: ausgleichen

compensation manager: Leiter (der) Lohnbuchhaltung

competence: Fähigkeit, Möglichkeit, Fachzuständigkeit, *auch in*

competence center, **Kompetenzcenter** *(Denglisch)*: Fachzentrum, Kompetenzzentrum *(denglische Form bei den Hartz-Gesetzen benutzt)*

competencies: Fertigkeiten, Kompetenzen; Kompetenzträger, Führungskräfte - *in der Wirtschaft zurzeit ein absolutes Modewort, mit dem die wirklich nicht neue Erkenntnis verkauft werden soll, dass Führungskräfte neben Sachkompetenzen auch menschliche Fähigkeiten besitzen sollten*

competition: Wettbewerb

compilation-CD: individuelle *(digitale)* Musikscheibe, *siehe auch* **compact disc**[1]

compile, **compilieren** *(Denglisch)*: übersetzen, kompilieren *(EDV)*, *auch in*

compiler: Übersetzer, Übersetzungsprogramm

complete: vollständig, umfassend, *auch in*

completeness: Vollständigkeit

compliance: Einwilligung, Willfährigkeit, Komplizenschaft, Nachgiebigkeit; Therapietreue *(Medizin - so mehrfach in einer Gesundheitssendung des MDR)*, Einhaltung *(von Verhaltensmaßregeln)*, *siehe auch* **noncompliance**

complicated: kompliziert, schwierig, verwickelt

compose: komponieren, setzen, verfassen, zusammensetzen, *auch in*

composer: Komponist, Setzer, Verfasser

composite picture: zusammengesetztes Bild, Kollage

Compoundmaschine: Verbundmaschine, *Denglisch*

compress: packen *(EDV)*, komprimieren, verdichten, *siehe auch* **uncompress**

computational science: rechnergestützte Naturwissenschaft

computer: EDV-Anlage, Rechner, Digitalrechner, Rechenautomat, *veraltet auch:* Elektronengehirn, *auch in*

> **computer-aided design**, **CAD**: rechnergestützter Entwurf, rechnergestütztes Konstruieren
>
> **computer-aided manufacturing**, **CAM**: rechnergesteuerte Fertigung, *vgl.* **CIM**
>
> **computer-aided selling**: rechnergestützter Verkauf
>
> **computer-based training**, **CBT**: programmiertes Lernen, Lernprogramm *im Rechner, siehe auch* **e-learning**
>
> **computer cluster**: Rechnerbündel, -paket, Rechnerzusammenschluss
>
> **computer game**: (Rechner-)Spiel
>
> **computer-integrated manufacturing**, **CIM**: rechnergesteuerte Produktion *(EDV), vgl.* **CAM**
>
> **computerisieren**: Rechentechnik einführen, für Rechner aufbereiten, *Denglisch*
>
> **computer network**: (Rechner-)Netzwerk
>
> **computer-supported cooperative learning**: rechnergestütztes Gruppenlernen

concept car: Autostudie *(Konzept für ein neues Auto)*

concern: Angelegenheit, Sache

concert: Vorführung, Aufführung, Konzert *(manche Künstler geben keine Konzerte mehr, sie sind nur noch* **in concert***)*

conclusion: Ergebnis, Schlussfolgerung, Folgerung

condition: Zustand, Bedingung

conditioner: Festiger, Stabilisator

conditioning: Festigen, Stabilisieren

conductor: Zugbegleiter, *veraltet:* Schaffner *(Deutsche Bahn)*

conference call(ing): Telefonkonferenz(-schaltung), Rundruf

conference dinner: Konferenz-, Tagungs-, Arbeitsessen

conference room: Konferenz-, Tagungs-, Besprechungsraum, Sitzungszimmer

confidential: vertraulich, geheim

conflict handling: Umgang mit Konflikten, Konfliktbearbeitung

congratulation: Glückwunsch

connection: Verbindung, Beziehung(en)

constraint: Randbedingung *(bei mathematischen Problemen)*

consult: beraten, *auch in*

> **consultant**: (Unternehmens-)Berater, Gutachter
>
> **consultation**: Beratung
>
> **consultative**: beratend
>
> **consulting**: (Unternehmens-)Beratung, Beratertätigkeit

Consultingunternehmen: Beraterfirma, Beratungsunternehmen, *Denglisch*

consumables: Endprodukt, Ware für Endverbraucher

consumer: Verbraucher, *auch in*

   consumer benefit: *(zusätzlicher) Kundennutzen*

   consumer care: Verbraucherschutz; Kundenbetreuung

   Consumermarkt: Verbrauchermarkt, *Denglisch*

   consumer-to-consumer, C2C: *siehe* **customer-to-customer**

   consumer view: Verbrauchersicht

consumption: Verbrauch, Konsum

contact: Anschluss, Kontakt

contacten: ansprechen, kontaktieren, *Denglisch*

contain: enthalten, fassen, beinhalten, *auch in*

   container: (Groß-)Behälter, *Frachtbehälter,* Kasten, Kiste

   container terminal: (Fracht-)Umschlagplatz

containment: *Zusammenhalt durch gemeinsame Stärke*

contemporary: zeitgenössisch

content: Inhalt, *auch in*

   content management: Inhalteverwaltung; *Ausgestaltung von Arbeitsinhalten,* inhaltliche Ausgestaltung

   content management system: Redaktionssystem; Inhalteverwaltungssystem *(z. B. für Internetseiten),* Datenverwaltungssystem *(EDV)*

   content manager: Arbeitsgestalter, *Gestalter von Arbeitsinhalten,* Inhalteverantwortlicher

   content solutions: Inhaltsklärung

contest: Wettkampf, Wettbewerb, Vergleich

contiguous: aneinandergrenzend, aufeinanderfolgend

continuing education: Fortbildung, *auch in*

   continuing medical education, CME: zertifizierte Fortbildung *(Medizin)*

continuity: fortdauernder Zusammenhang, Stetigkeit; *speziell: Kontrolle sog. „optischer Anschlüsse" bei Szenen, die nicht chronologisch gedreht werden (Filmbranche)*

contract: Vertrag, *auch in*

   contract agency: Vertragsabteilung *(Hartz)*

   contracting: Vertragsabwicklung, -betreuung; Vertragsgestaltung *- wird meist im Sinne von „Wartungsvertrag" oder „Rundum-Dienstleistung" verwendet*

   contracting-out: vertragliche Vereinbarung, *in der Presse auch in der unmöglichen Form* Contractingvertrag *(Denglisch) zu finden*

control[1]: Kontrolle, Prüfung, *auch in*

   controller[1]: Kostenrechner, Kostenplaner, Überprüfer, Buchhalter

controlling[1]: Erfolgssteuerung; (Rechnungs-)Prüfung, Rechnungswesen, Unternehmensanalyse, Unternehmenssteuerung

controlling[2]: überwachen, prüfen, kontrollieren

control[2]: Steuerung, Planung, *auch in*

    controller[2]: Steuereinheit, Steuerbaustein, Steuerungseinrichtung *beim Rechner*

convection: Leitung, Strömung, Konvektion

convenience: Annehmlichkeit, Bequemlichkeit, *auch in*

    convenience food: Fertigessen, Fertigkost, Beikost

    convenience goods: Bedarfsartikel, unverzichtbare Güter

    Convenienceprodukt: Vorfertigungsprodukt *(z. B. Tiefkühlkost, Fertiggerichte), Denglisch*

    convenience shop, Conveniencemarkt *(Denglisch)*: Nachbarschaftsladen, Tankstellenladen, „Laden um die Ecke"

convention: Tagung, *auch:* Jahrestagung

cookie[1]: Keks

cookie[2]: „Luger", „Hineinseher", *Datei, in der im Internet eingesehene Seiten verzeichnet werden, auch in*

    cookie file: Spurendatei

cool[1]: ruhig, nüchtern, beherrscht, gelassen, lässig, kaltschnäuzig, kaltblütig, unverfroren, besonnen, überlegen, unbeeindruckt, arrogant, *kuhl, auch in*

    cool down[1]!: beruhige dich!, bleib locker!

    coolness: Gelassenheit, Kühle, Nüchternheit, Besonnenheit, Kaltblütigkeit

cool[2]: kühl, *auch in*

    cool down[2]: abkühlen, Temperatur senken

    cooling kit: Kühlsystem *für den Rechner*

cool[3]: *in der Sprache einfacher Geister für alles verwendet, was irgendwie angenehm ist*: toll, gut, erstaunlich, interessant, schön, anziehend, attraktiv, anmutig, lieblich, betörend, liebenswert, hübsch, gut aussehend, niedlich, allerliebst, süß, goldig, anregend, aufregend, spannend, spitze, geil, stark, ansprechend, prickelnd, ergreifend, packend, lesenswert, sehenswert, außergewöhnlich, klasse, super, edel, hervorragend, beeindruckend

coolen: kühlen, *Denglisch*

cooperation: Zusammenarbeit, Mitarbeit

coordination board: Koordinierungsstelle

copy: Kopie, Ablichtung, Durchschlag, Zweitschrift, *auch in*

    copycard, Copykarte *(Denglisch)*: Kopier(er)karte

    copy control: Kopierschutz

    copy shop: Kopierladen

copy and paste: kopieren und einfügen

copyleft: Einschränkung des Urheberrechts

copyright: Urheberrecht, Verlagsrecht

cordless: schnurlos, *siehe auch* **wireless**, *auch in*

cordless presenter: (schnurloses) Zeigegerät *(für Präsentationen)*, *siehe auch* **pointer**[1]

core: Kern, Inneres, Kern-, *auch in*

core business: Kerngeschäft

core competences: Kernfähigkeiten, zentrale Fähigkeiten, Kernkompetenz, *Beschränkung eines Unternehmens auf das Gebiet, in dem es die besten Fähigkeiten hat, auch beschönigend für den Verkauf von Tochterunternehmen*

corn: Mais, *auch in*

corn flakes: Frühstücksflocken, Maisflocken

corned beef: Büchsen(rind)fleisch

corner: Ecke *(mitunter in Kneipennamen wie „Peter's Corner")*, *siehe auch* **fan corner**

corporate: Firmen-, Unternehmens-, *als Vorsilbe, auch in*

corporate banking: Firmenkundengeschäft *(einer Bank), siehe auch* **private banking**

corporate branding: einheitliches Markenauftreten *einer Firma;* „Sprachregelung" *(wird u. a. in Bezug auf die Umgestaltung der Arbeitsämter verwendet)*

corporate citizenship: gemeinwohlorientiertes Handeln *einer Firma,* „Unternehmer als Bürger", *siehe auch* **public-private partnership**

corporate communication: Kommunikationskultur, Unternehmenskommunikation

corporate culture: Unternehmenskultur

corporate design: Erscheinungsbild *(einer Firma nach außen)*

corporate evergreen: Dauerbrenner, klassisches Produkt *eines Unternehmens; im übertragenen Sinne auch: eingefahrene Strategien, Gewohnheiten bzw. Rituale eines Unternehmens*

corporate giving: Unternehmensspenden, *siehe auch* **corporate volunteering**[2]

corporate governance: *(angemessene) Unternehmenskontrolle*

Corporate-Governance-Kodex: *(Wohl-)Verhaltenskodex für Unternehmen und deren Führungskräfte, der das Vertrauen der Anleger in den Kapitalmarkt stärken soll, Denglisch*

corporate identity, CI: Unternehmensidentität, Erscheinungsbild *einer Firma nach innen,* Unternehmensgestalt, Betriebsbild, Firmenidentität, Firmenbewusstsein, *(firmenbezogenes)* Wir-Gefühl

corporate profiler: Firmenprofilierer, *ein Unternehmensberater, der die strategische Neuausrichtung eines Unternehmens plant*

corporate redesign: Unternehmensumgestaltung, -restrukturierung

corporate responsibility: *gesellschaftliche Verantwortung des Unternehmers,* körperschaftliche Verantwortung

corporate social responsibility: *soziale Verantwortung des Unternehmers, Bekenntnis zu sozial und ökologisch verantwortungsvoller Unternehmensführung, körperschaftliche soziale Verantwortung*

corporate university: Firmenhochschule, Haushochschule, *meist einfach nur:* Weiterbildungszentrum *oder* Ausbildungszentrum

corporate volunteering[1]: bürgerschaftliches Engagement, z. B. *ein Projekt der Stadt Mülheim, dessen ursprünglich englische Benennung einsichtigen Bürgervertretern nicht gefallen hat*

corporate volunteering[2]: Pro-Bono-Abteilung, *Einsatz von Personalressourcen und Bereitstellung ergänzender Sach- und Geldmittel für gesellschaftliche Anliegen (durch Unternehmen),* siehe auch **corporate giving**

corporate wording: Unternehmenssprache, Sprachregelung eines Unternehmens, *siehe auch* **wording**

correctness: Richtigkeit, Korrektheit, *siehe auch* **political correctness**

corridor warrior: „Vorzimmerlöwe", *siehe auch* **Lobbyist**

cost: Kosten, Aufwand, *auch in*

    cost-benefit analysis: Kosten-Nutzen-Analyse

    cost containment: Sparen, Sparmaßnahmen, Sparbemühungen, Kosteneingrenzung - *die Deutsche Bank nennt ihre Sparaktivitäten wohl deshalb so, um sich auch weiterhin von den Sparkassen abzuheben.*

    costcutter: „Kostensparer", *jemand, der in einem Unternehmen Einsparungspotenzial aufdeckt*

    cost-effective: kostenwirksam, preiswert

    cost-income ratio, **CIR**: Kosten-Ertrags-Verhältnis *(Banken)*

cotton: Baumwolle, Baumwollstoff

counsel(l)ing: Beratung

count, counting: Anzahl, Zählung, zählen, *auch in*

    countdown[1]: Startvorbereitung, -ablauf, -phase, Startzählung, Startuhr, *auch symbolisch - Jahrzehnte nach den „countdowns" der vielbeachteten Weltraumexpeditionen feiert das Wort fröhliche Urständ in allen Situationen, in denen auf irgend etwas gewartet werden muss. Kurz vor dem örtlichen Schützenfest verkündet die Lokalzeitung, dass der „countdown" nun begonnen habe (hier also im Sinne von „es ist bald soweit, noch x Tage"), den Vogel hat sicherlich das Mobilfunkunternehmen abgeschossen, das den* **Christmas countdown** *erfand.*

    count down[2]: herunterzählen, (Geld) hinzählen

    Countdown-Ampel: Zählampel, *Denglisch*

counter[1]: Theke, Schalter, Tresen, Ladentisch, *die deutsche Bahn hat ihre Schalter durch* **counter** *ersetzt, ihrem Personal jedoch nichts davon mitgeteilt, siehe auch* **ticket counter**, *auch in*

    counter display: Werbeständer *für Theken*

counter[2]: *Vorsilbe* gegen, *z. B. in*

countercheck: Gegenprüfung

counterpart: Gegenstück, Gegenspieler; einheimische Fachkraft *(bei Projekten in Entwicklungsländern)*

counter[3]: Zähler *(EDV)*

countertenor: Männersopran, Hochtenor, Gegentenor

country: Land, ländlich, *auch in ulkigen Produktnamen wie:* kinder country

countryside: Landschaft; „Provinz", „grüne Wiese", *im Gegensatz zur Stadt*

courier: (Eil-)Transportunternehmen, *Denglisch*

court[1]: (Tennis-)Platz

court[2]: Gericht, Gerichtshof, *auch in*

court-TV: Gerichtsfernsehen, *Denglisch, siehe auch* **Gerichtsshow**

cover[1]: Deckblatt, Titelblatt, Titelbild, Umschlag(-blatt), *auch in*

cover address: Deckadresse

cover boy: Titeljunge

cover girl: Titelmädchen

cover page: Deckblatt

cover story: Aufhänger, Hauptartikel, Titelgeschichte

cover[2]: Hülle

cover[3], **covern**[1] *(Denglisch)*: abkupfern, berichten *(Journalismus)*

coverage: (Gesamt-)Berichterstattung, Reportage; alles abdeckend

covered warrant: gedeckter Optionsschein *(Börse)*

covern[2]: nachahmen, neueinspielen, *Denglisch, auch in*

cover band: *Gruppe, die die Musik einer anderen bekannten, meist nicht mehr existierenden nachahmt*

cover version: Nachahmung, Neueinspielung *von Musiktiteln*

cowbell: Kuhglocke *(Musik)*

CPU: *siehe* **central processing unit**

crack[1]: Fachmann, Spezialist, Alleskönner; Spitzensportler, *auch im übertragenen Sinne*

crack[2]: knacken *(z. B. ein Passwort)*

cracker[1]: Knabbergebäck, Knuspergebäck

cracker[2]: Hacker *(EDV)*, (Kopier-)Schutzbrecher

crash: Aufprall, Krach, Zusammenstoß, Zusammenbruch, Absturz, *in Rennsportsendungen im deutschen Fernsehen auch einfach nur:* Unfall, *auch in*

crash box: Knautschzone

crashen: zusammenstoßen, zusammenbrechen, einen Unfall verursachen, *Denglisch*

crash kids: Autoschrotter, *Jugendliche, die Autos stehlen und bewusst zu Schrott fahren*

crash of civilization(s): *fehlerhafter denglischer Ausdruck, richtig:*
clash of civilization(s)

crash of culture(s): *fehlerhafter denglischer Ausdruck, richtig:* **clash of culture(s)**

crash test: Aufprallversuch, Aufprallprüfung, Unfallsimulation; Härteversuch

crash test dummy: Unfallpuppe, *siehe auch* **dummy**

Crashdiät: Gewaltkur, Radikaldiät, Radikalkur, *Denglisch*

Crashkurs[1]: Schnelllehrgang, Schnellkurs, Kurzlehrgang, Kurzausbildung, Intensivkurs, *Denglisch*

Crashkurs[2]: Konfrontationskurs, *Denglisch*

crawler: Stichwortsuchprogramm *(im Internet)*

crazy: verrückt, *so in dem Slogan eines Internetbuchhändlers:* crazy for you = *etwa:* Wir machen uns für Sie verrückt. *oder* Für Sie tun wir alles.

cream[1]: Creme

cream[2]: Sahne, *auch in*

    cream fudge: Sahnebonbon

creating producing: schaffendes Produzieren

creation: Schöpfung, Werk

creative: kreativ, schöpferisch

creative consultant[1]: „Frühstücksdirektor", *kreativer Mensch, der das Denken in betriebswirtschaftlich orientierten Firmen anreichern soll*

creative consultant[2]: Werbeberater

creative director: (Werbe-)Agenturleiter

creative producer: Ideenfinder

credibility: Glaubwürdigkeit, Vertrauenswürdigkeit

credit junkie: Kaufsüchtiger, *dem Kaufrausch verfallene Person, siehe auch* **buyaholic**

credits[1]: Vorspann, Abspann; Danksagung *(z. B. beim Film und auf Film-DVD)*

credits[2], **credit points**: Bonuspunkte; Leistungspunkte *(z. B. zur Bewertung von erbrachten Studienleistungen und zu deren Anrechnung bei Hochschulwechsel)*

crew: Mannschaft, Besatzung, Belegschaft, *auch in*

    crewman, crew member: Mannschafts-, Besatzungsmitglied

crewcut: Igel-, Bürstenschnitt

crime: Verbrechen, *auch in*

    crime time: Krimi(sende)zeit *(im Fernsehen)*

Crimpverbindung: Klemm-, Quetschverbindung *(von Kabeln), Denglisch*

crisp, crispy: knusprig, frisch

crop science: Pflanzenforschung

cross: Kreuz, Kreuzung, quer, *in der Wirtschaft in allen möglichen Verbindungen wie:* Crosstabelle (= Kreuztabelle *oder* T-Tabelle), Crossmeeting (= Gemeinschaftssitzung, Entscheidertreffen), *auch in*

    crossbike: *siehe* **Crossrad**

crosscheck[1]: *(regelwidriger)* Rempler *(im Eishockey), siehe auch* **body check**

crosscheck[2]: Prüfung, Gegenprobe *(Wirtschaft)*

cross compliance: „Überkreuzverpflichtung" - *EU-Subventionen im Agrarbereich werden in voller Höhe nur noch gezahlt, wenn eine Reihe von Anforderungen erfüllt wird (z. B. Umwelt und Sicherheit)*

cross-country: Querfeldein(-lauf, -rennen)

cross-cultural management, CCM: *Steuerung interkultureller Beziehungen; Integrationsbestrebungen*

cross-dressing: Mischkleidung *(z. B. Jeans zum Ball), im Englischen:* „Transvestismus", *Denglisch*

Crosslauf: Querfeldeinlauf, *Denglisch*

Crossmarketingaktion: Verbundwerbung(saktion), *Denglisch*

cross-medial: medienübergreifend

crossmedia publishing: medienübergreifendes Publizieren

crossover[1], **cross-over**: Kreuzung, Übergang, Wechsel; bereichsübergreifend

crossover[2]: „Kfz-Mischling", *keiner der üblichen Klassen zuordenbares Kraftfahrzeug*

crossover[3]: Musikstil, Musikrichtung, (Musik-)Stilmischung

cross-platform: plattformübergreifend

cross promotion: gegenseitige Reklame, Kreuzwerbung

Crossrad: *geländegängiges Rennrad, Denglisch (nicht identisch mit dem* **mountain bike***)*

cross rate: Kreuzkurs *zweier ausländischer Währungen an der Börse*

cross reference (list): Querverweis(-liste) *(EDV)*

crossroads[1]: Straßenkreuzung

crossroads[2]: Ökumene, *wird jetzt im Zusammenhang mit Jugendgruppen in der Kirche gebraucht*

cross-selling: Mitverkauf

cross border leasing, CBL, Cross-Border(-Geschäft) *(Denglisch)*: Leihvertrag, Leihgeschäft *mit Hilfe eines in den USA üblichen Steuersparmodells, dem auch zahlreiche deutsche Kommunen verfallen sind*

crown: Krone, Kranz, *der Pizzabäcker um die Ecke bietet jetzt statt der* „Pizza Krone" *die* „Pizza Crown" *an*

crowner: Aufsteckter *(auf Werbetafeln),* aufsteckbares Plakat *(bei Verkaufsständen)*

cruise, cruisen *(Denglisch)*: kreuzen, herumfahren *(nicht nur auf See), auch in*

    cruise industry management: Kreuzfahrtlogistik, Seetouristik, *Studiengang an der Fachhochschule Bremerhaven*

    cruiseliner: Kreuzfahrtschiff

    cruiser[1] **(bike)**: Tourenrad

cruiser^2 (bike): *besonders schweres Motorrad*

cruise center: Sporthafen *(z. B. in Hamburg)*

cruise control: Geschwindigkeits-, Temporegelung *(bei Kfz)*, „Tempomat"

cruise missile: Marschflugkörper

crunch: verdichten, komprimieren, packen *(EDV)*

Ctrl: *eine Taste auf der normalen Rechnertastatur (Kurzform von „Control"), die auf neueren Tastaturen korrekt in Strg (Kurzform von „Steuerung") umgesetzt worden ist. Trotzdem wird diese deutsche Taste gern „String-Taste" genannt, was offensichtlicher denglischer Unfug ist.*

cult label, Kultlabel *(Denglisch)*: modischer Markenname

culture: Kultur

cup^1: Pokal, Siegerpreis; Pokalwettbewerb, *auch in*

     cupholder^1: Pokalverteidiger, amtierender Meister

     cupwinner: Pokalsieger

cup^2: Körbchen *des Büstenhalters*, Körbchengröße *(BH)*

cup^3: Tasse, *auch in*

     cupholder^2: Becherhalter *(bspw. im Auto)*

curb: Randstein *(Formel 1)*

curling: Eisstockschießen

currency: Währung, *auch in*

     currency board: *(Anbindung an eine)* Leitwährung

     currency peg: *(Bindung an eine)* Leitwährung

current^1: Strömung, Tendenz, Strom

current^2: derzeitig, aktuell

currently: gegenwärtig, momentan

cursor: Läufer, Laufmarke, Blinkzeichen, Schreibmarke, Mauszeiger, Kursor

custom: Gewohnheit, *nicht zu verwechseln mit* **customs**

customer: Kunde, *auch in*

     customer benefit: Kundennutzen, -vorteil

     customer care: Kundenbetreuung, Kundendienst

     customer care center: Kundendienstzentrale

     customer relations: Kundenbetreuung, -pflege, Kundenbeziehungen

     customer relationship: Kundenbeziehung

     customer relationship management, CRM: Kundenpflege, Kunden- betreuung, *Pflege der Kundenbeziehungen, im speziellen Fall:* Bewerbungsverwaltung, *siehe auch* **Bewerber-Recruiting- Management, employee relationship management**

     customer satisfaction: Kundenzufriedenheit

     customer service: Kundendienst

     customer support: Kundenbetreuung, Kundendienst

     customer-to-customer, C2C: von Kunde zu Kunde

Custom-Funktion: spezielle Nutzerfunktion *(z. B. bei Kameras)*

customize, customizen *(Denglisch)*: anpassen, pflegen *(z. B. ein Rechner-programm)*

customizing: Kundenanpassung, *Anpassung an den Kunden; Produktände-rung auf Basis von Marktanalysen und Umfragen*

customs: Zoll, *nur Plural, siehe im Gegensatz* **custom**

cut: Schnitt, *auch in*

> **cut-and-go**: schneiden und gehen *(Frisör)*
>
> **cut-and-paste**: schneiden und kleben, ausschneiden und einfügen *(EDV)*
>
> **cut-in**: Einschnitt
>
> **cut-out**: Ausschnitt
>
> **cut-over**: Änderungs-, Umstellungszeitpunkt
>
> **cutten**: schneiden, *Denglisch*
>
> **cutter**[1]: Schnittmeister/in, Bildtechniker/in, Nachbearbeiter/in, *im Engli-schen: „editor", Denglisch*
>
> **cutter**[2]: Schneidmesser, Teppichmesser

cutback: *finanzielle* Einsparung, Rückgang

cutdown: *finanzielle* Einsparung, Streichung

cut-off date: Abgrenzungstermin, Stichtag; Stilllegungstermin

cyber-: Internetrealität, *nur als Vorsilbe gebraucht, etwa in*

> **cybercafe**: Internetcafé, *Denglisch*
>
> **cybercash**: Zahlung im Internet
>
> **cyber cash wallet**: *(symbolische) Geldbörse für Internetzahlung*
>
> **cybercops**: Internetpolizei
>
> **Cyberprofessor**: Fernlehrer *(über das Internet), Denglisch*
>
> **cyber shop**: Internetkiosk
>
> **cyberslang**: *spezielle, meist stark verkürzte Internetsprache, siehe auch* **chat slang**
>
> **cyberspace**: künstliche Welt, virtueller Raum, virtuelle Scheinwelt
>
> **cybertour**: virtuelle Rundreise

cyborg: Maschinenmensch, Menschmaschine

cycling: Rad fahren; Radsport

D

DAB: *siehe* **digital audio broadcasting**

daddy: Vati, Papi, Papa

daily: (all-)täglich, *bei deutschen Kurierdiensten inzwischen ein alltägliches Wort, selbst in so ulkigen Zusammenhängen wie: daily Zürich-München (LKW-Aufschrift), auch in*

    daily business: Tagesgeschäft

    daily soap (opera): tägliche Seifenoper, *siehe auch* **soap opera**

    daily talk: tägliche Gesprächsrunde *(im Fernsehen), siehe auch* **talk show**

damage: Schaden, *auch in*

    damage report: Schadensbericht

damned: verdammt, *Fluch*

dance: tanzen, Tanz, *auch in*

    dance floor: Tanzboden, -fläche

    dance hall: Tanzsaal; Tanzlokal

    dance night: abendliches *bzw.* nächtliches Tanzvergnügen

    dance performance: Tanzdarbietung

    dancer: Tänzer

    dancing: tanzen, Tanzveranstaltung

danger: Gefahr, *besonders ärgerlich als Hinweis auf deutschen Maschinen in Deutschland, auch in*

    danger area: Gefahrenzone

    dangerous: gefährlich

    danger point: Gefahrenpunkt

    danger zone: Gefahrenzone, Warngebiet

darkroom: Dunkelraum; Dunkelkammer *(Fotolabor)*

dart: Pfeil, Wurfpfeil *beim* **Dart-Spiel**, *auch in*

    dartboard: Zielscheibe *beim* **Dart-Spiel**

    darts, **Dart-Spiel** *(Denglisch)*: Pfeilwerfen

dash[1]: Schuss, Spritzer *(bei Mischgetränken)*

dash[2]: Bindestrich *(EDV)*

data: Material, Daten, Messwerte, (Versuchs-)Ergebnisse, *auch in*

    database, **data base**: Datenbank, Datenbasis *(EDV)*

    database manager: „Datenbankdetektiv" - *ein fachlich versierter Mitarbeiter, der Statistiken führt*

    data block: Datenblock, Datenverbund

    data center: *(persönliche)* Daten*(verarbeitungs)*einheit, *z. B. Mobilrechner, siehe auch* **notebook**[2]

data highway: Datenautobahn

data medium: Datenträger

data mining[1]: Datenschürfen, Datenbergbau, *intelligente Daten-analyse*, (gezielte) Datensuche, Wissensfindung, *siehe auch* **information retrieval**

data mining[2]: *(rechnergestützte) individuelle Kundenwerbung, siehe auch* **business intelligence, data warehousing, knowledge discovery**

data recording: Datenerfassung, -aufzeichnung

data retrieval: Datenwiedergewinnung, *siehe auch* **information retrieval**

data transfer switch: Datenübertragungsschalter

data warehouse agent: Datenauswerter *(spezialisierter Unternehmensberater)*

data warehousing: *(rechnergestützte) individuelle Kundenwerbung, siehe auch* **business intelligence, data mining**[2]**, knowledge discovery**

date[1]: Termin, Zeitpunkt; Datum

date[2]: Verabredung, Rendezvous, Treffen, *auch in*

dating: Verabredung, *ursprünglich eher für Galanterien. In der Wirtschaft aber inzwischen für jede Verabredung, jeden Termin.*

Datingvermittlung: Partnervermittlung *(im Internet), Denglisch*

Datenhighway: Datenautobahn, *Denglisch*

Dauerpower: Durchhaltevermögen, *Denglisch*

daughterboard: Tochterplatine *(Rechner), Gegenstück zu* **motherboard**

day: Tag, *auch in*

day-and-night hotline: durchgehender Kundendienst, 24-Stunden-Kundendienst *(z. B. bei der Telekom)*

daydream: Wunschvorstellung, (Tag-)Träumerei, Schwärmerei

day money, day-to-day money: Tagesgeld

day time: Tagessendezeit *(Fernsehen), Denglisch*

day trader: Börsenzocker, Netzspekulant

day trading: Tagesgeschäft

daypack, daybag: Tragetasche, *(Plastik-)*Rucksack

dead: tot, leblos, energie-, bewegungslos, abgestellt, ausgepumpt, *in der Wirtschaft in unzähligen meist denglischen Zusammensetzungen, z. B. in*

dead building: ungenutztes Gebäude

dead capital: totes Kapital

dead letter: unzustellbarer Brief

deadlock: Stillstand, toter Punkt, Pattsituation, Unentschieden

dead money: totes Geld

deadline: Stichtag, letzter Termin, Fälligkeit, Redaktionsschluss, Einsende-schluss, Frist, Fristende, *siehe auch* **closing**

deal[1], **dealen** *(Denglisch)*: *(illegal)* handeln *(speziell mit Drogen)*, verteilen, verkaufen, in Verbindung stehen, *auch in*
    dealer[1]: (Drogen-)Händler, Hehler, Lieferant, Verteiler

deal[2]: krumme Tour, *(unsauberer Geschäfts-)Abschluss*

deal[3]: Vertrag, Geschäft, Vereinbarung, Handel, Abmachung, *auch in*
    dealer[2]: (Börsen-)Händler

dear: lieb, teuer, reizend; Liebste/r

death-com: *Internetfirma ohne Zukunftsaussichten, gescheiterte Firma, siehe auch* **dot-com** *und* **dotgone**

debater: Debattierer

debentures, debenture stocks, debenture bonds: Obligationen, Schuldverschreibungen

debt management: Schuldenüberwachung

debug, debugging: entwanzen, Fehler beseitigen, bereinigen; Fehlerbehebung

debugger[1]: Fehlersuchprogramm, Testhilfe

debugger[2]: Kammerjäger

debugger[3]: Minensucher

decision: Entscheidung, Entschluss, Entschlossenheit, *auch in*
    decision-maker: Entscheidungsträger, Verantwortlicher
    decision-making: Entscheidungsfindung

declaration: (öffentliche) Erklärung

decoder: Entschlüssler, Entzifferer, *Gegenteil von* **encoder**

defaults, Defaultwerte *(Denglisch)*: Standardeinstellung, *voreingestellte Werte*

defence team: Abwehr, Verteidigung *(im Original Formation einer American-Football-Mannschaft), symbolisch gebraucht*

defender: Verteidiger, *auch symbolisch*

deficit spending: Defizitfinanzierung, *ungedeckte öffentliche Ausgaben*

defroster: Enteiser

degree: Grad, Rang; Graduierung

deicing: Enteisung *ohne Schutz vor erneuter Vereisung, siehe auch* **antiicing**

delay: Verspätung *(Flughafen)*

delete, deleten *(Denglisch)*: löschen, streichen, tilgen

deleted scenes: (heraus-)geschnittene Szenen *(Bestandteil der Zugaben bei Film-**DVD**), siehe auch* **feature**[3]

delicious: köstlich

delight: Entzücken, Freude, Genuss, Vergnügen, Wonne

delisted: insolvent, pleite *(Euphemismus)*

delivery: Lieferung, Auslieferung

demand: Nachfrage

demarketing: weniger Werbung, leise Vermarktung

Demo-CD: Probe-, Demonstrationsplatte, Werbescheibe *(Musik, EDV)*, *Denglisch*

democratic studies: Demokratiestudien

demolish: abbrechen, zerstören

Demotape: Probe-, Demonstrationsband, Werbeband *(Musik)*, *Denglisch*

denial of service: Datenbombardement, Hackerangriff, *missbräuchliche, massenhafte „Dienstanforderungen an einen anderen Rechner im Internetprotokoll"; ursprünglich:* Zugangsverweigerung *(Internet)*

dental floss: Zahnseide

department: Abteilung, Fachbereich. *Der Rektor der Ludwig-Maximilians-Universität München hat die Fachbereiche seiner ehrwürdigen Einrichtung in* departments *umbenannt, siehe in diesem Zusammenhang auch* **bachelor**[1] *und* **master**[1], *auch in*

> **department director**: Abteilungsleiter, Hauptabteilungsleiter

> **department manager**: Abteilungsleiter

department store: Warenhaus, Kaufhaus

departure[1]: Abreise, Abfahrt, Abflug

departure[2]: Abflugbereich, Abflug(-halle) *(Flughafen)*

deposit: *(mittelfristige)* Geldanlage, Hinterlegung, Pfand

derby[1]: Lokalrivalität, *lokales Aufeinandertreffen*

derby[2]: Pferderennen; *allgemein auch:* Wettbewerb, Wettkampf

derrick: Drehkran

design: Form, Gestalt; Entwurf, Muster; Entwerfen, Konstruktion, (Form-)Gestaltung, Formgebung, *auch in*

> **designen**: entwerfen, gestalten; entwickeln, konstruieren, *Denglisch*

> **design engineer**: Konstrukteur

> **designer**: (Form-)Gestalter; (Mode-)Macher, Modeschöpfer; Konstrukteur, Planer

> **design gap**: Entwicklungsrückstand

designer baby: geklontes Kind

Designerdroge: Chemiedroge, *künstliches Rauschgift, Denglisch*

designer food: *siehe* **Genfood**

desk: Schreibtisch, Pult, *auch in*

> **desk research**: Schreibtischforschung, *Recherchieren vom Schreibtisch aus, Auswertung statistischen Materials*

> **desk sharing**: gemeinsamer Schreibtisch, geteilter Schreibtisch

desktop[1]: Arbeitsoberfläche, Tischfläche, *auch in*

desktop[2]: Tischgehäuse, Tischrechner, Tischgerät, *auch in*

> **desktop computer**: Tischrechner, *stationärer Rechner*

> **desktop navigator**: (kabellose) Tastatur

> **desktop publishing, DTP**: Bildschirmsatz, Bildsatz *(Drucktechnik)*

desoxyribonucleic acid, DNA: Desoxyribonukleinsäure, DNS *(die auch im Deutschen üblicherweise verwendete Abkürzung DNA, z. B. in DNA-Analyse oder DNA-Sequenzierung, ist und bleibt Denglisch!)*

destination: Bestimmung, Bestimmungsort, Zielflughafen; Reiseziel, Zielgebiet, *auch in*

> **destination manager**: Gebiets-, Zielgebietsverantwortlicher, *Verantwortlicher für den Werbeauftritt einer Region*

destressing: „Entschleunigung", Entspannung; spannungslindernd, spannungsabbauend, entspannend

detailed design: Feinentwurf, Ausführungsplanung

develop: entwickeln, erarbeiten

developer: Entwickler

developer kit, Entwicklungskit *(Denglisch)*: Entwickler-, Entwicklungsunterstützung

development: Entwicklung, Wachstum

device: Gerät, Vorrichtung

devolutional: rückentwickelnd, zurückschreitend, sich an Vorherigem orientierend; zurückentwickelt

diagnosis related group: „Leidensgenossen", diagnosebezogene (Patienten-)Gruppe, DBG, Fallpauschale

dial: (an-)wählen, *auch in*

> **dialer, Dialerprogramm** *(Denglisch)*: Telefoneinwahlprogramm *(im Internet) mit kriminellem Hintergrund (vom Nutzer unbemerkte teure Einwahl); ursprünglich ohne Wertung einfach:* Wählprogramm

diary: Tagebuch; Taschenkalender, Terminkalender

die: verscheiden, dahinschwinden, umkommen, sterben, *auch in*

> **die-in**: tot stellen, Scheinsterben

diet: Diät, *oft aber auch für alle möglichen ähnlichen Dinge wie Abnahmeprogramme, Leichtprodukte usw., z. B.* big diet = *Unterhaltungssendung*

digest: Buchauszug, Zeitschriftenauszug, Zusammenfassung, Auswahl, Überblick

digicam: Digitalkamera

digit: Ziffer *(einer elektronischen Anzeige)*

digital audio broadcasting, DAB: Digitalradio, DR

digital lifestyle: „digitaler Lebensstil", *Zusammenwachsen von Rechentechnik und Unterhaltungselektronik*

digital light processing, DLP: *neuartige* Videoprojektion *mit Hilfe von winzigen Kippspiegeln*

digital rights management: digitale Rechteverwaltung, *Kopierrechtesteuerung (bei Musikdateien aus dem Internet)*

digital subscriber line, DSL: digitale Kundenanschlussleitung, Internetstandleitung *(ein gegenüber* **ISDN** *wesentlich schnellerer Internetzugang)*

digital versatile disc, DVD: Speicherscheibe *(Film, EDV) - mit höherer Kapazität als bei* **CD** *bzw.* **CD-ROM**

digital video broadcasting, DVB: Digitalfernsehen, DF, *auch in*

    digital video broadcasting cable, DVB-C: Digitales Kabelfernsehen, Digitalfernsehen über Kabel, DF-K

    digital video broadcasting satellite, DVB-S: Digitales Satellitenfernsehen, Digitalfernsehen über Satellit („Schüssel"), DF-S

    digital video broadcasting terrestrial, DVB-T: „Überallfernsehen" *(Vorschlag des niedersächsischen Ministerpräsidenten Wulff)*, Digitales Antennenfernsehen, Digitalfernsehen über Antenne, DF-A

diner: Speisewagen, Speiselokal, Imbissbude, *nicht zu verwechseln mit* **dinner,** *auch in*

    dining room: Ess-, Speisezimmer

dinks (double income no kids): *(junges) gut verdienendes kinderloses (Ehe-)Paar, Doppelverdiener ohne Kinder*

dinky: unbedeutend

dinner: festliches Essen, Hauptmahlzeit, Abendessen, *nicht zu verwechseln mit* **diner,** *auch in*

    dinner card: Tischkarte

    dinner for fun: *Spaßessen, Essen aus Spaß*

    dinnern: fein essen, speisen, *Denglisch*

    dinner party: Abendgesellschaft

dip^1: eintauchen, eintunken

dip^2: Soße, Tunke *bzw. eine andere Flüssigkeit, in die etwas eingetunkt werden kann*

diploma supplement: Diplomanhang, *Registrierung erbrachter Leistungen in internationalisierten Studienbüchern (selbstverständlich in englischer Sprache)*

dipping, dippen *(Denglisch)*: eintauchen, (ein-)tunken

direct: unmittelbar, *auch in*

    direct mail, direct mailing: Direktwerbung, personalisierte Werbepost

    direct marketing: Direktvermarktung, Direktwerbung

direct action: Selbsthilfe, Demonstration

direct hit: Volltreffer

directness: Geradheit, Offenheit, Direktheit

director^1: Filmregisseur

director^2: Vorsitzender, Geschäftsführer, Direktor, Leiter, *auch in*

    director engineering: Chefingenieur

    director human resources: Personalchef, Leiter (des) Personalwesen(s)

    director manufacturing: Fertigungsleiter

director of photography, DOP: Hauptkameramann, erste Kamera

director's cut: Fassung des Regisseurs, Spielleiterfassung, Langfassung

directorship: Direktur

directory[1]: Vorstand

directory[2]: (Inhalts-)Verzeichnis, Leitfaden

directory[3]: Ordner, Katalog *(EDV)*, *siehe auch* **folder**[2]

directory[4]: Adressbuch; Telefonbuch

Direktbroker: Internetmakler, Netzmakler, *Denglisch, siehe auch* **online broker**

dirty: dreckig, schmutzig, *aber auch Jugendsprache:* „abgefahren"

dirty air: Luftverwirbelung, *oft in Rennsportsendungen im deutschen Fernsehen*

dirty trick: hinterlistiges Vorgehen

disagree: streiten, nicht übereinstimmen, nicht einverstanden sein, sich nicht einig sein, *auch in*

  disagreement: Unstimmigkeit, Uneinigkeit, Meinungsverschiedenheit

disapproval: Missbilligung, Zurückweisung, *siehe auch* **approval**[1]

disc: *siehe* **disk**[1] *bzw.* **disk**[2]

disclaimer: Haftungsausschluss, *auch im übertragenen Sinne:* Hintertür

discman: *tragbares Gerät zum Abspielen von* **CD**, *siehe auch* **walkman**

discount: Rabatt, (Preis-)Abschlag, Nachlass, *auch in*

  discounter, Discountladen *(Denglisch)*: Supermarkt, Billigmarkt, Billigladen, Grabbelmarkt

  Discountkette: Supermarktkette, *Denglisch*

  Discountpreis: Billigpreis *(in Supermärkten), Denglisch*

discount broker: Direktanlagebank, Wertpapierhändler *für Privatanleger,* „Rabattmakler"

discovery: Entdeckung

disease: Krankheit, *auch in*

  disease management program, DMP: Betreuungsprogramm *bzw.* strukturiertes Behandlungsprogramm *(für chronisch Kranke),* Chronikerprogramm

  disease manager: Betreuer *(von chronisch Kranken),* Krankenbetreuer

disengagement: Auseinanderrücken *(der Machtblöcke)*

disk[1]: Schallplatte, Platte, *auch in*

  disk jockey, DJ: Musikvorführer, (Platten-)Aufleger

disk[2]: Speichermedium, Platte, Festplatte, Diskette *(EDV), auch in*

  disk drive: Plattenlaufwerk *(EDV)*

  Diskfilmer: *spezielle* Digitalkamera, *die eine* **DVD** *als Speichermedium nutzt, Denglisch, siehe auch* **camcorder**

dispatch: abfertigen, schnell erledigen, ein Ende setzen

dispatcher: Produktionsorganisator; Flugorganisator, *Denglisch*

dispenser: Portionierer, Abgabegerät, Verteiler, Spender

displaced person: Vertriebener, Staatenloser

display[1]: Sichtfeld, Anzeigefeld, Anzeige, Bildschirm

display[2]: Warenpräsentation, Werbeaufsteller

dissen: beschimpfen, bloßstellen, schmähen, schneiden, verächtlich machen, jmd. auf die Füße treten, jmd. schlecht machen, jmd. übel nachreden, *Denglisch*

distance: Abstand, Entfernung, *(zeitliche, räumliche)* Distanz, *auch in*

    distance learning: elektronisches Lernen, elektronische Hochschule, elektronisches (Fern-)Studium *(über das Internet), siehe auch* **notebook university, e-learning**

distribution: Verbreitung, Verteilung, Vertrieb

district: Bezirk, Gebiet, *auch in*

    district manager: Bereichsleiter; Bezirksleiter

disturb: stören, beeinträchtigen

dive: tauchen, *auch denglisch:* Anti-dive-System, *auch in*

    diver: Taucher

    dive school: Tauchschule

diversification: Veränderung, Umgestaltung; Verteilung, Verbreiterung *(der Produktpalette)*

diversity: Verschiedenheit, Mannigfaltigkeit, Auswahl

diversity manager: Familien-, Minderheitenbeauftragter, *Führungskraft, die sich der Vereinbarkeit von Beruf und Familie widmen sowie die Unterschiedlichkeit der Belegschaft fördern soll*

division: Abteilung

DJ: *siehe* **disk jockey**

DJane: Musikvorführerin, (Platten-)Auflegerin

DJing: Platten auflegen

DNA: *siehe* **desoxyribonucleic acid**

doc, doctor: Doktor, Arzt

docken: ankoppeln, *Denglisch*

docking station: Koppeleinheit *(für mobile zu stationären Rechnern)*

documents against payment: Dokumente, Unterlagen gegen Zahlung

dog: Hund, *oft in Werbung für Hundefutter, auch in*

    dogfight: Nahkampf, *(ursprünglich:)* Luftkampf

    dogfood: Hundefutter

    doghouse: Hundehütte

    dogstation: Hundetoilette, *Kasten mit Plastiktütchen für Hundekot*

doggy bag: Restebehälter, *auch: Tüte für die Reste einer Mahlzeit*

do-it-yourself: Heim-, Eigenarbeit, Selbst ist der Mann, *wörtlich: mach es selbst*

Dokusoap: *Dokumentarserie mit Spielszenen, Denglisch*

dolly: Kamerawagen

domain[1]: Funktionsbereich, Arbeitsgebiet, Bereich

domain[2] **(Internet-)**: Netzbereich, (Netz-)Domäne, Namensraum, Länderkennung, Bereichskennung *(Teil der Internetadresse, Kurzform von* **top-level domain***)*

dome: *im Englischen:* Kuppel, stolzer Prachtbau - *das Wort wurde beispielsweise zur Umbenennung der traditionellen Bremer Stadthalle verwendet:* **AWD-Dome**, *obwohl die Halle das genaue Gegenteil von einer Kuppel darstellt, nämlich an einen Schiffskörper angelehnt ist.*

domestic standard: *unteres Börsensegment (im Ergebnis einer Neueinteilung des deutschen Aktienmarktes), Denglisch, siehe auch* **prime standard**

do-nots, don'ts: Fettnäpfchen, unverzeihliche Fehler *(wörtlich: „was man nicht tut")*

don't panic: keine Panik, nur die Ruhe

don't worry - be happy: sorge dich nicht - sei glücklich

doorman: Türsteher, Portier

dope, Dopingmittel *(Denglisch)*: *Aufputschmittel, medikamentöse Leistungssteigerung*

dopen *(Denglisch)*, **doping**: *aufputschen*

Doppeljobber: Doppel- *oder* Mehrfachbeschäftigter, *Denglisch*

Dosentopper: Dosenverschluss, *Denglisch (im Englischen heißt es „can cap")*

dot-com, Dotcomfirma *(Denglisch)*: Internetfirma, *zumeist für Firmen ohne Zukunftsaussichten verwendet, siehe auch* **death-com** *und* **dotgone**

dotgone: *Internetfirma ohne Zukunftsaussichten, gescheiterte Firma, siehe auch* **death-com** *und* **dot-com**

double: Doppel, zweifach, doppelt; Doppelsieg *eines Sportlers, auch in*

    double-action: doppelt wirkend, zweifach wirkend

    double bind: hin- und hergerissen, Doppelbindung, Zwiespalt

    double-click: Doppelklick *(am Rechner)*

    double dip: wiederholte Reinfälle

    double feature: Doppelvorstellung *(im Kino)*

    doubleheader: Doppelveranstaltung

    double opt-in: ausdrückliche Einwilligung, bestätigte Anmeldung, Doppelanmeldung *(EDV)*

    double room: Doppelzimmer

down: hinab, unten, am Boden, ausgebrannt, niedergedrückt, erledigt, geschafft, kraftlos, *auch in*

    downgrade: herunterstufen, abrüsten, abspecken, abwerten, *vgl.* **upgrade**

    downhill: Abfahrtslauf *(Skisport)*, Hangabfahrt *(Radsport)*

    downhill assist control, DAC: Abfahrhilfe, *Bergabfahrunterstützung von Toyota, siehe auch* **hill-start assist control**

    downknocken: niederschlagen *(Boxen)*, *Denglisch*

downlight[1]: Tiefpunkt

download, downloaden *(Denglisch)*: (herunter-)laden, herunterziehen, abrufen, überspielen, holen; *als Substantiv:* Herunterladen, „Datensaugen" *(Vorgang)*; heruntergeladene Datei *(Ergebnis)*

downloading: Herunterladen *(Vorgang)*

downscalen: reduzieren, kürzen *(als Euphemismus für* Stellenabbau*)*, *Denglisch*

downer: Beruhigungsmittel, *beruhigende Droge, siehe auch* **upper**[2]

downlight[2]: Deckenstrahler

downshifting[1]: Entrümpelung, *zurzeit ein Modebegriff für den gar nicht neuen Sachverhalt der Sammelwut. Auf diese muss dann die Entrümpelung folgen.*

downshifting[2]: Herunterschalten, „kürzer treten"

downsizing[1]: Arbeitsplatzabbau, Stellenreduzierung

downsizing[2]: Gesundschrumpfen, Redimensionierung, Abspecken, Verkleinern

downsizing[3]: Datenreduktion, Reduzierung von Datenbeständen *(durch Dezentralisierung)*

downstream: von oben nach unten, nachgeschaltet, nachfolgend, abwärts fließend, *auch symbolisch; speziell: von der Mutter- zur Tochtergesellschaft, siehe auch* **upstream**

downtime: Stillstandszeit *(wegen Wartung, Schichtwechsel usw.) - wenn der Ingenieur der Geschäftsleitung mitteilt, es habe eine* **downtime** *gegeben, hegt er wahrscheinlich die Hoffnung, diese spräche wirklich kein Wort Englisch.*

downtown: Innenstadt, *siehe auch* **uptown**

draft[1]: Entwurf, Skizze, *auch in*

    draftsman: technischer Zeichner

draft[2]: Auswahl, jmd. heranziehen; Kommando, Einziehung *(Armee, Sport)*

draft[3]: Belastung

drag: ziehen, schleppen, *auch in*

    drag-and-drop: ziehen und fallen lassen, ziehen und ablegen *(EDV)*

dramedy: Komödiendrama, Tragikomödie, *moderne Mischung aus Drama und* **comedy**

dreadlocks: Rastalocken

dream: (Tag-)Traum, Wunschbild, Wunder, *auch in*

    dream team: Traummannschaft, Traumtruppe, Spitzenmannschaft

dress[1]: (Dienst-)Kleidung, Aufzug, Uniform; Anzug; Sportkleidung, *auch in*

    dress code: Kleiderordnung

dress[2], **dressing**[1]: ankleiden; verbinden *(Wunde), siehe auch* **tapen**, *auch in*

    dressing down[1]: sich ungezwungen kleiden

    dressing up: sich verkleiden, *sich anputzen*

dressing[2]: (Salat-)Soße

dressing down[2]: abkanzeln, eine Standpauke halten, *abwatschen, herunterputzen*

drift: Rutschen, Schleudern *(Auto)*

drink: (alkoholisches) Getränk, Trunk, Trank, *auch in vielen Produktbeschriftungen wie:* milk-drink *usw.*

drive[1]: fahren, Ausfahrt, *oft auch in deutschen Eigennamen wie in* Bitburger Drive *für ein alkoholfreies Bier, auch in*

> **drive by wise**: Gassteuerung
>
> **drive in**[1]: hineinfahren
>
> **drive-in**[2]: mit dem Auto zugänglich, *Fahr-rein,* Autobedienung *(d. h. im Gegensatz zu* **drive-in**[3] *feste Verkaufseinrichtung)*, Straßenrandlokal, Auto-
>
> **drive-in**[3]: Backmobil *(Bäckerei)*, Vorfahrgeschäft, Autotheke, Fahrtheke, Fahrverkauf *(d. h. mobile Verkaufseinrichtung)*
>
> **driver**[1]: Fahrer
>
> **driving school**: Fahrschule

drive[2]: Getriebe

drive[3]: Zug, Antrieb, Vorwärtsdrang, Drang, Elan, Schwung; *zielstrebiges Instinktverhalten*

drive[4]: Treibschlag, Weitschlag *(Golf)*

drive[5] **(disk)**: (Platten-)Laufwerk *(EDV)*

driver[2]: Treiber, Treiberprogramm *(EDV)*

drop[1]: Tropfen

drop[2]: ablegen, fallen lassen, *siehe auch* **drag-and-drop**

Drop-down-Menü: Fallmenü, Roll-ab-Menü

dropout: ausfallen; Versager, Aussteiger, (Studien-)Abbrecher

dropout rate: Ausfall-, Abbruchrate *(beim Studieren)*

drops: *saure Fruchtbonbons*

drug: Droge, Arznei

drugstore: Drogerie, *siehe auch* **pharmacy**

drum: Trommel, Schlagzeug

drummer: Schlagzeuger, Trommler

dry: trocken, herb, *auch in*

> **dry cleaning**: chemisch reinigen, trocken reinigen
>
> **dryer**: Wäschetrockner
>
> **dry freezer**: Gefriertrockner

DSL: *siehe* **digital subscriber line**

DTP: *siehe* **desktop publishing**

dual-career couple, DCC: Doppelkarrierenpaar, Fernbeziehungspaar, Fernpaar, Zweikarrierenpaar, Zweiortepaar

dual-layer DVD: Zweischicht-**DVD**

dubbing: Neumischung, Tonmischung, Synchronisation

duck: Ente

due diligence: (mit) gebührende(r) Sorgfalt, (mit der) erforderliche(n) Sorgfalt, *seriös; auch: Bewertungsverfahren bei Unternehmensverkäufen*

dumbbell: Hantel

dumbing down: *(die Masse, die Kunden, das Volk)* dumm halten

dummy: (Versuchs-)Puppe, Unfallpuppe, Attrappe, Nachahmung

dump[1]: Speicherauszug *(EDV)*

dump[2]: wegwerfen, *auch in*

    dumping: Schleuderpreis, Preisdrücken, *Unterbieten der Preise*

    Dumpingpreis: Schleuderpreis, Kampfpreis, *Denglisch*

durable: langlebig, dauerhaft, haltbar

durchchecken: durchprüfen, überprüfen, *Denglisch*

durchgestylt: komplett modisch gestaltet, „aufgedonnert", „aufgebrezelt", *Denglisch*

durchstylen: durchgestalten, komplett (modisch) gestalten, *Denglisch*

Düsenjet: Düsenflugzeug, *Denglisch, siehe auch* **jet**

Dutch: holländisch, niederländisch

Dutchman: Holländer, Niederländer

duty[1]: Pflicht, Schuldigkeit

duty[2]: Zoll, *auch in*

    duty-free: zollfrei, abgaben- und steuerfrei

    duty-free shop: Zollfreiladen

DVB: *siehe* **digital video broadcasting**

DVB-C: *siehe* **digital video broadcasting cable**

DVB-S: *siehe* **digital video broadcasting satellite**

DVB-T: *siehe* **digital video broadcasting terrestrial**

DVD: *siehe* **digital versatile disc**

DVD-player: *siehe* **player**[3]

dye: Speicherschicht *eines* **CD**- *bzw.* **CD-ROM**-*Rohlings*

E

eagle: Adler, *oft im Sinne von* Taler *als Scheinmünze in Vereinen und Organisationen*

EAN: *siehe* **European Article Number**

ear: Ohr, Gehör, *auch in*

    ear plug: Ohrstopfen, -stöpsel

early: früh, *auch in*

> **earliness**: Frühe, Frühzeitigkeit
> **early adopter**: Ersterprober, Pilotnutzer, Vorreiter
> **early bird**: Frühaufsteher, *siehe auch* **latecomer**
> **early warning system**: Frühwarnsystem

earnings before interest and taxes, EBIT: Gewinn vor Zinsen und Steuern

earnings before interest, taxes, depreciation, and amortization, EBITDA: Gewinn vor Zinsen, Steuern, Abschreibungen und Amortisationen

earth: Erde, Diesseits

earthly: bodenständig, realistisch

east: Ost(en)

Easter: Ostern, *selbst als Anglizismus nicht bekannt, aber verwendet in*

> **Easter Bunny**: Osterhase
> **Easter calendar**: Osterkalender, *offensichtlich als Analogie zum Adventskalender, bemerkenswerte Erfindung von Aldi, Denglisch*
> **Easter egg**: verstecktes Programm *(EDV)*

eastern: Asia-Abenteuer(-film), *Gegenstück zum amerikanischen Western*

Eastgate: „Tor des Ostens", „Tor im Osten", *für das größte Einkaufs- und Erlebniszentrum des Ostens in Berlin-Marzahn vorgesehene denglische Bezeichnung (Begründung des Investors: nur ein englischer Titel sei der ungeheuren Größe des Objekts angemessen)*

easy[1]: unbeschwert, unbekümmert, angenehm, gefällig, locker, *auch in*

> **easygoing**: Gelassenheit, Unbeschwertheit, Leichtlebigkeit - *von einer Politikerin verwendet für*: artgerechte Tierhaltung *(könnte sie „leichtlebig" mit „leichtes Leben" verwechselt haben?)*

easy[2]: (kinder-)leicht, simpel, einfach, mühelos, *auch in*

> **easy entry**: Komfort-, Schnelleinstieg, „einfach rein" *(spezieller Mechanismus bei Kfz von Audi und Daimler-Chrysler)*
> **EasyGate**: Schnellzugang *(Telekom)*
> **easy going**: Sorglosigkeit, Unbekümmertheit
> **easy listening**: leichte Radiounterhaltung, Fahrstuhlmusik, Rasiermusik
> **easy living**: das Leben leicht nehmen
> **easy money**: leichtes Geld, *z. B. in einer denglischen Werbung eines Mobiltelefonanbieters*
> **easy skiing**: Anfängerschischule, *denglischer Name eines Projekts mehrerer deutscher Bundesländer, mit dessen Hilfe Schülern auf einfache Weise das Schifahren beigebracht werden soll*
> **easyware**: Kurzanleitung, Kurzeinführung *(für die PC-Nutzung)*

easy chair: (Polster-)Sessel, Polsterstuhl

eat-art: Esskunst, Nahrungskunst, *Kunstwerke aus essbaren Materialien*

e-banking, **electronic banking**: elektronische Bankdienste, elektronischer Bankverkehr, E-Bankverkehr

e-bike: Elektrorad, E-Rad

e-billing: elektronisches Bezahlsystem, Internetzahlungssystem

EBIT: *siehe* **earnings before interest and taxes**

EBITDA: *siehe* **earnings before interest, taxes, depreciation, and amortization**

e-book: E-Buch, elektronisches Buch

e-business, electronic business: Internetgeschäfte, E-Geschäfte, elektronische Geschäfte, elektronischer Geschäftsverkehr, netzgestützte Geschäftstätigkeit

e-card: E-Postkarte, E-Ansichtskarte *(im Internet)*

e-cash, electronic cash: E-Zahlung, Kartenzahlung, *elektronische Barzahlung mit Buchung vom Girokonto*

e-check: *normgerechte Überprüfung elektrischer Anlagen und Geräte (hier „e-" wie „Elektro-")*

eco...[1]: wirtschaftlich, Öko..., *Kurzform für* **economical**

eco...[2]: ökologisch, *Kurzform für* **ecological**, *auch in*

    ecolabel: Ökosiegel, Ökomarke, Ökofirma

e-commerce, electronic commerce: E-Handel, Netzhandel, E-Geschäftsverkehr, *siehe auch* **e-trading**

e-communication: elektronische Kommunikation

e-compatibility: E-Tauglichkeit

economic: wirtschaftlich, *auch in*

    economic status: wirtschaftlicher Stand

economy[1]: Ökonomie, Wirtschaft, Handel

economy[2]: *Brieftarif der Deutschen Post*

economy class: Touristenklasse *(„dritte" Klasse bei Flugreisen)*

economy of scale: *größenbedingte Einsparung*, Größenvorteil

e-consulting: Internetberatung

e-content: digitaler Inhalt

e-crash: *Zusammenbruch der elektronischen Wirtschaft (nicht: elektronischer Zusammenbruch)*

ecstasy: Verzückung, Ekstase, *auch: synthetische Euphoriedroge*

e-democracy: E-Demokratie

edit, editieren[1] *(Denglisch)*: herausgeben, redigieren

editieren[2]: *(Daten)* aufbereiten, manipulieren, verändern, edieren, *Denglisch*

editing: Schnitt *(Videobearbeitung)*

edition: Ausgabe, Edition

editor[1]: *(Buch-)*Herausgeber

editor[2]: Textbearbeitungsprogramm *(EDV)*

editorial: Leitartikel, Einleitung, Vorwort

EDP: *siehe* **electronic data processing**

edutainment: Infounterhaltung, Unterhaltungsinfo, *siehe auch* **infotainment**

e-economy: Internetwirtschaft

e-entertainment: Internetunterhaltung

effect: Wirkung, Ergebnis, Effekt; bewirken

efficiency: Leistungsfähigkeit, Wirtschaftlichkeit, Effizienz

effortless: mühelos

e-finance: Internet-Finanzdienstleistungen

e-game: Internetspiel, Netzspiel, E-Spiel

e-gaming: Spielen im Internet, Spielen im Netz

egghead: Eierkopf, *ugs. für:* Intellektueller, Schlaukopf

Egotrip: Selbstfindung, *negativ auch*: Selbstsucht, *Denglisch*

e-government, electronic government: *digitale Verwaltungsdienstleistungen, digitale Verwaltung, elektronische Verwaltung, E-Verwaltung, Vernetzung elektronischer Informations- und Kommunikationswege zwischen Bürgern, Verwaltung und Wirtschaft*

e-greetings: elektronische Grüße *(über das Internet)*

e-health: *elektronisch unterstützte Medizinprodukte und -dienstleistungen*

e-home: *(intelligentes) vernetztes Haus, intelligentes Wohnen, intelligentes Heim*

eigenvalue: Eigenwert *(Wirtschaft - in diesem Zusammenhang Denglisch), englischer Fachausdruck aus dem deutschen Begriff abgewandelt!*

eincashen: Geld verdienen, Gewinne einstreichen

einchecken: anmelden, sich abfertigen lassen; abfertigen, *Denglisch, siehe auch* **check-in**, *vgl.* **auschecken**

einclicken: sich einwählen *(in ein EDV-Programm)*

eincomputern: *in den Rechner eingeben, Denglisch*

einloggen: sich *in Rechnersysteme einwählen, sich anmelden, Denglisch, siehe auch* **ausloggen, log in**

einscannen: einlesen, abtasten, abrastern, *einskännen, Denglisch, siehe auch* **scannen**

Eins-zu-eins-Marketing *(Denglisch)*: *siehe* **one-to-one marketing**

einzoomen: verkleinern, *Denglisch, siehe auch* **zoomen**

Eiscrusher *(Denglisch)*: *siehe* **ice crusher**

Eject-Taste: Auswurf, *etwa beim Kassettenrekorder, Denglisch*

elder statesman: Altpolitiker, *analog zu Altbundeskanzler*

e-learning: internetgestütztes Lernen, E-Lernen, elektronisches Lernen *über Programme (siehe* **CBT***) oder das Netz bzw. Firmennetz (siehe* **WBT***), auch: elektronische Kurse einer Fernuniversität*

electronic: Elektronik, elektronisch, Elektronen-; *bei Wortverbindungen siehe auch* **e-...**, *auch in*

> **electronic circuit**: elektronische Schaltung

> **electronic communication**: *technische Kommunikationsmöglichkeit*

> **electronic data processing, EDP**: Elektronische Datenverarbeitung, EDV

electronic program guide, EPG: elektronischer Programmführer *(für Fernsehprogramme)*

electronic records management, ERM: elektronische Archivierung

e-mail, electronic mail: E-Post *(dieser Begriff gilt inzwischen als Markenzeichen für Freunde des kreativen Sprachgebrauchs; wer auf die deutsche Sprache baut, bevorzugt gerade dieses Wort, da es eine echt gelungene Eindeutschung ist; durchsetzen konnte es sich auch deshalb, weil es in anderen Ländern - Schweden, Norwegen usw. - bereits üblich ist)*, Netzpost, E-Brief, Netzbrief, *vgl.* **mailen**

e-mailen: jmd. *auf elektronischem Weg* schreiben, *drahten, Denglisch*

e-mailer: Netzpostverschicker

e-mail spam: (unerwünschte *elektronische*) Werbepost, *siehe auch* **cold calling, spamming**

e-market: E-Markt, elektronischer Markt

embedded: eingebettet, eingebaut, integriert, *auch in*

> **embedded journalist, embedded reporter**: Kriegsberichterstatter, integrierter Journalist, „eingebetteter Reporter" *(Euphemismus für einen Journalisten bzw. Reporter, der unmittelbar mit der kämpfenden Truppe unterwegs ist, z. B. im Irakkrieg)*

> **embedded system**: eingebettetes, integriertes Betriebssystem *(z. B. in einem Haushaltsgerät eingesetzt)*

emergency: Notaufnahme

emergency call: Notruf

emergency case: Notfall; Notaufnahme - *da sich viele Krankenhäuser im Anglizismenwahn befinden, dürfte es nur eine Frage der Zeit sein, bis sich die erste Notaufnahme dem amerikanischen Serienvorbild anpasst; schön wäre es natürlich, wenn den Besucher statt der brachialen deutschen Krankenschwester unter extremem Zeitdruck nun die nette, freundliche Schwester aus der entsprechenden Serie empfinge.*

emergency exit: Notausgang

emerging markets: aufstrebende Märkte, Schwellen(länder)märkte

e-money: E-Geld, elektronisches Geld

emoticon: Gefühlssymbol, -zeichen *(im Internet), siehe auch* **smiley**

emotion: innere Bewegung, Gefühl, Rührung, Gefühlszustand, Regung

employee relationship management, ERM: Bewerbungsverwaltung, *siehe auch* **Bewerber-Recruiting-Management**, **customer relationship management**

employment: Beschäftigung, Verwendung, Arbeit

empowerment: Ermächtigung

empty: lustlos, leer, schlaff, erschöpft

e-music: elektronische Musik, *hat nichts mit „E-Musik" im Sinne von „ernster Musik" zu tun.*

encoder: *(Daten-)*Verschlüssler *(Gerät bzw. Rechnerprogramm), Gegenstück zum* **decoder**

encodieren, enkodieren: verschlüsseln, *Denglisch*

encounter: Begegnung, *vorwiegend übersinnlich (UFOs, Geister usw.)*

ending: Ende, Schluss; Ausgang; Endung

endless: endlos

enduro[1]: *geländegängiges Motorrad, Denglisch*

enduro[2]: *Langstreckenrennen der Motorradgeländesportler (in Großbritannien eher zum Zwecke der Materialdauerbelastung durchgeführt)*

Enduser: Endnutzer, Endverbraucher, *Denglisch*

energetics: Energetik

energy: Kraft, Leistungsfähigkeit, Tatkraft, Energie, *in vielen deutschen Firmennamen verwendet, wie z. B. „Nordex Energy" (Windkraft) oder „RWE Energy", auch in*

    energy broker: Stromhändler

    energy drink: Energiegetränk, Krafttrunk

    energy pool: Strombündelung

engagement[1]: Einsatz, Einsatzfreude, persönlicher Einsatz, *germ.-franz. Rückläufer*

engagement[2]: Anstellung, Verpflichtung

engine: Motor, Maschine, Triebwerk

engineer: Ingenieur

engineering: Ingenieurtätigkeit, Ingenieurwesen; Maschinenbau

enhancement: Verstärkung, Hervorhebung

enjoy: genießen, *in der Werbung meist als Imperativ verwendet:* enjoy Coca-Cola! = genieße Coca-Cola!

enjoyment: Vergnügen, Unterhaltung

enterprise: Geschäft, Unternehmen, *auch in*

    enterprise content management, **ECM**: Unternehmensdatenverwaltung

    enterprise resource planning, **ERP**: Unternehmensressourcenplanung, URP

entertain: unterhalten, *auch in*

    entertainer: (Allein-)Unterhalter/in, Unterhaltungskünstler/in, *als Beruf*

    entertainment: Unterhaltung, Belustigung, Repräsentation, Darbietung

Enter-Taste: Eingabetaste, Zeilenumbruchtaste *(EDV), Denglisch*

entourage: Begleitung, Begleitmannschaft, Tross, Gefolge, Umgebung

Entwicklungspipeline: Entwicklungsprozess, -vorgang, Entwicklungsstrecke, *Denglisch, siehe auch* **Forschungspipeline**

e-paper: E-Zeitung, *auch: (komplette) Netzausgabe einer Tageszeitung, siehe auch* **e-zine**

e-payment system: *Internetzahlungssystem, siehe auch* **micropayment**

e-procurement: *netzgestütztes Beschaffungswesen,* elektronische Beschaffung, E-Beschaffung

e-publishing: elektronische Veröffentlichung, Internet-Veröffentlichung

e-purse: E-Geldbörse

equalizer: Entzerrer, Frequenzregler, Klangregler

equal pay: „Gleicher Lohn für gleiche Arbeit", *Lieblingsanglizismus des Ex-Ministers Clement*

equipment: Ausstattung, Ausrüstung, Apparatur, Anlage, Geräte, *auch in*

    equipment leasing: *Ausleihverfahren für Maschinen*

e-recruiting: *elektronisch gestützte Anwerbung,* elektronische Personal-beschaffung, Internetpersonalsuche

e-retail: elektronischer Detailhandel

ergonomics: Arbeitswissenschaft, Ergonomie, *siehe auch* **human engineering**[1]

eros center: Bordell, Freudenhaus

error: Irrtum, Fehler, Versehen, Fehl(er)anzeige

escape[1]: Flucht

escape[2]: Hinaus, Fluchtweg, Abbruch, *auch in*

    Escape-Taste: Abbruchtaste, *Denglisch*

escort: Begleitung, Schutz

e-script: E-Drehbuch *(gemeinschaftlich im Internet erarbeitetes Drehbuch)*

e-services: E-Dienstleistungen, Internetdienstleistungen, Netzdienstleistungen

e-shop: Netzkiosk, Netzverkaufssystem

e-shopping: Internet(ein)kauf

e-signature: *siehe* **signature**

e-sourcing: Anbieterauswahl im Netz, elektronische Ausschreibung, Internet-beschaffung

e-sports, electronic sports: E-Sport *(wettbewerbsmäßig betriebene, meist brutale Spiele am Rechner, auch mit Hilfe des Internets), siehe auch* **Killerspiel**

essay: *knappe, kürzere* Abhandlung, Aufsatz, *literarischer oder wissenschaftlicher Art*

essential: wesentlich, entscheidend, unentbehrlich

essentials[1]: Grundlagen, Grundzüge, Wesentliches, *auch in der Produktbenennung* Ariel Essentials = *etwa:* Extrakt *oder* Konzentrat

essentials[2]: Erfordernisse, Bedingungen

establishment: *(einflussreiche)* Oberschicht, Führungsschicht

e-store: Internetladen, Netzladen

eternal: dauerhaft, „*unkaputtbar"*, immerwährend

eternity[1]: Ewigkeit, Jenseits, *die Beerdigungsbranche nennt ihre Messe so!*

eternity[2]: *in Wortverbindungen:* dauerhaft, „*unkaputtbar", „ewig haltend" (z. B.* eternity watches = ewig haltende Uhren)

ethno food: fremde Esskultur, exotisches Essen, *internationale Spezialitäten*

e-ticketing: elektronischer Fahrkartenschalter

e-tool: elektronisches Werkzeug

e-trading: Internethandel, E-Handel, elektronischer Handel, Netzhandel, *siehe auch* **e-commerce**

Europe: Europa

European Article Number, **EAN**: *inzwischen weltweit verwendete* Europäische Artikelnummer, *fälschlich auch als* **EAN-number** bezeichnet

European studies: Europastudiengänge, *z. B. an der TU Chemnitz*

evaluation: Abschätzung, Einschätzung, Schätzung, (Leistungs-)Bewertung, Auswertung

event[1]: Ereignis, Erlebnis, Geschehen, Attraktion, *auch in*

> **Eventisierung**: *„Aufmotzen", „Attraktivermachen" von an sich seriösen Veranstaltungen (z. B. Tagungen und Konferenzen) durch Rahmen- und Unterhaltungsprogramme, Denglisch*

> **event location**: (Kult-)Veranstaltungsort, -raum

> **event management**: Veranstaltungsorganisation

> **event manager**: Veranstaltungsorganisator

> **event-marketing**: Ereigniswerbung, Veranstaltungsvermarktung

> **event movie**: *Film nach echten Geschehnissen*

> **eventreich**: ereignisreich, *Denglisch*

> **event show**: *organisiertes Großereignis, Ereignisschau*

> **Event-Tourismus**: Erlebnistourismus, Erlebnisreisen, *Denglisch*

event[2]: Auftritt, Veranstaltung, Feier, Wettkampf - *in Wirtschafts- und Marketingkreisen für jedes nichtgeschäftliche Geschehen, also auch ein gutes Essen, einen Theaterbesuch oder einen Stadtrundgang, in diesem Sinne also eher* Begleitprogramm *oder* Rahmenprogramm, *auch in*

> **event-catering**, **Event-Catering-Firma** *(Denglisch)*: Veranstaltungsbelieferung

eventshopping: Sonderöffnung, *verlängerte Ladenöffnung bei besonderen Anlässen*

evergreen: Ohrwurm, Dauerschlager, Dauerbrenner

everlasting lipstick: Dauerlippenstift

every: immer, dauerhaft; jeder/e/s

everybody: jeder, jedermann, *auch in*

> **everybody's darling**: allseits beliebt, jedermanns Liebling

everything: alles, *auch in*

> **everything under control**: alles im grünen Bereich

everywhere: überall

evidence[1]: Offenkundigkeit, Klarheit, Augenschein

evidence[2]: Beweismittel, *auch in*

> **evidence-based medicine**, **EBM**: wissensbasierte Medizin, WBM

e-voting: elektronische Abstimmung *(im Parlament und dgl. per Tastendruck)*, E-Abstimmung

example: Muster, Beispiel

exchange[1]: Aus-, Ein- *oder* Umtausch, Geldwechsel, Wechselstube

exchange[2]: Börsenkurs, Börsenplatz, *auch in*

> **exchange business**: Wechsel-, Börsengeschäft

> **exchange report**: Börsen-, Kursbericht

excuses: Ausreden, Ausflüchte, Entschuldigungen, Vorwände

executable, exekutierbar *(Denglisch)*: ausführbar, *auch in*

> **executable (file)**: ausführbare Datei, Programmdatei

executive compensation arrangements: Ausgleichszahlungen, -vereinbarungen *(meist für Führungskräfte)*

exhibition: Ausstellung, Darbietung

exit[1]: Ausgang, Ausfahrt *(weder in deutschen Flugzeugen noch in deutschen Flughäfen findet man noch einen „Ausgang"), auch in*

> **exit option**: Ausstiegsklausel - *die Möglichkeit, ohne Gesichtsverlust aus Verhandlungen auszusteigen*

exit[2]: Tod

expand: auspacken, entkomprimieren *(EDV)*

expander: Muskelformungsgerät, Muskeltrimmgerät

expatriate: *im Ausland lebender, aber noch mit dem Heimatland verbundener Mensch (kein Emigrant!)*

Expertenhearing: Expertenanhörung, *Denglisch*

Expertenpool: Expertenring, *Ring von Fachleuten, Denglisch*

explorer: Entdecker, Forschungsreisender; *in der EDV einfach nur:* Dateiverwaltung

expression: Ausdruck

extension: (Datei-)Erweiterung

extra dry: besonders herb, sehr trocken

extra large: sehr groß, *Kleidergröße XL, jetzt auch: spezielle Paketgröße (Deutsche Post)*

extremely: sehr, *siehe auch* **X**[1]

eye: Auge, *auch in*

> **eye-catcher**: Blickfang, *vor allem in der Werbung*

> **eyeliner**: Lidstrich(-stift), Lidzeichner

> **eye make-up remover pads**: Lidschattenentferner

> **eye-tracking**: Augensteuerung *(von Geräten)*

> **eyewear**: Brillenmode, Sehhilfe

e-zine: elektronische Zeitschrift, Internetzeitschrift, *siehe auch* **e-paper**

F

face: Gesicht, Antlitz, Züge, Mimik, *auch in*

face cream: Gesichtscreme

face credibility: Glaubwürdigkeit

face-lift, face-lifting, faceliften *(Denglisch)*: *(operative)* Gesichtsstraffung, Gesichtsverschönerung, *auch im übertragenen Sinne:* Modernisierung *(z. B. bei Autos)*

face-powder: Gesichtspuder

face-to-face: von Angesicht zu Angesicht, unter vier Augen, ins Gesicht

face-to-face meeting: persönliches Treffen, Vier-Augen-Gespräch, *im Gegensatz zu einer Telefon- oder Netzkonferenz („face to face" = wörtlich: von Angesicht zu Angesicht)*

Face-to-Face-**Situation**: Direktkommunikation, von Angesicht zu Angesicht, reale Situation, *Denglisch*

face value: Nennwert *(einer Aktie)*

facilitation: Förderung

facilitator: Vermittler, Moderator, Schulungsleiter

facilities[1], Faszilitäten[1] *(Denglisch)*: Einrichtungen, Anlagen, technische Gegebenheiten

facilities[2], Faszilitäten[2] *(Denglisch)*: Möglichkeiten, Notwendigkeiten

facilities[3]: Toiletten

facility concept: Hausverwaltung

facility management: Gebäudeverwaltung, -bewirtschaftung, Hausverwaltung, Hausmeisterei, Immobilienverwaltung

facility manager[1]: Leiter zentrale Dienste, Leiter Organisation und Struktur

facility manager[2]: Gebäudeverwalter, Hausmeister

facing: Verputz, Verschalung

facsimile: Kopie, Abschrift, Reproduktion

fact: Tatsache, Realität, Tatbestand, *auch in*

fact sheet[1]: (Tatsachen-)Bericht

fact sheet[2]: Informationsblatt, Infoblatt; Datenblatt

fact story: Tatsachenbericht

factoring: Rechnungs-, Forderungsaufkauf

factory: Fabrik, *auch in*

factory outlet (center), FOC: Werks-, Firmen-, Fabrik-, Direktverkauf(szentrum) - *da viele Menschen den Anglizismus nicht übersetzen können, nennen sich auch unbedarfte Trödelhändler oder abenteuerliche Resteverkäufer gern so. Oft verkünden sie aber nach wenigen Monaten: Ausverkauf wg. Geschäftsaufgabe.*

factory outlet manager: Werksverkäufer, Leiter Fabrikverkauf

faculty: Lehrkörper einer Hochschule *(im Gegensatz zur deutschen „Fakultät"*
- Organisationseinheit an einer Hochschule)

fading[1]: Bremsschwächung

fading[2]: Ein- und Ausblenden *von Musik oder Bildern*

Fahr-Dynamic-Control: *Motorleistungssteuerung, denglische Konstruktion*
des deutschen Unternehmens BMW

fail: Fehlversuch, *auch in*

  fail-safe: ausfallsicher

  failure: Ausfall, Fehler, Störung

fair: anständig, gerecht, sportlich, ehrenhaft, redlich, *auch in*

  fairness: anständiges Verhalten *im Wettkampf*, Sportsgeist, Ehrlichkeit

  fair play: ehrliches Vorgehen, sportliche Anständigkeit, ehrliches Spiel,
  siehe auch **fairness**

fake: Vortäuschung, Vorspiegelung, Schwindel, Fälschung

fake mail: Schwindelpost, Entenpost

faken: fälschen, türken, vortäuschen, vorschwindeln, *Denglisch*

Fallmanager: *siehe* **case manager**[2]

fallout: *(schadstoffreicher, radioaktiver)* Niederschlag, Atomregen

false friends: „falsche Freunde", *bestimmte englische Wörter, die zu gleich*
oder ähnlich lautenden deutschen Wörtern überraschenderweise gravieren-
de Bedeutungsunterschiede aufweisen, siehe z. B. **actual** *oder* **flair**

family[1]: Familie, Verwandtschaft, Herkunft, Anverwandtschaft, Sippe, *u. a.*
auch Bestandteil zahlreicher Fahr- oder Stromtarife städtischer und über-
regionaler Anbieter, auch in

  family card: Familienausweis, Familienpass

  family farm: familienfreundlicher Bauernhof

  family friendly index: Familienfreundlichkeitsindex, *Ausdruck für das*
  familienbewusste, familiengerechte Handeln von Unternehmen

  family office: Familiendienst, Familienvermögensverwaltung *bzw.*
  -betreuung, Überwachung komplexer Familienvermögen

  family pack: Familienpackung

  family yard: (Familien-)Ferien auf dem Bauernhof, *Familienhof*

family[2]: Gemeinschaft, *z. B. in unzähligen Kundenklubs wie:* Ikea family
= Ikea-Kundenklub

famous: erstklassig, berühmt

fan[1]: Anhänger, Unterstützer, Verehrer, *(begeisterter)* Liebhaber, *Kurzform*
für: **fanatic** (Fanatiker), *auch in*

  fan club: Anhängerschaft, Anhängerverein, Unterstützerverein

  fan corner: Interessentenecke, *Seite für den* **fan**[1], Mitgliedermagazin,
  Leserbriefseite

  Fanin: Anhängerin, Verehrerin, *Denglisch*

fan mail, Fanpost *(Denglisch):* „Lobesschreiben", *Post, die Idole (Künstler, Sportler usw.) von ihren Anhängern erhalten*

fan shop: *Laden für den* **fan**[1]

fan[2]: Lüfter, Ventilator, Gebläse, aktiver Kühler

fantastic: fantastisch, toll, großartig, *siehe auch* **phantastic**

fantasy: Fantasie, Einbildung, Märchen, Fabelwelt, *auch in*

> **fantasy film:** Fantasie(märchen)film
>
> **fantasy game:** Rollenspiel
>
> **Fantasykomödie:** Fantasiekömodie, *Denglisch*

fanzine: Liebhabermagazin, Liebhaberzeitschrift, *Zeitschrift für den* **fan**[1]

FAQ: *siehe* **frequently-asked questions**

farewell: Lebewohl, Auf Wiedersehen, Abschiedsgruß

farm: landwirtschaftlicher Betrieb, Bauernhof, Hof, Landgut, Farm

farmer: (Groß-)Bauer, Gutsbesitzer, Landwirt

fashion: Form, Gestalt, (Zu-)Schnitt, Mode, *auch in abwegigem Zusammenhang gebraucht, z. B. als Bezeichnung für eine Wohnanlage im sächsischen Limbach-Oberfrohna, die auf dem Gelände einer ehemaligen Textilfabrik entstanden ist:* „Tricot Fashion", *auch in*

> **fashionable:** elegant, fein, modisch (schick), letzter Schrei, modern
>
> **fashion bag:** *modische,* „fetzige" (Hand-)Tasche
>
> **fashion guide:** Modezeitschrift, Modeinfo, Modewegweiser
>
> **fashion house:** Modehaus
>
> **fashion magazine:** Modezeitschrift
>
> **fashion shop:** Modeladen, Modegeschäft
>
> **fashion store:** Modehaus, Modegeschäft
>
> **fashion victim:** „Modeopfer", *einer der stets nach der neuesten Mode gekleidet ist und die internationale Mode- und Markenszene kennt*

fast: schnell, *auch in*

> **fast back**[1]: Schnellrücklauf *(Film)*
>
> **fast break:** Konter, Steilangriff
>
> **fast food:** Schnellgericht, Schnellkost, Schnellimbiss, Fertigessen, *im Gegensatz zu* **slow food**
>
> **Fast-Food-Literatur:** Groschen-, Billigliteratur, *Literatur „von der Stange", Denglisch*
>
> **Fast-Food-Musik:** einfallslose Musik, Musik „von der Stange", Denglisch
>
> **fast-food soap:** *einfallslose Seifenoper, Seifenoper „von der Stange", Denglisch, siehe auch* **soap**[2]
>
> **Fastpass-System:** Festzeitsystem *(Besuch von Attraktionen, z. B. Disneyland, zu festgelegten Zeiten ohne Anstellen), Denglisch*
>
> **fast-reading:** Schnelllesen, Überfliegen *(eines Textes)*

fastback[2]: Steilheck, Fließheck *(Auto)*

fasten your seat belt!: Sicherheitsgurt anlegen! *(Flugzeug) - der Hinweis wird neuerdings auch in deutschen Taxis ohne Übersetzung angebracht.*

fast lane: flottes, ausschweifendes Leben; *unkonventioneller, geselliger Bereich bei Feten, eigentlich: „Überholspur"*

fatburner program: Fettverbrennungsprogramm, *gymnastisches Programm*

fatburning: Schlankheitskur, Diät, Abspecken, Entfettung

favor *(AE)*, **favour** *(BE)*: Gefallen, Vorteil

favorable *(AE)*, **favourable** *(BE)*: günstig, vorteilhaft, gewogen

fax polling: Faxabruf, *Fernkopieabruf;* Faxumfrage

fear generation: Angstgeneration, *siehe auch* **fun generation**

feasibility study: Machbarkeitsstudie

feature[1]: Grundzug, (charakteristisches) Merkmal; Funktion, Eigenschaft

feature[2]: Dokumentarbericht *im Radio*, Hörbild; Beitrag, Bericht, Dokumentation, Themenartikel

feature[3]: Zugabe *(bei Film-***DVD***)*, *siehe auch* **special edition**

featuring: präsentiert von/durch

fee: Gebühr, Honorar, Vergütung

feed: Futter, Nahrung, *auch symbolisch, auch in*

   feeding and breeding: füttern und aufziehen, „glucken"

feedback: Rückkopplung, Antwort, Rückmeldung, Informationsrückfluss, Resonanz

feel good!: fühl dich wohl!, lass es dir gut gehen!

Feel-good-Gottesdienst: *besonders „jugendgemäße" Form eines Gottesdienstes, Denglisch*

feeling: (Fein-)Gefühl, Sinn, Empfindung, Stimmung, Gespür, Ahnung

fellow: Freund, Genosse, Kumpel, *auch in*

   fellowship: Kollegialität, Kameradschaft

fender: Schutzpolster *an Schiffswänden*

Ferienjob: Ferienarbeit *von Schülern, Denglisch*

ferry: Fähre

festival: *(Film-, Musik-, Theater-)*Festspiele

fetch: holen, abholen, ergreifen

fetish: Fetisch, Götzenbild

fever: Fieber, Erregung, Aufregung

fiber *(AE)*, **fibre** *(BE)*: Faser, *vor allem Pflanzenfaser in Getreidekost, auch in*

   fiber optics *(AE)*, **fibre o.** *(BE)*: Glasfasertechnik

fiction: erfundene Geschichte, Fantasie, *siehe auch* **science fiction** *und* **nonfiction**

field: Feld, Zelle *(EDV)*, *auch in*

   field research: Feldversuch, *Erhebung von Daten im Außendienst*

   field researcher, **field worker**: Außendienstmitarbeiter, Feldversuchswissenschaftler

field marketing: Haustürverkauf, Hausverkauf
fifties: fünfziger Jahre
fifty-fifty: halb und halb, Halbe-Halbe, 50/50
fight, fighten *(Denglisch)*: Gefecht, Kampf, Wettkampf; *(hart)* kämpfen, schlagen, Wettkampf austragen, *auch in*
    fighter: Kämpfer
    fighting: Kampf(-kraft), Gefecht
    fighting spirit: Kampfgeist
    fight night: Wettkampfnacht
file: Akte, Datei, Ordner, Werk, *auch in*
    file server: Dateiverwaltungsprogramm, Dateiverwalter
    file-sharing: gemeinsamer Dateizugriff
    file system: Dateisystem
    file transfer: Dateiübertragung
    file viewer: Dateibetrachter
filler: *auch:* Abfüller *(Entsorgungsbranche)*
film clip: *siehe* **clip**[1]
film script: (Film-)Drehbuch
final[1]: Endspiel, Finale, *auch in*
    final show: Abschlussveranstaltung, Finale
final[2]: endgültig, unwiderruflich, *auch in*
    final draft: endgültiger Entwurf, Endfassung, Reindarstellung, *siehe auch* **preliminary draft**
finance: Finanz(-wesen), *auch in*
    finance center: Finanzzentrum
    finance company: Finanzgesellschaft
    finance director: Finanzchef
    financial markets: Finanzmärkte
    financial planning: Finanzplanung
fine: gut, fein
fine arts: Kunstwissenschaft *(Studiengang an der Universität Greifswald)*
fine-liner: (feiner) Faserschreiber
finger food: Fingeressen, *Spezialitäten mit den Fingern zu essen,* Häppchen
fingerprint: Fingerabdruck, *(charakteristisches)* Kennzeichen, Merkmal
finish[1]: Ende, Ziel(-einlauf), Endlauf; Vervollkommnung, letzter Schliff, *auch in*
    finished product: Endprodukt; Fertigerzeugnis, -produkt, -fabrikat, Fertigware
    finishen: beenden, zum Endlauf ansetzen; vollenden, *Denglisch*
    finisher: Vollstrecker, Torjäger; *ins Ziel Kommender, Zielerreicher - im Prinzip geht es aber auch ohne eigenes Wort: „Alle, die das Ziel erreichen, erhalten eine Urkunde".*
    finishing touch: letzter Schliff

finish[2]: Oberflächenbearbeitung, -behandlung; Oberflächenzustand

fire: Feuer, *als einzelner Anglizismus nicht belegt, doch in mehreren albernen Zusammensetzungen wie z. B.:* Quizfire = Feuerwerk der Fragen, *auch in*

> **firefighter**: Feuerwehrmann, Brandbekämpfer

> **firewall**[1]: Brandmauer, Schutzmauer, Einbruchsschutz

> **firewall**[2]: Zugriffsschutz *von außen auf den Rechner,* Schutzschild, Schutzwall

> **firewire**: *Schnittstelle für die Verbindung zwischen Rechner und Videokamera*

firmware: Geräteprogramm *(in das Gerät eingebautes Steuerprogramm unabhängig von Betriebssystem und Anwendungen)*

first: erster/e/s, zuerst, erstklassig, *auch in*

> **first class**: erstklassig, erste Klasse *(auch bei Flugreisen),* sehr gut, luxuriös, *von gehobenem Standard*

> **first-class hotel**: Hotel erster Klasse, Spitzenhotel, Luxushotel

> **first come, first served**: wer zuerst kommt, mahlt zuerst

> **first draft**[1]: erste Wahl

> **first draft**[2]: Erstfassung, erster Entwurf, erste Version *(eines Buches usw.)*

> **first guess**: erste Abschätzung, auf den ersten Blick

> **firsthand**: aus erster Hand, neu

> **First Lady**: Präsidentengattin, Landesmutter, erste Dame des Staates

> **first responder**: Erste Hilfe, *so in der RTL-Sendung* Notruf *im Zusammenhang mit einem Wespenstich. Zur Hilfe kam dann das* first responser team.

first draft[3]: Andruck

first grip: Kamerabühnenchef

first mover: Wegbereiter, Pionier, Innovator

fischen *(als Freizeitsport)*: angeln, *Denglisch (im Deutschen benennt* fischen *stets eine professionelle Tätigkeit)*

fishing: angeln *(als Freizeitsport)*

fishing for compliments: nach Komplimenten angeln, nach Beifall gieren, um Anerkennung betteln

fit: geeignet, tauglich, gesund, leistungsfähig, passend, *auch in*

> **fit for fun**: bereit für Spaß, ich will Spaß

> **fit machen**: Leistung steigern, leistungsfähig machen, ertüchtigen, *Denglisch*

fitness: Tauglichkeit, Gesundheit, Ausdauervermögen, Leistungsfähigkeit, Kondition, *gute körperliche Verfassung, auch im übertragenen Sinne, auch in*

> **fitness bike**: *Konditions(fahr)rad, Denglisch*

> **fitness biking**: *Konditions-, Gesundheitsradfahren, Denglisch*

fitness center: Konditionsraum, Trimmdichstätte, Gesundheitszentrum, Übungsraum, (Sport-)Gerätezentrum, Kraftgerätezentrum, *Denglisch*

fitness check: Gesundheitstest

Fitnesseinrichtung: Gesundheitseinrichtung, Gesundheitsstudio, *Denglisch*

Fitnessprogramm: Gesundheitsprogramm, *Denglisch*

Fitness-Studio: *Kraftstall, Trimmdichstätte, Denglisch*

Fitnesstrainer: Konditionslehrer, *Denglisch*

fitten, anfitten: passen, anpassen, reparieren, *Denglisch, auch in*

fitting[1]: Anpassung, Ausstattung

fitting[2]: Passstück, Verbindungsstück *in technischen Konstruktionen, z. B. in Rohrleitungssystemen*

five o'clock tea: Fünfuhrtee

fix[1]: besorgen, festmachen, befestigen

fix[2]: (Fehler-)Behebung, Auflösung *(EDV)*

fixen[1]: *(Ergebnisse)* festhalten, verschriftlichen, *in schriftliche Form bringen*

fixen[2]: lösen *(z. B. entstandene Probleme), Denglisch*

fixing: Schlusskurs *(Börse), auch: Feststellung dieser Kurse*

Flachdisplay: Flachbildschirm, *Denglisch*

Flächenrecycling: *Wiedernutzbarmachung kontaminierter Flächen, Denglisch*

flag: Anzeiger, Kennzeichnung

flagship store: repräsentatives Geschäft, Hauptgeschäft, *Vorzeigegeschäft (z. B. einer Ladenkette)*

flair: Gespür *(für etwas), Spürsinn (nicht wie im Deutschen:* flair = Fluidum, gewisses Etwas*)*

flame: Schmähbrief, Hasstirade, Verbalinjurie; schmähen, schelten, geifern, *auch in*

   flame festival, Flamefest *(Denglisch)*: Schlammschlacht

flash: Blitz; (Eil-)Kurzmeldung, *auch in*

   flashback: Einblendung, Rückblende, Rückblick, Geistesblitz, Momentaufnahme, *auch symbolisch gebraucht*

   Flashfilm: Filmeinblendung, kurzer Netzfilm, *Denglisch*

   flashlight[1]: Blitzlichtgerät, Lichtblitze

   flashlight[2]: Diskolicht

   flashlight[3] *(AE)*: Taschenlampe

   flash mob, flash mobbing: „Blitzmenge", „Klub des Plötzlichen", *Massen-Spaßveranstaltung in der Öffentlichkeit*

   flashover: Stichflamme, Verpuffung, Feuerwalze

Flashspeicher: nichtflüchtiger Speicher, *der die Informationen auch nach Abschalten der Betriebsspannung beibehält (Elektronik), Denglisch*

flat[1]: flach, platt, eindimensional; Halbton tiefer, *auch in*

flat pack: Flachgehäuse

flat screen: Flachbildschirm

flat²: Mietwohnung, Kleinwohnung

flat fee: Pauschalpreis *(für den Zugang zu einem Dienst)*

flat rate: Pauschalpreis, Pauschal-, Dauertarif, *(monatlicher)* Festpreis

flavor *(AE)*, **flavour** *(BE)*: Geschmack, Duft, Aroma, *auch im übertragenen Sinne:* besonderer Charakter *(von Musik, Kunst, Dekoration usw.)*

fleece: *synthetischer* Flausch, Vlies, Webpelz

flexible response: Flexibilität, flexible Erwiderung

Flexspace-Konzept: Flexraum, *flexible Raumaufteilung bei Opel-Kfz, Denglisch*

flight¹: Flug, *auch in*

flight attendant: Flugbegleiter/in

flight bag: Flugtasche

flight safety: Flugsicherheit

flight time: Flugzeit, Bewegungszeit

flight² (recorder): Flugschreiber

flip¹: *alkoholisches Mischgetränk*

flip²: schnippen, *auch in*

flip chart: Schreibblocktafel

flip-down display: versteckte Anzeige *(z. B. bei Fernsehern)*

flip-flops: (Steg-)Badesandalen, *spezielle* „Badelatschen"

flipper¹: Spielautomat, *Denglisch, im Englischen „pinball machine"*

flipper²: Flosse

flippy, flippig *(Denglisch)*: unkonventionell, verrückt, ausgefallen, locker, kess, flott

flirten: anbandeln, schöne Augen machen, balzen, umwerben, *Denglisch*

floaten *(Denglisch)*, **floating**: freies Schwanken *(des Wechselkurses)*; den Wechselkurs freigeben

floating home: „Wasserwohnung" - *solche an Hausboote erinnernde, frei schwimmende Wohneinheiten in Ufernähe sollen demnächst in Berlin errichtet werden*

floating-point number: Gleitkommazahl

floor¹: Stock, Geschoss, Stockwerk

floor²: Fußboden(-belag), *auch in*

floor polish: Fußbodenreiniger, Bohnerwachs

flop: Reinfall, Pleite, Misserfolg, Fehlschlag

floppen: zum Misserfolg werden, *Denglisch*

floppy (disk): Diskette *(Datenträger)*, siehe auch **disk²**, *auch in*

Floppylaufwerk: Diskettenlaufwerk, *Denglisch*

flow¹. Fluss, fließen

flow²: *in seiner Tätigkeit völlig aufgehen, Beruf als Berufung*

flow chart: Flussdiagramm, Ablaufdiagramm *(EDV)*

flower: Blume, Blüte, *auch in*

> **flower power**: *Begriff aus den 60ern für die* Blumenkinderbewegung, *siehe auch* **hippie**; *neuerdings von einer Politikerin profan verwendet für:* Obst und Gemüse
>
> **flower shop**: Blumenladen

Flowpackung: Schlauchpackung, *Denglisch*

fluid: Flüssigkeit, *in der Kosmetikwerbung für jede Flüssigkeit, für die auf die Schnelle kein besserer Name zu finden war, auch in*

> **fluid make-up**: flüssige Schminke, *flüssige Gesichtstönungscreme*

flush[1]: Wallung, Hautröte

flush[2]: *(Puffer)* leeren *(EDV)*

fly, flying: fliegen, *auch in*

> **fly-away day**: Abreisetag, *an dem Seminarteilnehmer, bis ihr Zug/Flug abgeht, noch an einem Rahmenprogramm teilnehmen können*
>
> **flyer**: Handzettel, Flugblatt, fliegendes Blatt, Flugschrift, Faltblatt, Werbezettel
>
> **fly-in**: Fliegertreffen
>
> **Flying Dutchman**: Fliegender Holländer, *Bootsbauweise*
>
> **flying safety**: Flugsicherheit
>
> **flyover**: Hochstraße, Überführung

focus, Fokus: *im übertragenen Sinne (= Denglisch):* Brennpunkt, Schwerpunkt

focus puller: Scharfzieher

fogging: Rußfilm, *schwarzer* Schmierfilm *an Wänden*, Beschlagen

folder[1]: Faltblatt, Faltbroschüre, Prospekt

folder[2]: Ordner *(auch in der EDV)*, Mappe, Schnellhefter, *siehe auch* **directory**[3]

foldout: Einlage *zum Ausklappen (in Zeitschriften)*, Ausfalter, ausklappbare Seite, *siehe auch* **centerfold**

foley waker: Geräuschetechniker, Geräuschemacher

follow me: folge mir, bitte folgen

follow-up: Nachbehandlung, Nachsorge; Folgeveranstaltung, Fortsetzung

font: Schrifttyp, Schriftart, Schrift, Zeichensatz

food: Lebensmittel; Nahrung, Essen, Speise, Kost; Fraß, *siehe auch* **non-food**, *auch in*

> **food broker**: Lebensmittelhändler
>
> **food chain**: Nahrungskette
>
> **food concern**: Nahrungsmittelkonzern
>
> **food court**: Schlemmermeile, „Fressmeile"
>
> **food craving**: Heißhunger(-attacke)

food design: „moderne" Lebensmittel *(z. B. Sport- und diätetische Nahrungsmittel)*

food engineering: Lebensmitteltechnik

food experience day: *denglisch benannte, gut gemeinte Veranstaltung lokaler Vermarkter von landwirtschaftlichen Produkten in Hessen, könnte nach Auffassung einer Verfechterin guten Deutschs durchaus auch* „Essen erleben mit allen Sinnen" *heißen*

food express: Lebensmitteltransport

food import: Lebensmitteleinfuhr

food industry: Nahrungsmittelindustrie

food ingredients: *(Nahrungsmittel-)*Halbfabrikate

Foodparadies: Schlemmerparadies, *Denglisch*

food services: Lebensmitteldienst

foodstuff: Nahrungsmittel

foodtainer: Obstschale *(Verpackung)*, *Kombination von* **food** *und* **container**

food to go: Speisen zum Mitnehmen, *siehe auch* **coffee to go**

food trust: Nahrungsmittelkonzern

foolish: töricht, albern, närrisch

footage: Material, Arbeitsmaterial, Filmmaterial

footer[1]: Fußnote, Fußzeile

footer[2]: Fußteil *(eines Dokuments)*, *Gegenstück zum* **header**[2]

footwear: Fußbekleidung, Schuhwerk

force[1], **forcing**[1]: (äußerer) Antrieb, Anfachung

force[2], **forcing**[2]: bedrängen, zwingen

force[3]: (Streit-)Macht, Stärke, Gewalt, *siehe auch* **air force**

force feedback: Aktionsrückmeldung *(z. B. bei Maus- oder Spielhebelbetätigung)*

fore: vorn, vorder-, *auch in*

    forecast: Vorhersage

    forehand: Vorhand

fore-checking: Druckspiel, Drangspiel, frühes Stören, *z. B. beim Fußball*

foreign: fremd, *auch in*

    foreigner: Fremder

    foreign office: Auswärtiges Amt, Außenministerium

forever: für immer, immer wieder

Forever-young-Klinik: Verjüngungsklinik, *Denglisch, z. B. Anti-Aging-Clinic Köln*

form: Formblatt, Formular

for me: für mich

for men: für Männer, für Herren

Formula One: Formel 1, *so in Formel-1-Berichten im deutschen Fernsehen*

Forschungspipeline: Forschungsprozess, -vorgang, Forschungsstrecke, *Denglisch, siehe auch* **Entwicklungspipeline**

fortunately: glücklicherweise

forward, forwarden *(Denglisch)*, **fwd**: weiterreichen *(als E-Post)*, weiterleiten; *als Ausruf:* vorwärts!

forward-thinking: Weiterdenken, Vorausdenken - *einer der ärgerlichsten Anglizismen eines Automobilimporteurs*

for women: für Frauen, für Damen

for you, 4U: für dich *(das Kürzel* **4U** *kommt selbst in politischer Werbung vor)*

for your eyes only: nur zur persönlichen Ansicht *(Geheimhaltungsstufe)*

for your information, fyi: nur informationshalber weitergeleitet

Fotofinish *(Denglisch): siehe* **photo finish**

Fotopoint: Fotoladen, *Denglisch*

Fotosession *(Denglisch): siehe* **photo session**

Fotoshooting *(Denglisch): siehe* **photo shooting**

foundation: Stiftung, (wohltätiger) Verband

four-stroke: Viertakt-

four-wheel drive: Allradantrieb

fragrance: Duft *(in vielen Produktaufschriften)*

frame: Rahmen, Fahrradrahmen; Fenster *(EDV), auch in*

   framework: Fenster *(EDV)*, Rahmen *(EDV)*; Rahmenplan

   framework document: Rahmendokument

franchise[1]: Konzession, Verkaufs-, Vertriebslizenz, *auch in*

   franchising: Konzessionsverkauf, Verkaufs-, Vertriebslizenzvergabe

franchise[2]: Vorrecht

franchise[3]: Zollfreiheit

Frauenpower: weibliche Stärke, weibliche Überlegenheit, Macht der Frauen, *Frauenmacht, Denglisch*

free: frei, *auch in*

   freebie: *(kostenlose)* Zugabe, Werbegeschenk

   freecall: kostenloser Anruf, Freigespräch; gebührenfrei

   freecard: Gratispostkarte, Werbepostkarte

   free-climber: Freikletterer

   free-climbing: Freiklettern

   free flow: *moderne Form der Selbstbedienung in der Gastronomie mit freistehenden Ausgabeeinheiten (zur Vermeidung von Schlangenbildung, zurzeit bereits Standard z. B. in Kaufhausrestaurants)*

   free-for-all: alles (für) umsonst, alles kostenlos; Teilnahme frei *oder* unbeschränkt

   freelance: freiberuflich

   freelancer: Gelegenheits- *oder* Zeitarbeiter; Freiberufler, freier Mitarbeiter

freemail: Freipost

freemailer: Freipost, *kostenloser Internetanbieter für E-Post*

freemover: Gaststudent, *so tatsächlich die Universität Marburg,* Wahlstudent, Freistudent, Gasthörstudent

free of charge: kostenfrei

free rider: Trittbrettfahrer

free riding: Tiefschneefahren

free selection: freie Auswahl, *Denglisch*

freestyle: Freistil

freestyle cooking: Kochen ohne Rezept, *ein Lieblingswort der Klatschpressen- und Fernsehköchin Sarah Wiener, das in immer mehr Frauenzeitschriften übernommen wird*

free-TV, **free-to-air**: *frei empfangbares Fernsehen,* Freifernsehen, Gratisfernsehen, *im Gegensatz zum* **pay-TV**

freewheeling: *„Schifahren ohne Schnee" (neue Modesportart zur Kompensation des üblichen Schneemangels)*

freedreams: Träumereien *(z. B. Hotelwerbung)*

freeware: Gratisware, *vor allem freie Programme aus dem Internet, siehe auch* **shareware**

freeway: *für einen Pakettarif der Deutschen Post, etwa:* Sammeltarif, Zwölferkarte

freeze, **freezen** *(Denglisch)*: frieren, einfrieren; *(den momentanen System-zustand) auf einem Speichermedium festhalten (EDV), auch in*

freeze-dry: gefriertrocknen

freezer: Gefriertruhe; Eismaschine *(Industrie)*

French: französisch *(z. B. als Soßenbezeichnung), auch in*

French Open: *Tennisturnier „Roland Garros" in Paris, über das im nichtenglischen Raum nur in Deutschland unter der (d)englischen Bezeichnung berichtet wird*

Frequent-Flyer-Programm: Vielfliegerprogramm, *Denglisch*

frequently-asked questions, **FAQ**: *(Antworten auf) häufig gestellte Fragen,* HGF; Antwortensammlung; *häufige Fragen und Antworten,* HFA

fresh: frisch, erfrischend, *auch in*

freshness: Frische

freshpack: Frischhaltepackung, *wiederverschließbare Weich-verpackung*

friction: Reiberei, Spannungen, Brüchigkeit, Instabilität

fried: frittiert, *auch fälschlich:* gebraten, *auch in*

fried fish: Backfisch

fried rice: Bratreis

friend: Freund, *auch in*

friendralsing: *Mobilisierung von Freunden und Sympathisanten (im Wahlkampf, zu Spendenaktionen)*

friendly fire: Eigenbeschuss, Fehlschüsse, *Beschuss durch die eigenen Leute, Beschuss der eigenen Truppen (z. B. im Irakkrieg)*

fringe benefits: Lohnnebenleistungen, Lohnzusatzleistungen, zusätzliche Sozialleistungen, *in der Schweiz gebräuchlicher Anglizismus*

Fringeprogramm: Randprogramm, Rahmenprogramm, *nicht zum Hauptprogramm gehörig (bei Kulturereignissen), Denglisch*

front: Vorder-, Stirnseite, *auch in*

> **front desk**: Annahmeschalter, Rezeption

> **frontloader, Frontlader** *(Denglisch)*: Waschmaschine *mit Befüllung von vorn, siehe auch* **toploader**

> **frontman**: Berichterstatter *(im Fernsehen)*, Sänger *(bei Musikgruppen)*

> **front office**: Kundendienst, *Dienstleister mit Kundenkontakt,* Empfangsbüro, *im Gegensatz zum* **back office**

> **front page**: Titelseite, Vorderseite

frontlist: Neuerscheinungsliste, aktuelle Lieferliste, *siehe auch* **backlist**

froze, frozen: Gefrier-, *auch in*

> **frozen food**: Tiefkühlkost

> **frozen meat**: Tiefkühlfleisch

> **frozen moment**: Schnappschuss, „*gefrorener Augenblick*"

fruit: Frucht, Obst, *auch in*

> **fruit cup**: Früchtebecher

> **fruit juice**: Obstsaft

> **fruit store**: Obstgeschäft

fuel-stratified injection, FSI: *(geschichtete) Benzindirekteinspritzung (neuartiger Ottomotor)*

fulfil(l)ment: Auslieferung *einer Bestellung, z. B. neuerdings auch von Bahnfahrkarten*

full: voll, komplett, vollständig, *auch in*

> **full-logic**: vollautomatisch

> **full report**: Gesamtbericht

> **full screen**: Vollbild

> **full service**: volle Dienstleistung, Komplettdienst

> **Fullserviceagentur**: *Komplettdienstleistungsagentur, „Alles aus einer Hand", Denglisch*

> **full-size**: Ganzformat

> **full speed**: Höchstgeschwindigkeit, Volldampf, mit voller Kraft

> **full-time**: Vollzeit-, Ganztags-

> **full-time job**: Ganztagsbeschäftigung, Vollzeitarbeit, Ganztagsarbeit

> **fully**: *(komfortables)* Berg(fahr)rad *bzw.* Gelände(fahr)rad, *Kurzform von* „full suspension bike" *(„voll gefedertes Rad"), siehe auch* **mountain bike**

full shot: Halbtotale

fun: Vergnügen, Freude, Spaß, Lust, Scherz, *auch in*

    funbike: Allzweckrad, Spaßrad *(Kombination von Straßen- und Geländerad)*

    funcard: *Spaßkarte (Postkarte mit „lustigen" Motiven) (Deutsche Post)*

    funcard mailing: *Spaßkartenversand (Deutsche Post)*

    funcourt: Spaßsportplatz

    fun cruiser: Spaßauto, *vor allem Geländewagen*

    fun generation: Spaßgeneration, *siehe auch* **fear generation**

    Funpark: Erlebnispark, Vergnügungspark, *Denglisch*

    funraising: Spaß suchen, rumjuxen, Fez machen

    fun ride: Fahrgeschäft

    Funsport: Spaßsport, Abenteuersport, *Denglisch*

    Funsportart: Freizeitsportart, *Denglisch*

    Funtarif: Freizeittarif, *Denglisch*

functional food: *funktionelles Lebensmittel,* Funktionskost

fundraiser: *professioneller* Mittelbeschaffer, Spendenexperte

fundraising: Spendensammlung, Geld-, Mittelbeschaffung; Spendenwesen

funeral master: Bestatter, Leichenbestatter, *Denglisch (im Englischen: „funeral director" oder „undertaker") - tatsächlich nennen sich die deutschen Bestatter jetzt so - schuld an der Misere sollen aber die Handwerkskammern sein, weil diese den Begriff „Meister" nur für Handwerksberufe anerkennen. Immerhin gibt es jetzt bereits den neuen Ausbildungsberuf „Bestattungsfachkraft".*

funk: Bammel, Mordsangst, Schiss

funky: unkonventionell

funny: lustig, amüsant, unterhaltsam, spaßig, anregend

future: Zukunft, zukünftig, bevorstehend, *auch in*

    future food: „Essen der Zukunft"

    Futuremarkt: Terminmarkt *(Börse), Denglisch*

    futures: Zukunftspapiere *(Börse)*

fuzzy logic, **Fuzzylogik** *(Denglisch)*: unscharfe Logik, Unschärfelogik *(Steuerungsverfahren in Nachahmung des menschlichen Denkens, z. B. für technische Geräte)*

G

gadget: Apparat, Gerät, technische Spielerei, *vor allem abwertend: „Spielzeug für Erwachsene"*

gaffer: Elektriker, Beleuchter

gag: Witz, witziger Einfall, Überraschung, Scherz, Klamauk, Jux, Ulk, *auch in*

  gagger, gagman, Gagschreiber *(Denglisch)*: Pointenschreiber, *z. B. für Witzeerzähler und Fernsehmoderatoren*

  gagig: witzig, *Denglisch*

  gag show: lustige Gesprächsrunde, Quasselrunde, *siehe auch* **talk comedy**

gamble, gambeln *(Denglisch)*: (glücks-)spielen

game: (Rechner-)Spiel, *auch in*

  game controller: Steuerkonsole *(bei Rechnerspielen)*

  game day: Spieltag

  gamen: am Rechner spielen, *Denglisch*

  game over: das Spiel ist aus! - *auch im übertragenen Sinne:* Schluss, Aus, Ende; Ende der Fahnenstange

  game pad: Steuerkonsole *(bei Rechnerspielen)*

  gamer: Spieler

  game show: Spielsendung, Spielschau

gang: Gruppe, Bande, Straßenbande, Verbrecherbande, *eigentlich wertneutral, wird es hauptsächlich für „Banden jugendlicher Krimineller" verwendet*

gangster: Bandit, (Schwer-)Verbrecher, Krimineller, Serientäter, *Mitglied einer* **gang**

gangway: *fahrender* Laufweg, Zubringersteg, Flugsteig, Flugzeugtreppe, Verbindungsweg *zu Flugzeugen und Schiffen*

gap: Differenz, (klaffende) Lücke, Blockzwischenraum *auf Magnetbändern; unterschiedlicher Entwicklungsstand*

gardening: Gartenbau, Gartenarbeit

garden party: Gartenfest

gastro guide: Restaurant- und Übernachtungsführer, Gastronomieführer, *Denglisch*

gate: Tor, Zugangstor, Gatter; Flugsteig, *auch in*

  gated community: geschlossene Gesellschaft; Burgsiedlung, *besonders gesichertes, vom Umfeld abgeschottetes Wohngebiet*

  gatehouse: Pförtnerhaus

  gatekeeper: Pförtner

  gateway: Tor, *auch symbolisch*

gay: Schwuler; homosexuell, schwul, *im schriftlichen Englisch noch in der alten Wortbedeutung „fröhlich" in Gebrauch!*

gear: Gang, Getriebe *(Formel 1), auch bei sportlich wirken wollenden Autofirmen im Einsatz*

gebackupt: gesichert, *Denglisch*

gebrandet: mit Markennamen versehen, *Denglisch*

gebrieft: eingewiesen, unterrichtet, informiert, *Denglisch*

gecancelt, gecancelled: abgesagt, gestrichen; abgebrochen, gelöscht, *Denglisch*

gecheckt: überprüft, *Jugendsprache auch:* verstanden, *Denglisch*

gechipt: elektronisch gekennzeichnet, E-markiert, *mit einem* **chip**^{2} *versehen - das Verfahren wird immer öfter zur eindeutigen Kennzeichnung von Haustieren eingesetzt, Denglisch*

gecleant: gesäubert, *Denglisch*

gecovert: nachgeahmt, neueingespielt, *Denglisch*

gecurlt: gelockt, gewellt, gekräuselt, *Denglisch*

geek: Geck, Narr, Tüftler *(am Rechner)*

gefakt: gefälscht, *Denglisch*

gefightet: gekämpft, *Denglisch*

gefrostet: gefroren, tiefgekühlt, *Denglisch*

gegenchecken: gegenprüfen, *Denglisch*

gegroundet: stillgelegt, rückgängig gemacht, *Denglisch*

gehandikapt, gehandicapt: behindert, benachteiligt, *Denglisch*

Gehirnjogging: Gedächtnisschulung, *Steigerung der geistigen Leistungsfähigkeit, Denglisch, siehe auch* **brainwalk**

gekidnappt: entführt, *Denglisch*

geliftet: gestrafft, *nicht nur auf das Gesicht bezogen, Denglisch*

gemailt: geschickt, geschrieben, *Denglisch*

gender budgeting: *geschlechtsspezifische Finanzverteilung*

gender impact assessment: Gleichstellungsverträglichkeitsprüfung, Frauenverträglichkeitsprüfung

gender mainstreaming: Geschlechtsrollenausgleich, Gleichstellungsprinzip, geschlechtersensible Sichtweise, *Gleichstellung der Geschlechter,* Gleichberechtigung, Geschlechtergerechtigkeit, Frauenpolitik - *eine Regierung soll all ihre Gesetze, Pläne und Entscheidungen vor dem Verabschieden darauf untersuchen, ob sie für Männer und Frauen womöglich unterschiedliche Folgen haben werden.*

gendern: *(ein Projekt oder Vorhaben) auf gleichstellungsrelevante Gesichtspunkte prüfen, Denglisch, siehe auch* **gender mainstreaming**

general: General-, generell, allgemein, *auch in*

    general agency: Generalvertretung

    general assembly: Generalversammlung

    general director: Generaldirektor

    General-Interest-Zeitschrift: Publikumszeitschrift, *eine allgemein interessierende Zeitschrift, Denglisch*

general problem solver, GPS: allgemeiner Problemlöser, APL

generation @, generation N: Internetgeneration, Netzgeneration, *siehe auch* **net kids**

Genfood: Gen-Essen, Genkost, genmanipulierte Lebensmittel, *Denglisch, „Gen" im Englischen = „gene"*

Genmapping[1]: Genzeichnung, Gendarstellung, *Denglisch, „Gen" im Englischen = „gene"*

Genmapping[2]: Genplanung, *Denglisch, „Gen" im Englischen = „gene"*

gent: *Kurzform von* **gentleman**

gentlemanlike: ehrenhaft, *nach Art eines Ehrenmannes*

gentlemen's agreement: *vertrauensvolle Übereinkunft, Vereinbarung von Ehrenmännern, Abmachung ohne Vertrag (ursprünglich: Abkommen auf Ehrenwort)*

geocaching: moderne Schatzsuche

geordert: bestellt, in Auftrag gegeben, *Denglisch*

gepierct: *mit Hautschmuck versehen, Denglisch*

gepixelt: in Bildpunkte aufgelöst, *grafisch aufgelöst, Denglisch*

gepoolt: gebündelt, konzentriert, zusammengefasst, zusammengelegt, zusammengepackt, zusammengeschüttet

Gerichtsshow: Gerichtsfernsehen, *Denglisch, siehe auch* **court-TV**

German: deutsch, deutschsprachig, *kommt auch in rein deutschen Firmennamen vor wie:* German Parcel, *auch in*

> **German Masters**: Deutsche Meisterschaft

> **German Open**: offene deutsche Meisterschaft *(Sport)*

> **German TV**: Deutsches Fernsehen *(in Übersee), Denglisch*

German call, GermanCall: Ferngespräch, Inlandsgespräch, *Denglisch*

Germany: Deutschland, *gerade in Firmennamen wird der Anglizismus auch dann verwendet, wenn es sich um Unternehmen handelt, die ausschließlich in Deutschland agieren:* Volvo Car Germany

geschedul(e)t: Termin (aus-)gemacht, terminiert, gebucht, *Denglisch*

geshiftet: verschoben, (räumlich) versetzt, angepasst, *Denglisch*

gesoftet: weichgezeichnet; schwach angezeigt *(EDV), Denglisch*

gesplittet: aufgeteilt, aufgespalten, *Denglisch*

gesponsert: *(finanziell)* gefördert, *Denglisch*

gestylt[1]: (modisch) entworfen, stilisiert, *Denglisch*

gestylt[2], **gestyled**: „herausgeputzt", modisch aufgemacht, aufgetakelt, „aufgemotzt", *Denglisch*

geswitcht: ausgetauscht, gewechselt, *Denglisch*

getaped[1]: aufgenommen, *Denglisch*

getaped[2]: *mit Pflaster versehen,* „verpflastert", *Denglisch*

getaway: Flucht, Entkommen; Ausfallstraße

getim(e)t, getimed: abgestimmt, gestoppt, *Denglisch*

get-together: Zusammenkunft, „Zusammenrufen"

getuned: eingestellt, angepasst, „frisiert", *Denglisch*

Gewebeconditioner: Gewebeformer, Gewebe(form)stabilisator, *Denglisch,* *siehe auch* **conditioner**

ghetto blaster: *tragbare Musikanlage,* Kofferradio

ghost: Geist, *auch in*

  ghostspeaker: Synchronsprecher

  ghost word: Geisterwort, *durch Übermittlungsfehler entstanden*

  ghostwriter: Auftragsschreiber, Nebelschreiber, Schattenschreiber, Redenschreiber, *siehe auch* **speechwriter**

gift shop: Geschenkeladen

gig[1]: Auftritt, Konzert, *oft gebraucht als: „spontaner Auftritt"*

gig[2]: *(leichtes)* Beiboot, Ruderboot

gimmick: Kleinspielzeug, Werbegeschenk, Aufmerksamkeit, (Reklame-)Dreh, technische Spielerei

ginger: Ingwer, *auch in*

  ginger ale: Ingwerlimonade

girl[1], **girlie**: (junges) Mädchen, *auch in*

  Girl Scout: Pfadfinderin, *vgl.* **Boy Scout**

  girls' day: Töchtertag, Mädchen(zukunfts)tag, *auch als Losung* „Wir Mädchen - unser Tag!" *denkbar (kritiklose Übernahme der Benennung einer US-Veranstaltung, die der beruflichen Zukunft von Mädchen gewidmet ist - übrigens klingt* Mädchentag *einem Pressezitat gemäß „langweilig" - wie anscheinend auch der Rest der deutschen Sprache)*

girl[2]: Tänzerin *(in einer Gruppe)*

giveaway: Beigabe, Zugabe, Gratisprobe, kleines Geschenk, Kundengeschenk

glamor *(AE)*, **glamour** *(BE)*: (falscher) Glanz, Blendwerk, besondere Aufmachung, betörende Aufmachung

glamor queen *(AE)*, **glamour queen** *(BE)*: *ugs. für:* Filmschönheit, Reklameschönheit, *Klatschpressenpersönlichkeit*

glamour girl: *ugs. für:* Filmschönheit, Reklameschönheit

glamourös: glanzvoll, blendend, betörend, *Denglisch*

glitter: (starker) Glanz

global: weltweit, weltumspannend, *meist einfach:* welt-, *auch in*

  global banking: weltweites Bankwesen, weltweite Geldanlage

  global brain: Weltwissen

  global call, **GlobalCall** *(Denglisch)*: Auslandsgespräch, internationale Verbindung

  global learning: weltweites Lernen

  global mail: weltweite Post *(Deutsche Post)*

global player: internationaler Konzern, Weltunternehmen, Weltunternehmer, *weltweit agierende Firma*

global positioning system, GPS: satellitengestütztes Navigationssystem *(US-Version)*

global reach: weltweit erreichbar; globale Reichweite

global solutions: globale Lösungen, *weltumspannende Lösungen*

global sourcing: *weltweite Kapazitätennutzung,* weltweite Beschaffung

global system for mobile communications, GSM: *weltweiter Mobilfunkstandard*

global youngster: weltoffener Jugendlicher *(Unsinnkonstrukt), Denglisch*

global cuisine: Multikulti-Küche, *z. B.: Spaghetti mit Pekingente*

global village: Internetgemeinschaft; „globales Dorf"

globetrotter: Weltenbummler, Weltreisender

glossary: (Sach-)Wörterverzeichnis, Glossar *(aus dem Griechischen)*

glossig: glänzend, schimmernd, Glanz-, Hochglanz-, *Denglisch*

gloss spray: Glitzerhaarsprüher, -haarfestiger

go[1]!: los!, Auf geht's!, *so in der Kampagne der NRW-Regierung zu Unternehmensgründungen*

Go[2] (das): Erlaubnis, Einverständnis, Genehmigung, Zustimmung, grünes Licht *(Wirtschaft), Denglisch, siehe auch* **Okay**[2]

goal[1]: Tor, Treffer, Spielpunkt, *immer öfter in deutschen Fernsehsendungen zu Fußballfragen, auch in*

    goalgetter: Torjäger

    goalie, goalkeeper: Torhüter, Tormann, Torwart

goal[2]: Ziel, *auch im übertragenen Sinne*

go-between: Unterhändler, Vermittler, Mittelsmann; Makler

go east!: „Auf nach Osten!", *ein Projekt mit dem Ziel, mehr deutsche Studenten nach Osteuropa zu schicken, Denglisch*

go for gold!: Hole Gold!, Strebe nach Gold!, Gewinne!, Siege! *(Sport)*

go-gos: rüstige Senioren *(Erfindung einer bayrischen Politikerin), siehe auch* **no-gos** *und* **slow-gos**

going global: (Gang) auf den Weltmarkt

going public: Börsengang

golden goal: Entscheidungstor, goldenes Tor, *siehe auch* **silver goal**

golden parachute: "goldener Fallschirm" *(überhöhte Abfindung für einen Mitarbeiter in leitender Funktion)*

go live: Produkteinführung, Markteinführung

go market!: auf den Markt!, raus aus der Uni!, *Werbung für Unternehmensgründungen aus der Wissenschaft*

good aging: gesundes Älterwerden

good clinical practice: moderne Therapie, aktuelle Therapie

good guys: gute Kerle, die Guten, positive Helden *(z. B. im Film)*, *im Gegensatz zu* **bad guys**

good practice center: Übungsbetrieb *(Förderung von Benachteiligten in der beruflichen Bildung)*

good vibrations: gute Gefühle, „locker drauf"

goodwill[1]: (immaterieller) Firmenwert, Geschäftswert

goodwill[2]: Ansehen, guter Ruf

goodwill[3]: Wohlwollen, guter Wille

goodwill tour, **Goodwillreise** *(Denglisch)*: Sympathiewerbung, *Reise, um Unterstützung für Projekte zu erlangen*, Nettigkeitsreise

go online: *siehe* **online gehen**

go physics!: „Mit Physik anfangen!", „Physik machen (betreiben)!", *eine denglische Neubildung, die auch auf anderen Gebieten Schule machen könnte*

go-slow: Bummelstreik, Dienst nach Vorschrift

go to: gehe zu

go-to man: Ansprechpartner

GPS: *siehe* **global positioning system**

grading: Einstufung

grand design: weitreichendes Vorhaben, Vision

grand old lady: große alte Dame

grand opening: Neueröffnung; vollständige Eröffnung *(z. B. eines Erlebnisparks mit allen Attraktionen), siehe auch* **soft opening**

Grand-Slam-Turnier: Spitzenturnier *(im Tennis), Denglisch*

granny: Oma, Omi

graphical user interface, **GUI**: grafische (Benutzer-)Oberfläche, GBO

graphics: Zeichnungen, Grafiken, grafische Darstellungen

graphics card: Grafikkarte, Videoplatine *(EDV)*

Grasboard: *Grasbrett (Sommerversion des Schibretts), Denglisch, siehe auch* **snowboard**

great: groß, *auch in*

    Greatest-Hits-Album: *Platte mit den größten Erfolgen, Denglisch*

green: grün, *auch in*

    greenhorn: Anfänger, Neuling, Grünschnabel

green card: Arbeitserlaubnis, Aufenthaltserlaubnis, *Arbeits- und Aufenthaltsgenehmigung (für Spezialisten)*

greenkeeper: Platzwart, Rasenpfleger *(beim Golf)*

green line: „grüne Grenze", *speziell: Grenze zwischen den zyprischen Landesteilen*

green politics: Umweltpolitik

grid: Netz *(auf das Internet bezogen)*

grillroom: Imbissbude

grillwalker: Bauchladenimbiss, mobiler Grillimbiss, „wandelnde Imbissbude"

grip: (Reifen-)Haftung

groggy: abgearbeitet, geschafft, schlapp, überanstrengt, müde; betrunken

groove[1]: Spaß, Ungezwungenheit, Lockerheit

groove[2]: etwas Tolles, Fetziges

groove[3]: Rhythmus(-gefühl)

groove[4]: Rille, Nut

grooven[1]: sich einfühlen *(in die Musik), Denglisch*

groovie, groovend *(Denglisch)*, **groovig** *(Denglisch)*: toll, klasse, fetzig, in Ordnung

grooving, grooven[2] *(Denglisch)*: genießen, gut drauf sein

ground crew: Bodenpersonal *von Fluggesellschaften*, Bodenbegleiter, Flughafenbetreuer

ground hostess: weibliches Bodenpersonal *von Fluggesellschaften*, Bodenbegleiterin, Flughafenbetreuerin

grounding, grounden *(Denglisch)*: am Boden bleiben *(Flugzeuge)*, stranden *(Schiffe), verwendet als Synonym für:* Stillstand, Niedergang, Kollaps

ground zero: *Einsturzort des Welthandelszentrums in New York auf Grund des Anschlags vom 11.09.2001, ursprünglich: Zentrum einer Atombombenexplosion (deutsch: „Punkt Null")*

group: Gruppe, *auch in*

    groupware: Kommunikationsprogramm, Gruppenprogramm *(EDV)*

    group work: Gruppenarbeit

group executive committee, GEC: Vorstandssprecher

growth fund: Wachstumsfonds

GSM: *siehe* **global system for mobile communications**

guest: Gast, *auch in*

    guestbook: Gästebuch

    guesthouse: Gästehaus

    guestlist: Gästeliste

guide[1]: Führer, Erklärer, *auch in*

    guidance: Führung, Anleitung

    guided tour: geführte Tour, Führung *(z. B. im Museum)*

guide[2]: Führer *(d. h. ein Buch - wird in unzähligen denglischen Wortverbindungen verwendet, z. B. Weinguide = Weinführer)*

gum: Kaugummi, Gummi

gym bag: Sporttasche

H

Haarspray *(Denglisch)*: *siehe* **hairspray**
habit: Gewohnheit, Lernschritt, Verhaltensart
hacker: EDV-Knacker, Hacker, Programmierfuchs, Fummler, Tüftler, Eindringling *(EDV)*
hair: Haare, Haar - *gerade im Zusammenhang mit Haarpflegeprodukten hat der Anglizismus das deutsche Wort ohne Sinn und Gewinn verdrängt, auch in*
   hairbrush: Haarbürste
   hair care: Haarpflege, Haarschutz - *in der Werbung zum Beispiel der Firmen Wella und Schwarzkopf verschwimmt die Bedeutung vollkommen, hier etwa nur noch: „Haarmittel"*
   haircut: Haarschnitt
   hairdresser: Frisör/in, Haarpfleger/in, Haarkünstler/in
   hair energizer: Haarwasser
   hair repair: Haarerneuerung
   hairspray: Haarsprüher, Haarfestiger, Haarpflegezerstäuber
   hairstyle: Frisur, Haarmode
   hairstyler *(Denglisch)*, **hairstylist**: Frisör/in, Haarpfleger/in, Haarkünstler/in. *Besonders unsere Frisöre mögen sich gar nicht mehr mit ihrer Berufsbezeichnung anfreunden. Als ob der Beruf etwas Schändliches an sich hätte, suchen sie krampfhaft nach irgendwelchen denglischen Verschleierungen. Es nutzt aber nichts. Jeder weiß, dass ein* **hairstyler** *eben ein Frisör ist!*
   hairstyling: Haarformung
   hair tonic: Haarwasser
half-: halb-, *als Vorsilbe wie in*
   half-dry: halbtrocken
   halfpipe: Halbröhre, Schneerinne
   half-price day: Halbe-Preise-Tag, *Halbpreis-Tag*
   halftime: Halbzeit
   half volley: Halbflugball *(Tennis)*
Hall of Fame: *im übertragenen Sinne verwendet:* Ehrentafel, Bestenliste, *Denglisch (ursprünglich: Ruhmeshalle), siehe auch* **Walk of Fame**
ham and eggs: „Strammer Max", Schinken und Eier
handeln, händeln: handhaben, bearbeiten, umgehen *mit etwas, Denglisch*
handheld: Handrechner, Mobilrechner, *transportabler Rechner, siehe auch* **pocket-PC**
handicap[1]: Hindernis, Benachteiligung, Behinderung, Rückstand, Nachteil
handicap[2]: Vorgabe *(Spielerwertung im Golf)*

hand in hand: Hand in Hand *(z. B. nennt sich die verdienstvolle Kölner Vereinigung für krebskranke Kinder „Hand in Hand with Children" - das wird sicherlich durchweg englisch ausgesprochen)*

handling: Handhabung, Gebrauch, Umgang, Nutzung

handmade: von Hand gefertigt, Handarbeit

handout: Handreichung, Thesenpapier, Tischvorlage, Arbeitspapier

hands on: praktische Seminarübungen

handy[1]: handlich, nützlich, praktisch

handy[2]: Mobiltelefon, *Zellnetztelefon, Funkfon, Händi, Handfunk, Handtele-fon, Tragfon, denglisches Kunstwort, im Englischen heißt es „mobile phone" oder „cellular phone" - besonders irre: es taucht in der Presse jetzt schon die anglisierende Mehrzahl* **handies** *auf, auch in*

> **handy dating**: *Verabredung per Mobiltelefon, Denglisch*

handy bag: Müllsack

hangover[1]: Rest, Überbleibsel

hangover[2]: Kater, Katerstimmung, Katzenjammer; durchhängen

happening: Spontankunst, Aktionskunst, *auch arrangiertes ungewöhnliches künstlerisches Ereignis*

happy: glücklich, erfreut, fröhlich, gelöst, zufrieden, gut gelaunt, *auch in*

> **happiness**: glücklich sein; Wohlgefühl, Glück(-seligkeit)

> **happy birthday!**: Herzlichen Glückwunsch zum Geburtstag!, Alles Gute zum Geburtstag!, *Geburtstagswunsch*

> **happy birthday to you!**, **happy birthday dear *!**, **happy birthday to you!**: Viel Glück und viel Segen auf all deinen Wegen, Gesundheit und Frohsinn sei auch mit dabei!

> **happy end**: glücklicher Ausgang, gutes Ende, Endglück, *hauptsächlich für:* Schnulzenfilm, Schmonzette - *aber auch lustige Bezeichnung einer Toilettenpapiermarke*

> **happy few**: Glückskinder, *„die wenigen Glücklichen"*

> **happy hour**: „fröhliche Stunde", blaue Stunde, Angebotsstunde, *Trinkerglück, Rabattzeit, vor allem in Gaststätten und auf Ausflugs-schiffen kurze Zeiten mit Lockangeboten; im Karstadt-Restaurant vernünftigerweise auch:* Sparzeit

> **happy-TV**: Spaßfernsehen, Juxfernsehen

> **happy young learning**: *spielerisches Lernen*

HappyDigits: Bonuspunkte *(von Telekom und deren Partnerfirmen), Denglisch*

happy raining mini: Knirps *(kleiner Regenschirm)*

happy size: Übergröße

hardboiled: hart gesotten, abgebrüht

hard copy: Bildschirmausdruck, Papierkopie, Rechnerausdruck *(EDV)*

hardcore[1]: Pornofilm, *harte Form von* Erotikfilm; Hartversion, *siehe auch* **soft porn(o)**

hard core[3]: harter Kern

hardcover: (fest) gebunden, Festeinband, *Leinen- oder fester Karton-umschlag eines Buches, im Gegensatz zu* **paperback** *und* **softcover**

hard disk: Festplatte, Festspeicher *(EDV)*

hard drink: Spirituose, Schnaps, Hochprozentiger

hard-liner: Dickkopf, Sturkopf, Betonkopf, Falke, *jemand, der konsequent oder rücksichtslos seine Vorstellungen durchsetzt, einer, der über Leichen geht*

hardpack: Hartverpackung *(Papppackung)*

hardtop: Festverdeck *(für ein Cabriolet), auch der Wagen selbst, siehe auch* **retractable hardtop**

hardware: *Festbauteile, Gerät, Maschinenausrüstung, technische Bauteile in elektronischen Geräten, im Gegensatz zu* **software**

harvester: Vollernter *(Forstwesen)*

hate crime: Hassverbrechen *(z. B. gegen Menschen mit anderer Hautfarbe, anderer Religion, anderer sexueller Orientierung usw.)*

hat trick: Dreifachtreffer, *dreimaliger Torerfolg hintereinander in einer Halb-zeit durch denselben Spieler*

have: haben, nehmen, *auch in*

> **have a**: nimm, habe, *im Deutschen muss es oft nicht mit übersetzt werden, vor allem bei Wünschen, bspw.:*

> **have a nice day!**: Schönen Tag noch!, (Habe) einen schönen Tag!

> **have fun!**: Viel Vergnügen!

> **have-nots**: Habenichtse, Arme

HD-DVD: Speicherplatte, Speicherscheibe *(Film, EDV) - mit einer gegenüber der* **DVD** *bedeutend höheren Kapazität, Konkurrenzprodukt zur* **blue-ray disk**

HD-TV: *siehe* **high definition TV**

head: Haupt; ausführendes Organ; Leiter, Vorsitzender, Verantwortlicher, *auch in denglischen Produktnamen wie:* head and shoulders = Kopf und Schultern, *auch in*

> **head coach**: leitender Ausbilder, leitender Betreuer

> **headcount reduction**: Arbeitsplatzabbau, Entlassung, *siehe auch* **downsizing**[1]

> **header**[1]: Schlagzeile, Kopfzeile, Überschrift

> **header**[2]: Kopfteil *(eines Dokuments)*, Vorspann, *Gegenstück zum* **footer**[2]

> **headhunter**: Kopf(geld)jäger, Personalbeschaffer, Abwerber, Anwerber *von Führungskräften*

> **heading**[1]: Briefkopf, Überschrift, Titel, Rubrik

> **heading**[2]: Richtung, Route

> **headline**: Schlagzeile, Kopfzeile, Titelzeile, Überschrift

headliner: beste/r Mitarbeiter/in; *auch: einer der bzw. etwas das Schlagzeilen macht, „Schlagzeilenheld"*
headliner level: Spitzenniveau
head of communications: Pressechef
head office: Zentralbüro, Zentrale
headphones: Kopfhörer, Ohrhörer
headquarters, HQ: Hauptquartier, Zentrale, Oberkommando
headset: Freisprechanlage, -einrichtung
head start: Schnellstart, Schnellschuss
headstarter: Schnelllernprogramm
head-up display: (Kfz-)Projektor *(Informationen, die an die Frontscheibe projiziert werden)*
headwriter: Hauptautor *(für Fernsehsendungen)*
health: Gesundheit, *auch als Vorsilbe, auch in*
health card: Gesundheitskarte, *elektronische Patientenkarte, EU-einheitliche Krankenversicherungskarte*
health care: Krankenversorgung, -versicherung, Gesundheitsdienst
health care management: *(Organisation des) Gesundheitswesen(s), „Gesundheitsorganisation" (Hochschulstudiengang in Lübeck und in Bad Homburg)*
health club: Gesundheitsklub
health food: Gesundheitsnahrung, Heilkost, Kurkost, Reformkost
health insurance: Krankenversicherung
HealthMiles: *Gesundheitspunkte, Bonuspunkte einer deutschen Versicherungsgesellschaft - hier kommt alles zusammen, was Denglisch für Schwätzer ausmacht: Großbuchstaben im Wortinneren, nicht zusammenpassende Wortbestandteile, fehlender Bezug zur beabsichtigten Aussage, im Endeffekt also eine Formulierung voll an der Zielgruppe vorbei.*
heap[1]: Haufen
heap[2]: Halde, dynamischer Speicher *(EDV)*
hear: hören, *auch in*
hearer: Audiobuch, *Denglisch, im Englischen nur als „Hörer" bekannt*
hearing: *(öffentliche)* Anhörung
heavy: schwer, drückend, stark, *auch in*
heavy-duty: strapazierfähig, robust
heavy traffic: Schwerlasttransport(er), Schwerlastverkehr; Spitzenverkehr
Hedgefonds *(Denglisch)*, **hedge fond**: Kurssicherungsfonds, Risikokapitalfonds, Schutzfonds, *zumeist mit hochspekulativem Charakter*
Hedgegeschäft: Deckungsgeschäft, Termingeschäft *mit Risikoabsicherung, Denglisch*

heist movie: Kriminalfilm, Krimi, *eigentlich:* „Verbrecherfilm" *(Film, der sich auf den Ablauf eines Verbrechens konzentriert, weniger auf dessen Aufklärung)*

helicopter: Hubschrauber, *in deutschen privaten Fernsehsendern scheint man das deutsche Wort nicht mehr zu kennen; es wird fast nur noch das englische Wort verwendet, auch in*

> **heliport**: Hubschrauberlandeplatz
>
> **heliskiing**: Hubschrauberschi *(Schisport, bei dem der Läufer mit dem Hubschrauber auf den Berg gebracht wird)*

helpdesk: Auskunftsstelle, Störungsstelle, Notrufzentrale

helpline (service): Telefonbetreuung; Kundendienst; Notruf; Sorgentelefon

heranzoomen: *sich durch Verändern des Kartenmaßstabes an ein Ziel herantasten, siehe auch* **zoomen**

Herbstblues: Herbstdepression, *Absinken der Stimmung im Herbst, Denglisch*

hero: Held, Vorbild

hi-fi: *siehe* **high fidelity**

high[1]: abgehoben, begeistert, euphorisch, in gehobener Stimmung, *nach Drogenkonsum, sportlichen Anstrengungen, Erfolgen usw.*

high[2]: hoch, viel, sehr, *als Vorsilbe, auch in*

> **high availability**: Hochverfügbarkeit
>
> **highboard**: Hochschrank, *siehe auch* **sideboard**
>
> **highbrow**: hochgebildet, hochintellektuell; hochnäsig; edel, hochrangig
>
> **high care**: Spitzenversorgung, Zusatz-, Bestversorgung, *höchste Versorgungsstufe, siehe auch* **low care**
>
> **high-class**: hochwertig, hochrangig, *im Unterschied zu* **highbrow** *ohne gesellschaftliche Wertigkeit*
>
> **high-definition**: hochauflösend *(z. B. Bildschirme)*
>
> **high definition TV**, **HD-TV**: hochauflösendes Fernsehen
>
> **high density**: hohe Dichte, *z. B. beim Rechner*
>
> **high-end**: Edelausstattung, *im oberen Leistungs- oder Preisbereich;* (technisch) perfekt
>
> **high-end computing**: Hochleistungsrechnen
>
> **high event**: Großereignis, Spitzenereignis, Saisonhöhepunkt
>
> **highflier**, **highflyer**: Überflieger, Senkrechtstarter; Aktienrenner *(Börse)*
>
> **highlight**: Glanzpunkt, Sternstunde, Höhepunkt, Gipfel, Markstein, Glanzlicht, Zierde, Prachtstück, das Beste; Extraangebot, *Gegensatz zu* **lowlight**[1]
>
> **highlighten**: markieren, herausheben, herausstellen
>
> **high potential**: Akademiker, Hochqualifizierte/r, Fachmann/frau *(der Begriff wird u. a. im Zusammenhang mit einer entsprechenden Einwanderungsregelung verwendet)*

high-risk investment: hochriskante (Kapital-)Anlage *(Börse)*

High-Risk-Spiel: *Spiel mit hohem Risiko, Denglisch*

highs: Hochgeschwindigkeit

high school: Oberschule

high score: Höchstpunktzahl, Höchstergebnis

high society: die oberen Zehntausend, Oberschicht *der Gesellschaft,* „vornehme Gesellschaft", „die große Welt", *scherzhaft auch:* **high snobiety**

high speed: Hochgeschwindigkeit

high-speed action: temporeiche Handlung

high-speed copy: Schnellkopie, Hochgeschwindigkeitskopie *einer Kassette (EDV)*

high-speed skiing: Hochgeschwindigkeitsschifahren

high-speed story: temporeiche Erzählung

high spots: *städtisches* Ballungsgebiet

high-tech: *Kurzform von* **high technology**

high(-tech) fashion: Spitzenmode, technisierte Mode, Technomode

high technology: Hochleistungstechnik, Spitzentechnik, Spitzen-technologie, *siehe auch* **low-tech**

high fidelity, hi-fi: Klangtreue, -güte, Tontreue, *Gegensatz zu* **low fidelity**

highjacker: Flugzeugentführer, Luftpirat, *auch in*

highjacking: Flugzeugentführung; *Überfall mit Entführung*

highlife[1]: *exklusives gesellschaftliches Leben*

highlife[2]: Feier, Feierstimmung

high noon[1]: Mittag, zwölf Uhr

high noon[2]: Krisensituation, spannungsgeladene Atmosphäre, Höhepunkt, Extremspannung

highway: Fernstraße, Schnellstraße, *fälschlicherweise oft mit „Autobahn" gleichgesetzt, die jedoch einer* **interstate** *(AE) oder einem* **motorway** *(BE) entspricht*

hijacker: Flugzeugentführer, Luftpirat, *auch in*

hijacking: Flugzeugentführung; *Überfall mit Entführung*

hike, hiking: wandern

hillbilly: Hinterwäldler, *im AE wird auch das deutsche Wort „Hinterland" für die Gegend benutzt, aus der ein „hillbilly" stammt*

hill holder: Bergabfahrkontrolle, Rückrollsperre *(PKW)*

hill-start assist control, HAC: Berganfahrhilfe *von Toyota, siehe auch* **downhill assist control**

hint: Wink, Andeutung, Tipp

hip[1]: Spitzel

hip[2], **hipp** *(Denglisch)*: angesagt, modern, modisch, „ein Muss"

hiper: *persönlicher Standortbestimmer, persönlicher Lokalisierer (mit Hilfe von Satellitennavigation), siehe auch* **beeper**[2]

hip-hop: *aktuelle Jugendkultur, auch in*

> **hip-hopper**: *Jugendlicher, der sich für* **hip-hop** *begeistert*

hippie: Blumenkind, *jemand, der ursprünglich* **hip**[2] *war*

hire and fire: *heuern und feuern,* einstellen und entlassen

hiring freeze: Einstellungsstopp

history[1]: Geschichte, *z. B. die gleichnamige ZDF-Sendung*

history[2]: Verlauf, Suchverlauf

histotainment: Geschichten um Geschichte, Historienunterhaltung

hit[1]: Treffer, erfolgreiche Sache, Reißer

hit[2]: Spitzenschlager, Verkaufsschlager, Erfolgsmusik, *siehe auch* **evergreen**

hit[3]: Zugriff *auf eine Internetseite*

hit-and-run: Unfallflucht, zuschlagen und flüchten

hitchhike: Autostop, per Anhalter fahren, *siehe auch* **trampen***, auch in*

> **hitchhiker**: Anhalter

Hitparade[1]: Schlagerparade, *Denglisch*

Hitparade[2]: Bestenliste, *Denglisch*

hoax[1]: Fälschung; Falschmeldung, Zeitungsente

hoax[2]: *falsche Virenwarnung (EDV)*

hochvoten: *bei Abstimmungen oder Umfragen eine Position besonders forcieren,* hochstimmen, *Denglisch*

hold, call hold: Gespräch halten, Anruf halten, *oft benutzt in der Bandansage deutscher Telefonzentralen:* Hold the line!

Hold-Funktion: Anrufhaltefunktion, *Denglisch*

holding, Holdinggesellschaft *(Denglisch)*: Beteiligungs-, Dachgesellschaft

holiday: Urlaub, Ferien, Freizeit, Feiertag

holiday land: Urlaubsland

holocaust: Völkermord, Massenvernichtung, Judenvernichtung

home: Haus, Heim, Wohnung, *als Vorsilbe auch:* von zu Hause aus, *auch in*

> **home automation**: Hausautomatisierung

> **home banking**: Haus-Bankgeschäft, elektronische Kontoführung, *Kontoführung von zu Hause aus per EDV*

> **home care**: Hauspflege, häusliche Krankenversorgung

> **home carjacking**: Autoschlüsselraub, Einbruchsautoraub, Haus-Autoraub

> **home cinema**: Heimkino

> **home computer**: Heimrechner

> **home dress**: *bequeme* Haus- und Freizeitkleidung, Hausanzug

> **home entertainment**: Heimunterhaltungsgeräte *wie Fernsehgerät, Stereoanlage usw.*

homeland: Heimatland, *auch Siedlungsland der Ureinwohner während der Apartheid in Südafrika; in der Energiebranche:* Netzgebiet

home learning: Zuhauselernen, Daheimlernen *(mit Hilfe des Internets)*

homemade: hausgemacht, Hausmacher-

home network(ing): Hausnetz, Gerätenetz; *Haushaltsgerätevernetzung*

home office: Büro zuhause, Heimbüro

homepage: Start-, Haupt-, Begrüßungsseite *im Internet*, Internetpräsentation

home PC: Heimrechner

home server: *elektronische* Haustechniksteuerung

home service: Bringdienst

home shirt: Heimspielkleidung, Heimtrikot, *Trikot für Heimspiele (überall im Fußball üblich), siehe auch* **away shirt**

home shopping: Einkauf von zu Hause *über Telefon oder Internet*

home sitter: Haushüter

homesitting: Haus-, Wohnungsbetreuung, *siehe auch* **housesitter**

home story: *Bericht aus dem Privatleben*

hometown: Heimatstadt

home trainer, Heimtrainer *(Denglisch)*: Konditionssportgerät, *Ausgleichssportgerät für daheim,* Übungsgerät

home video: Heimvideo

home wear: Haus-, Freizeitkleidung

homing[1]: heimkehren, *ins eigene Heim zurückziehen, siehe auch* **cocooning**

homing[2]: *neuer Einrichtungsgeschmack*

home-order television: Fernseheinkaufskanal

home rule: Autonomie, Selbstregierung

home run: *höchster Treffer im Baseball; neuerdings von einer Politikerin verwendet für:* regionale Vermarktung von Agrarprodukten

honey: *(Kosewort:)* Liebling, Schatz, Süße/r, *eigentlich: „Honig"*; süß, *siehe* **sugar**, *auch in*

    honey mask: Honigmaske *(Kosmetik)*

    honeymoon: Honigmond, Flitterwochen

hooligan: Randalierer *(beim Sport)*, Schläger

hop-on-hop-off tour: Zusteige-Stadtführung, freie Stadtrundfahrt, *Bus-Stadtführung mit beliebigen Unterbrechungen*

hopping: „Hüpfen", schneller Wechsel *(in vielen denglischen Verbindungen verwendet, z. B.:* Ärztehopping, **Kassenhopping**, Versicherungshopping, **Inselhopping** *und spaßigerweise sogar* Klosterhopping*), siehe auch* **island hopping**

horror: Schrecken, Schauer, Angst, Grauen, Entsetzen, *auch in*

    Horrorfilm: Gruselfilm, Schreckensfilm, *Denglisch*

horror story: Schauergeschichte, *Schauermärchen*

horror trip: Schreckensfahrt, *haarsträubendes Erlebnis, unbeschreibliches Grauen, siehe auch* **bad trip**

horse: Pferd *(ersetzt bei Pferdetransporten immer häufiger das beliebte „Achtung! Turnierpferde!")*

host[1]: Gastgeber

host[2] **(computer)**: Zentralrechner, Hauptrechner, Wirtsrechner *(EDV)*

hosten: *räumliche Unterbringung und technischer Betrieb eines Rechners, Denglisch*

hostess: Messebegleiterin, -betreuerin, Gastgeberin, Tischdame, *siehe auch* **ground hostess**

hosting: Bereitstellung *(der Leistung eines Internet-Dienstrechners)*, Bereitstellung von Speicherplatz, Domänenverwaltung

hot: heiß, scharf, *auch im übertragenen Sinne, auch in*

  hot-air ballooning: Heißluftballonfahren

  hotline: „heißer Draht", Telefonhilfe, *telefonischer* Kundendienst

  hotliner: Kundenbetreuer *(am Telefon)*, Telefonbetreuer

  hot pants: *sehr kurze, enge* Damenhosen, Reizhöschen, heiße Höschen

  hotshot: toller Kerl

  hot spice: scharfes Gewürz

  hot spot[1]: toller Ort, „Muss"-Ort, *siehe auch* **in-spot**

  hot spot[2]: „heißer Fleck", „Funkinsel", Empfangsinsel, *öffentlicher Einwahlpunkt, öffentlicher Einwahlknoten, öffentliche drahtlose Zugangsmöglichkeit zum Internet, siehe auch* **wireless local area network**

  hot spot[3]: Krisenherd *(jeglicher Art)*

hot key: Kurztasten(-kombination) *(EDV)*

hot list: Schnellzugriffsliste *(Internet)*

hotten: tanzen; „heiße" Musik spielen, *Denglisch*

household waste: Haushaltsmüll *(Entsorgungsbranche)*

housekeeper: Verwalter; Haushälterin

housekeeping: Haushaltsdienst, Haushaltsführung

housesitter: Hausbewacher, -betreuer, *siehe auch* **homesitting**

housewalking: Hauswandlaufen *(Abenteuersport)*

housewarming party: Einzugsfest, Einweihungsfeier

housing area: Wohn-, Siedlungsgebiet; Wohnanlage

hovercraft: Luftkissenboot

hovern: *knapp über etw.* schweben *(z. B. Hubschrauber über einer Unfallstelle), mit Sicherheit einer der überflüssigsten Anglizismen, Denglisch*

how-to: Instruktion, Hilfestellung, Ratschlag *(z. B. zu Programmierproblemen, typisch für LINUX)*

HTML: *siehe* **hypertext markup language**

HTTP: *siehe* **hypertext transfer protocol**

hub[1]: Zentrum, Mittelpunkt

hub[2]: Sternkoppler, Knotennetzrechner; Datenverteiler *(EDV)*

hub[3]: Knoten(-punkt), Drehkreuz, *im übertragenen Sinne:* Dreh- und Angel-
punkt

human: menschlich, *auch in*

> **human being**: Mensch
>
> **human engineering**[1]: Sozialtechnologie, Ergonomie, soziale Arbeits-
> platzgestaltung
>
> **human engineering**[2]: Menschenführung *(insbesondere in Industrie-
> unternehmen)*
>
> **human power**: menschliche Arbeitskraft; *verallgemeinert:* eine der
> Ressourcen eines Unternehmens
>
> **human relations**: zwischenmenschliche Beziehung, Miteinander
>
> **human resource**: Personal, Mitarbeiter, Mitarbeiterpotenzial - *aus
> einem unbekannten Grund trennen sich die Personalabteilungen
> vieler Unternehmen von ihrer eigentlichen Bezeichnung und nennen
> sich nun z. B. „human resource department" oder auch einfach nur
> „human resource". Einige Personalentwicklungen zogen nach und
> nennen sich jetzt „human resource development". Ganz schlimm
> treiben es die Fachzeitschriften für Personalentwicklung, die nun fast
> alle das „human resource" im Untertitel tragen.*
>
> **human resource manager**: Leiter Personalwesen, Personalchef
>
> **human rights**: Menschenrechte
>
> **human touch**: menschlicher Aspekt, menschlich Berührendes

hunt, hunting: jagen

hunter: Jäger, Spitzenverkäufer, *in der Wirtschaft oft gebraucht im Sinne von:*
Abwerber

hurry up!: Beeilt euch!, Beeilung!

hydro power: *Kraftübungen im Wasser, Denglisch, siehe auch* **aqua fitness**

hype[1]: übersteigertes Interesse *an etwas,* gierig

hype[2], **hypen** *(Denglisch)*: künstliches Hochjubeln *von Produkten bzw. Ereignissen,* Medien-, Reklamerummel, *aggressive Werbung; lächerliches Prot-
zen*

hyper-: übermäßig, über etwas hinaus, *als Vorsilbe, etwa in*

> **hyper event**: Medienspektakel *mit rein kommerziellem Hintergrund*
>
> **hyperfiction**: *Literatur im Netz,* Netzliteratur, digitale Literatur *(neue
> Form der Literatur, die sich durch Interaktivität, Intermedialität und
> Inszenierung auszeichnet)*
>
> **hyperlink**: Querverbindung *im Internet,* Querverweis *im Internet*
>
> **hypertext**: Verweistext, *Text mit anklickbaren Querverweisen*
>
> **hypertext markup language**, **HTML**: *Programmiersprache für
> Internetseiten*

hypertext transfer protocol, HTTP: Internet-Übertragungsprotokoll
hyphen: Bindestrich

I

I: ich, z. B. in den beliebten Autoaufklebern Marke „I like Wattenscheid".
Ein innovatives Gegenstück sieht man mitunter in Norditalien: „I bin a Süd-
tiroler".

IBAN: siehe **international banking account number**

ICE[1], **Intercityexpress**: Städteexpress, Städteblitz (sehr schöne Eindeutschung von Heinrich Heeger, dem langjährigen Leiter des Hamburger Ver-
eins für Sprachpflege), Hochgeschwindigkeitszug, HGZ, Denglisch

ice[2]: Eis, auch in

    icebreaker: Eisbrecher, Aufwärmgetränk

    icebreaker party: Aufwärmempfang, Aufwärmbegrüßung

    ice cream: Eiscreme, Speiseeis

    ice crusher, Eiscrusher (Denglisch): Eiszerkleinerer

    ice show: Eisparade

    ice tea: Eistee

icon[1]: Symbol; Heiligenbild

icon[2]: Bildsymbol, Bildknopf, Schaltknopf, Zeichen (EDV); Piktogramm

Ideenmanagement: betriebliches Vorschlagswesen, Denglisch

identifier, ID: Kennzeichner, Kennwort, Kennung

identity: Selbstverständnis, Identität, Gestalt

identity card, ID (card): Personalausweis, Ausweis

illumination: Beleuchtung

image[1]: Vorstellung, Ruf, auch in

    imagine: sich vorstellen

image[2]: Bild, Abbild, Erscheinungsbild, Ansehen, auch in

    image map: Bildersymbolseite, verweissensitives Bild im Internet

imho (in my humble opinion): nach meiner bescheidenen Ansicht

impact: Einfluss, Auswirkung, Einschlag, Schlagkraft, Aufprall, Eindruck

impeachment: öffentliche Anklage gegen Politiker, z. B. Amtsenthebungs-
verfahren des US-Präsidenten

implement[1]: einführen, einsetzen, erfüllen, vollziehen, auch in

    implementation force: Polizeitruppe, Einsatztruppe

implement[2]: implementieren, programmieren (EDV)

important: gewichtig, bedeutend

imprint: Impressum

impurities: Fremdmaterial, Verunreinigungen *(Entsorgungsbranche)*

in[1]: aktuell, modern, beliebt, zeitgemäß, *auch in*

    in sein: dazugehören, modern sein, zeitgemäß sein, *Denglisch*

in[2] **(2007)**: im Jahre (2007)

in action: in Bewegung, im Einsatz

in-between: textiles Rollo, *moderner Gardinenersatz*

Inboard-Motor: Innenbordmotor, Innenborder, *Denglisch, siehe auch*
    Outboard-Motor

inbound (calls): *eingehende Telefonate,* Telefonannahme *im Kundendienst,*
    siehe auch **outbound**

incentive: Anreiz, Belohnung, Ansporn, Anreizmaßnahme *zur Leistungs-*
bereitschaft, auch in

    incentive bonus: Leistungszulage

incident: Vorfall, Zufall, Gelegenheit

inclusive tour: Inklusivreise, Pauschalreise, *vgl.* **all-inclusive**[2]

income-consumption function: Einkommen-Verbrauch-Funktion

in concert: gastieren, Auftritt, *oft ist das Wort vollkommen überflüssig, z. B.*
wenn ein Sänger oder ein Orchester mit **in concert** *angekündigt wird*

incorporate: aufnehmen, eingliedern, *(amtlich)* eintragen

incorporation: Einverleibung

increase: wachsen, vermehren; Zunahme, Wachstum

increment: Wachstum, Zuwachs, Zunahme, Steigerung

Indentgeschäft: Auslandsauftrag *mit Risikoabsicherung, Denglisch*

independent: unabhängig; Unabhängiger *(z. B. Künstler), auch in*

    independent film: unabhängiger Film *(außerhalb der etablierten*
    Filmindustrie produziert)

    independent label: *siehe* **indie label**

    independent music: unabhängige Musik *(außerhalb der etablierten*
    Musikindustrie produziert)

index print: Inhaltsübersicht, *speziell über Filmbilder*

indie: *Kurzform von* **independent**, *auch in*

    indie label: unabhängige Plattenfirma

    indie music: *siehe* **independent music**

indoor: in einem Gebäude *(stattfindend)*, im Haus, in der Halle, Hallen-,
Haus-, *auch in*

    Indooranwendung: Eigen-, Im-Haus-, Innenanwendung, *Denglisch*

    indoor event: Hallenveranstaltung, Hausveranstaltung

    indoor market: Verkaufshalle

    indoor park: Hallenspielpark

Indoorpflanzen: Zimmerpflanzen, *Denglisch - die Verknüpfung von* **indoor** *mit deutschen Ausdrücken entwickelt sich zur Seuche, so gibt es laut MDR auch schon Indoorkatzen!*

indoor sports: Hallensport

industrial: industriell, *auch in*

industrial design: (Zu-)Schnitt, Gebrauchsgestaltung, industrieller, gewerblicher Entwurf, (industrielle) Formgestaltung, (industrielle) Formgebung

industrial engineer: Betriebsingenieur

industrial engineering[1]: Ingenieurwesen, Fertigungstechnik

industrial engineering[2]: Industrieökonomie, *Rationalisierung industrieller Prozesse durch wirtschaftswissenschaftliche Maßnahmen*

industrial relations: industrielle / gewerbliche Beziehungen

industries: Industrie, Industriezweige, Werke; *(einzelnes)* Industrieunternehmen *(auch kleinere deutsche Unternehmen verwenden gern den Anglizismus, während sie die deutsche Bezeichnung als offensichtliche Übertreibung meiden)*

industry lines: Branchen

in-flight entertainment: Flugunterhaltung

Inflightmagazin: Bordmagazin *(im Flugzeug)*, *Denglisch*

info broker: Informationsvermittler, -händler, -makler

info center: Informationsstelle, Informationszentrum, Nachrichtenzentrale, Beratungsstelle

info channel: Informationskanal

info corner: Informationsstelle

info flyer: Informationsblatt

info highway: *siehe* **information highway**

info hotline, info line: Informationstelefon, *Infodraht,* Informationsrufnummer, Auskunftsrufnummer, Schnellauskunft, *siehe auch* **hotline**

info letter: Infoblatt, Infobrief, Informationsblatt, Informationsbrief

info management: *Informationsverbreitung im Unternehmen*

infomercial: Informationswerbung, Dauerwerbesendung

info overkill: Informationsüberflutung

info point: Informationsstelle *(so z. B. auch bei der FDP-Parteizentrale in Berlin)*

information (point): Auskunft, *auch in*

information highway, info highway: Datenautobahn *(EDV)*, *siehe auch* **communication highway**

information life cycle management, ILM: *lebenszyklusabhängige (elektronische) Informationsverwaltung. Der Bearbeitungsaufwand von Informationen wird von deren Lebensalter abhängig gemacht - eine uralte Verfahrensweise, für die sich nur die technischen Mittel geändert haben.*

information overflow: *Reizüberflutung*

information retrieval: Informationswiedergewinnung, -rückgewinnung, *Wiederauffinden von Informationen, siehe auch* **data mining**[1]

information services: Auskunft, Vermittlung

information technology, IT: Informationstechnologie, Informatik

info service: Informationsdienst

infotainment: unterhaltsamer Sachbericht, Sachgeschichte, *unterhaltsame Informationsdarbietung, verständliche Darstellung komplexer Zusammenhänge, siehe auch* **edutainment**

info terminal: (elektronisches) Schwarzes Brett

in front (of): führend, an der Spitze

in-home: im Hause, häuslich, Haus-, Heim-

in-house: im Hause, (firmen-)intern, innerbetrieblich, z. B. Im-Haus-Seminare *im Gegensatz zu offenen Seminaren, auch in*

  In-House-Schulung: interne Schulung, Im-Haus-Schulung, *Denglisch*

  in-house team: interne(r) Dienstleister

initialization: Initialisierung

initial public offering, IPO: Börsenstart *eines Unternehmens*

injection: Einspritzung, Injektion

ink-jet printer: Tintenstrahldrucker

inlay: Einlage, Zahnfüllung, Plombe

in-line: in Reihe, *auch in*

  in-line skater: Gleitroller *(Sportler)*

  in-line skates, Inliner *(Denglisch)*: Gleitroller, Straßenschlittschuhe, *siehe auch* **rollerblades**

  in-line skating, inlineskaten *(Denglisch)*, **inlinen** *(Denglisch)*: Rollschuh laufen

inner-space research: Meereskunde, Meeresforschung

inner strength: innere Stärke, innere Kraft

innovation: (Er-)Neuerung, Weltneuheit, Innovation

in office: amtierend, im Amt

input: Eingabe, Einsatz, zugeführte Menge, *vgl.* **output**, *auch in*

  input/output, i/o: Ein- und Ausgabe

  Input-Output-Analyse: Einsatz-Ausstoß-Analyse, *Denglisch*

insect repellents, repellents: Insektenabwehrstoffe, *Lästizide*

insert: einlegen, einfügen; Einlage, Einsatz, Einschub

inside: Inneres, innen, *auch in*

  insider: Kenner, Sachkundiger, Eingeweihter

  Insidergeschäft: Klüngelgeschäft, *Denglisch*

  insider story: Geschichte aus erster Hand

  Insidertipp: Geheimtipp, *Denglisch*

  Insiderwissen: Geheimwissen, *Denglisch*

insourcing: Eingliedern *von Aufgaben / Leistungen*

in-spot: toller Ort, „Muss"-Ort, *siehe auch* **hot spot**[1]

install: einsetzen, einrichten, installieren

instant: Augenblick, Moment; gebrauchsfertig, vorgefertigt, sofort löslich, *auch in*

>   **instant coffee**: Pulverkaffee

>   **instant food**: Fertigkost

>   **instant meal**: Schnellgericht

>   **instant message**: Blitzmeldung, Sofortnachricht

>   **instant messenger**: Direktmitteilung, *Echtzeitversand (von Nachrichten im Internet)*

instruct: anleiten, instruieren, *auch in*

>   **instruction**: Anleitung, Anweisung, Befehl

>   **instruction set**: Befehlsliste *eines Rechners*

>   **instructor**: Ausbilder, Weiterbilder, *siehe auch* **teacher, trainer**

insurance: Versicherung

integrated learning: integriertes Lernen *(Lösungsfindung zu konkreten Fragestellungen, indem man diese in die Rahmenbedingungen integriert betrachtet)*

integrated services digital network, **ISDN**: digitales Daten- und Telefonnetz

integration: Einbeziehung, Eingliederung

intellectual property: geistiges Eigentum

inter: zwischen

interaction: Wechselwirkung, Interaktion

interactive driving system, **IDS**: Interaktivfahrwerk, *Fahrwerkssystem von Opel (Kombination der bisher bekannten Systeme ABS, ESP usw.)*

interactive meeting: *Besprechung, bei der man etwas sagen darf - da dies aber bei Besprechungen normal sein sollte, haben wir hier ein Musterbeispiel für einen überflüssigen Anglizismus für verzweifelte Einberufer von Besprechungen, zu denen kein Mensch mehr gehen will.*

interactive store: Internetladen

Intercity, **IC**: (Städte-)Schnellzug

Intercityexpress, **ICE**: Städteexpress, Hochgeschwindigkeitszug, HGZ

interconnection: Zusammenschaltung *(der Telefonnetze von Telekom und ihren Mitbewerbern)*

interface[1]: Schnittstelle, Verbindung, Anschluss, Buchse

interface[2]: (Benutzer-)Oberfläche *(EDV)*

interlink: verketten, kuppeln; Zwischenglied

intermediate care: koordinierte Versorgung

intermediates: Halbprofilreifen *(Formel 1)*

international banking account number, **IBAN**: internationale Kontonummer

international business administration: internationale Betriebswirtschafts-lehre

international business science, IBS: internationale Betriebswirtschaftslehre *als Studiengang - Betriebswirtschaftslehre hatte eigentlich immer eine internationale Ausrichtung; gemeint ist wohl, dass der Studiengang in englischer Sprache durchgeführt wird.*

international mobile equipment identity, IMEI: *internationale Mobiltelefon-*Seriennummer

Internet: *Weltnetz, Netz - es handelt sich bei* **Internet** *nicht wirklich um einen überflüssigen Anglizismus, aber die Sprachgemeinschaft setzt häufig die genannten deutschen Entsprechungen ein, auch in*

> **Internet booking engine**: Netzbuchung*(seinrichtung), speziell: Fahr-kartenverkauf(seinrichtung) über das Internet (Deutsche Bahn)*

> **Internet brokerage**: E-Wertpapiergeschäft

> **Internet by call**: Einzelwahl *(von Internetanbietern ohne Vertrag),* Auswahlnummer, *fallweises Wählen, Denglisch,* siehe auch **call by call**

> **Internet economy**: Internetwirtschaft

> **Internet marketing**: Internetvermarktung, *siehe auch* **marketing**

> **Internet provider**: Internetzugangsanbieter, Internetanbieter

> **Internet shopper**: Internetkäufer

> **Internet shopping**: Internet(ein)kauf

> **Internet site**: Internetpräsentation, Netzstandort

internship: Praktikum, Referendariat

interplay: Wechselspiel

interpreter[1]: Interpretierer, Interpretierprogramm, *schrittweise abarbeitender Übersetzer (EDV)*

interpreter[2]: Dolmetscher

Interrail: Euro-Bahnkarte

interrupt: unterbrechen *(EDV)*

interspace: Zwischenraum

in time: rechtzeitig, pünktlich, zeitscharf, *siehe auch* **just-in-time**

Intradayhandel: Innertageshandel, taggleicher Aktienhandel, *Denglisch*

intranet, intraweb: firmeneigenes Netzwerk, internes Netz, Firmennetz *(EDV)*

introduction: Einführung, Einleitung

intruder: Aufklärer, Aufklärungsflugzeug

investigation: Erforschung, Untersuchung, Nachforschung, Ermittlung

investment: Investition, Kapitalanlage, *auch in*

> **Investmentanlage**: Anlage in Investitionen, *Denglisch*

> **investment banking**: Geldanlage, -verwaltung, Geldgeschäfte

> **Investmentfonds**: Geldanlagefonds, *Denglisch*

> **investment trust**: Anlagegruppe, Anlegergruppe, Kapitalanlage-gesellschaft

investor hotline: (Kapital-)Anlegertelefon

investor relations: (Kapital-)Anlegerpflege, (Kapital-)Anlegerbeziehungen

invited speaker: Gastredner, -referent, eingeladener Redner *bzw.* Referent

invite only: Einlass nur mit Einladung, nur auf Einladung - *erfahrungsgemäß sollte man solche Einladungen niemals annehmen; man bekommt sinn- und ästhetikfreie Kunst zu sehen und sinnfreie, aber anglizismenreiche Reden zu hören; Büfett und Getränkeangebot sind meistens erbärmlich.*

invoice: Rechnung

ISDN: *siehe* **integrated services digital network**

island hopping, Inselhopping *(Denglisch)*: Inselrundfahrt, "Inselhüpfen", *eine Form des Urlaubs, bei der per Flugzeug oder Schiff von einer Insel zur nächsten gereist wird*

issue[1]: Frage, Gegenstand, Problem, Thema

issue[2]: Ausgabe, Lieferung

IT: *siehe* **information technology**

item: Stück, Gegenstand

i-wear: intelligente Kleidung *(z. B. integriertes Mobiltelefon)*

J

jab: Kurzhaken, kurze Gerade *(Boxen)*

Jacketkrone: (Zahn-)Mantelkrone, Porzellanmantelkrone, *Denglisch*

jackpot: Gewinntopf, Einsatz, Haupt-, Großgewinn

jam[1]: Marmelade, Mus

jam[2]: Papierstau, *siehe auch* **paper jam**

jam[3]: Kollisionswarnsignal

jam session: Spontanmusik, Zusammenspiel, Gaudi, *improvisiertes Musikstück oder Zusammenspiel*

Jeep™: Geländewagen *(allgemein gebraucht, auch ohne Bezugnahme auf das eingetragene Warenzeichen), Denglisch*

jet: Düse, Strahl, *kurz auch für:* Düsenflugzeug, *auch in*

    jet engine: Turbine, Düsenantrieb, Strahltriebwerk

    jetliner: Düsenlinienflugzeug, Linienflieger

    jet printer: *siehe* **ink-jet printer**

    jet stream: Strahlstrom, schneller Höhenwind, *spezielle dauerhafte Luftströmung in großer Höhe*

    jetten: rasen, fliegen, düsen, *Denglisch*

jet lag: Zeitkrankheit, Zeitwechselprobleme, „Flugkater"

jet set: *internationale Spitzen der Gesellschaft,* Schickeria

jingle[1]: Geklimper, Klingeln, *auch in*

    jingle bell: Schelle, Klingglöckchen

jingle[2]: Merkvers, Werbeansage

jingle[3]: Erkennungsmelodie

job[1]: Arbeit, Gelegenheitsarbeit, Beschäftigung; Erwerbsarbeit; Posten, Stelle, Arbeitsplatz, *auch in*

    Job-Aqtiv-Gesetz: *Arbeitsvermittlungsgesetz, Denglisch („Aqtiv" bedeutet: „Aktivieren, Qualifizieren, Trainieren, Investieren, Vermitteln" - das scheint sogar fast gutes Deutsch zu sein)*

    job balance: Arbeitsplatzbilanz

    jobben: arbeiten, schaffen; gelegentlich, nebenher arbeiten, *Denglisch*

    jobber: Gelegenheitsarbeiter

    Jobberei: Gelegenheitsarbeit, *Denglisch*

    job broker: Arbeitsvermittler, Arbeitsbeschaffer

    job card, Jobkarte *(Denglisch)*: Arbeitsauftrag, Arbeitsanweisung

    job center: *Arbeits(vermittlungs)zentrum, Denglisch (entsteht in Realisierung der Hartz-Gesetze aus dem bisherigen Arbeitsamt)*

    job counseling: Arbeitsberatung

    job evaluation: Arbeitsplatzbewertung

    job floater: *Arbeitsplatz(schaffungs)anleihe, Programm „Kapital für Arbeit", zinsgünstiger Kredit für kleine Betriebe, wenn sie einen Arbeitslosen einstellen (Hartz)*

    job guide: Stellenverzeichnis

    job-hopper: Wechselarbeiter, Springer, *jemand, der rasch die Arbeitsplätze wechselt oder durch systematischen Wechsel Karriere machen will*

    job hopping: *häufiger Arbeitsplatzwechsel*

    Jobkarte *(Denglisch)*: siehe **job card**

    job-killer: *Methoden, die Arbeitsplätze abbauen,* Arbeitsplatzvernichter, Arbeitsplatzabbauer

    jobless: arbeitslos

    Jobmaschine: *Unternehmen, das verstärkt neue Arbeitsplätze schafft (Politikerdeutsch), Denglisch*

    job rotation: Arbeitsplatzwechsel

    job sculpting: Eignungszuschnitt, Neigungsbezug, Stelle nach Maß *(das ist die Kunst, für Menschen genau die Arbeitstätigkeiten zu finden, die jeweils ihrem innersten Interesse im Beruf entsprechen)*

    jobsharer: Teilzeitkraft

    job-sharing: Arbeitsplatzteilung

    job ticket: Arbeitsfahrschein

Job-to-Job-Vermittlung: Arbeitsvermittlung *bei Kündigung, Denglisch (Hartz)*

    job training: Praxisausbildung, praktische Ausbildung

job[2]: Aufgabe, Auftrag *(EDV), auch in*

    job control: Aufgabensteuerungsaufsicht

    job processing: Auftragsabarbeitung, -abwicklung

jog: trotten, traben, *auch in*

    joggen: dauerlaufen, freizeitlaufen, *Denglisch*

    jogger: Dauerläufer, Freizeitläufer; Laufbekleidung

    jogging: Dauerlauf, Freizeitlauf, Geländelauf, *früher auch:* Waldlauf

jog dial: Menüauswahl *(durch ein kleines Rädchen)*

jog shuttle: Suchlaufrad, Einzelbildauswahl *(durch ein kleines Rädchen)*

join: mitmachen, beitreten

joint[1]: Gelenk

joint[2]: Zusammenfügung, Verbindung, *auch in*

    joint venture: Gemeinschaftsunternehmen, Firmenverbund, *selbstständiges Unternehmen im Rahmen einer Unternehmenskette*

joint[3]: Haschisch- *oder* Marihuanazigarette

joke: Witz, Scherz, Spaß

joker: *Bonusspielkarte, Ersatzkarte;* Trumpf, *auch im übertragenen Sinne, z. B. im Sport*

journal(l)ing[1]: Buchführung *(EDV)*

journal(l)ing[2]: Protokollierung

joy: Spaß, Freude

joypad: Steuerkonsole, *nierenförmige Steuerung für elektronische Spiele*

joyriding: Spritzfahrt, Spaßfahrt

joystick: Steuerknüppel *(für Spiele, aber auch in modernen Flugzeugen)*, Steuerhebel, Spielhebel

judgment: Urteil, Richterspruch

juice: (Frucht-)Saft

jump: Sprung, *auch in*

    jumpen: springen, hüpfen, sich beeilen, laufen, *Denglisch*

jumper[1]: Joppe, Matrosenjacke, *(sportlicher)* Damenpullover

jumper[2]: Steckverbindung, Steckbrücke *(EDV)*

jump suit: Einteiler

junior management: Führungsnachwuchs

junk[1]: Trödel, Ausschuss

junk[2]: Dreck, Abfall, Schrott, *auch in*

    junk bonds: minderwertige Aktien, Betrügeraktien, Müllaktien

    junk food: Schundessen, Fraß, *Nullnährwert, qualitativ minderwertiges Nahrungsmittel*

    junk mail: Müllpost, Papierkorbsendung, *Postwurfsendung im Internet*

junkie[1]: Rauschgiftabhängiger, Fixer

junkie[2], **computer junkie**: Rechnersüchtiger, *siehe auch* **nerd**[1]

juror: Mitglied eines Kampf- *bzw.* Preisgerichts, *Mitglied einer* **jury**[2]

jury[1]: Schwurgericht, Geschworene

jury[2]: Kampf-, Preisgericht

just[1]: genau, gerade

just[2]: gerecht, rechtens

just[3]: angemessen

just be smokefree: „schnell rauchfrei werden", *völlig überflüssige denglische Bezeichnung eines deutschen Raucherentwöhnungsprogramms für Jugendliche*

just for fun: nur so, nur zum Spaß, reiner Zeitvertreib

just for you: nur für dich, *in vielen Werbungen und Werbesendungen, die sich an Jugendliche richten*

just good music: einfach gute Musik, *so in einer Werbung für eine* **CD** *mit deutschen Schlagern*

just great: einfach toll

just-in-sequence: produktionssynchron *(Synchronisation von eigentlicher Montage und Zulieferindustrie, z. B. im Automobilbau)*

just-in-time: zeitgenau, termingenau, pünktlich; zeitlich abgestimmt; rollende Lagerhaltung, rollende Lager(-flächen), Lieferung bei Bedarf

just married: frisch verheiratet, gerade verheiratet - *kann eine Ehe gut gehen, die sich schon zu Beginn an einer Seifenoper orientiert? Möglicherweise reicht es gerade noch bis zum Autoaufkleber „Kevin on Board".*

K [vgl. auch C und Z]

Kaffee to go *(Denglisch)*: *siehe* **coffee to go**

Kamerahandy: *Mobiltelefon mit Fotofunktion, Denglisch, siehe auch* **mobile imaging**

Karrierecoaching: Karrierehilfe, -unterstützung, *Denglisch*

kart race, **Kartrennen** *(Denglisch)*: Kleinstrennwagenrennen, Seifenkistenrennen

Kassenhopping: (Kranken-)Kassenwechsel, *Denglisch (Politikerdeutsch)*

keep: behalten, bewahren, *auch in*

    keep cool!: bleib locker!, bewahr die Ruhe!, Kopf hoch!

keeper[1]: Inhaber

keeper^2: Torwart, Tormann, Torfrau - *gerade die Sportkommentatoren der öffentlich-rechtlichen Fernsehprogramme versuchen durch die hemmungslose Verwendung des überflüssigen Anglizismus einen Hauch von Modernität zu gewinnen, siehe auch* **goalkeeper**

keep smiling: (immer nur) lächeln

kernel: Systemkern, Kern

key^1: Schlüssel, *auch in*

    keycode: *(elektronisches)* Kombinationsschloss

    keynote speaker: Hauptredner

    keynote speech^1: Hauptrede

    keynote speech^2: *richtungsweisende Rede*, Grundsatzrede, *Denglisch*

    key people: *Leute in Schlüsselpositionen*

    key personnel: Führungspersonal, leitende Mitarbeiter

    key player: Schlüsselunternehmen; *Mitarbeiter oder Mitbewerber in einer Schlüssel- oder Machtposition*

    key position: Schlüsselstellung

    key user: Hauptnutzer

    key word: Stichwort, Suchwort *(für Datenbankrecherchen)*

key^2: Taste, *auch in*

    keyboard^1: Klaviatur, Tastatur

    keyboard^2: *(elektronisches) Tasteninstrument*

    key logger: *(geheimer, heimlicher, versteckter)* Eingabeprotokollierer, *siehe auch* **spyware**

    keypad: (Folien-)Tastatur, (kleine) Tastatur, Tastenfeld

key^3: Tonart

key account: Hauptkunde, Großkunde

key accounter: *siehe* **key account manager**^{1}

key account management, **Key-Account-Betreuung** *(Denglisch)*: Haupt-, Großkundenbetreuung

key account manager^1: Haupt-, Großkundenbetreuer, *erster Ansprechpartner für die wichtigsten Kunden eines Unternehmens*

key account manager^2: (Haupt-)Buchhalter

kick^1: Erregung, Schwung, Antrieb, Hochstimmung, Nervenkitzel

kick^2: Tritt, Stoß, Schuss, *auch in*

    kick-and-rush: Schuss und Durchbruch; schießen und stürmen

    kickboard: Stadtroller, Tretroller, Roller, *siehe auch* **motionboard**

    kickboarden: rollern, *Denglisch*

kickback: Provision

kick-down, **kick-start**: Vollgas, Kavaliersstart

kicken: Fußball spielen, *Denglisch*

kicker: Fußballspieler/in, Fußballer/in

kick off: wegstoßen, wegschlagen; Abstoß, Anstoß, Start

kick-off meeting: Auftaktveranstaltung *(für ein neues Projekt oder eine neue Kampagne)*; Auftaktsitzung, Eröffnungssitzung; Begrüßungsabend

Kick-off-Veranstaltung: Anlauf-, Anstoßveranstaltung, Eröffnung, *Denglisch*

kick-starter: Tretanlasser, *Anlasshebel bei Motorrädern*

kiddies: (kleine) Kinder, *siehe auch* **kids**, *auch in*

    Kiddiechic: Kindermode, *Denglisch*

kid guard: *Kinderaufpasser, Schülerlotse, Kinderlotse (z. B. jemand, der Kinder auf dem Schulweg begleitet oder ihnen über die Straße hilft, aber sie im Extremfall auch vor Kinderschändern zu schützen sucht)*

kidnap, kidnappen *(Denglisch)*: entführen

kidnapper: Entführer, Geiselnehmer

kidnapping: *(Kindes-)*Entführung, Menschenraub

kids: Kinder, Jugendliche, *nicht im Singular benutzt, zweite Bedeutung Denglisch, siehe auch* **kiddies**, *auch in*

    kids' corner: Kinderecke, Spielecke *(z. B. in Restaurants, Geschäften usw.), siehe auch* **children's corner**

    kids' health: Kindergesundheit

kill, killen *(Denglisch)*: töten, umbringen, kaltstellen, *auch in*

    killer: Totschläger, (Auftrags-)Mörder, *oft nur:* Entferner, *z. B.* Insektenkiller, Flusenkiller, Tintenkiller

    Killerapplikation: *markteroberndes System (für neue Produkte und Dienstleistungen), Denglisch*

    Killerinstinkt: unbedingter Tordrang; Zuschlagen im richtigen Moment, *auch symbolisch, Denglisch*

    Killerspiel: *brutales Spiel am Rechner (auch mit Hilfe des Internets), Denglisch, siehe auch* **e-sports**

king: König, Anführer, der Größte, Wichtigtuer, „Großkotz", *mittlerweile für alle irgendwie herausragenden Personen:* Fußballking, Formel-1-King, Talkking *usw., auch in*

    king-size: Königsformat, Großformat, *übergroßes Produkt*

Kioskterminal: *(rechnergestützter) multimedialer Stand, Denglisch*

kiss & ride: Abschiedsbereich *(vor Bahnhöfen)*

kit[1]: Baukasten, -satz, *auch in*

    kitcar: Autobausatz, Bausatz-Auto

kit[2]: Ergänzungsmodul *(EDV), siehe auch* **plug-in**

kitchen: Küche, *auch in*

    kitchenette: Kochnische, offene Küche

kite[1]: Drachen *(Spielzeug)* - *irgendwie mögen die Menschen diesen Anglizismus nicht; das Drachenmuseum in Detmold nennt sich „Arte-Kite-Museum" und leidet an einem dramatischen Besucherschwund, der aber durch Steuergelder ausgeglichen wird.*

kite[2]: Surfschirm, *auch in*

    kitesurfen: *drachensegeln, Denglisch, siehe auch* **windsurfen**

Klickadventure: *(Abenteuer-)Rechnerspiel, Denglisch*

Kneippness: Wohlfühlprogramm, Sport- und Gesundheitsprogramm *(nach Kneipp)*, *Kombination von* Kneipp*schen Anwendungen und* **wellness**, *Denglisch, siehe auch* **Wellnessprogramm**

knit: stricken, *auch in*

    knitware: Strickware, Wollzeug

    knitwear: Strickkleidung

knock: Schlag, schlagen, stoßen, *auch in*

    knock down: niederschlagen

    knockout, k.o.[1]: Bewusstlosigkeit; *beim Boxen durch Niederschlagen des Gegners siegen*

    k.o.[2]: *im übertragenen Sinne:* fertig, kaputt, erschöpft

know: wissen, können, *auch in*

    know-how: gewusst wie, (Fach-)Wissen, Sachkenntnis, *„Wissen und Können"*

    know-nots: Unwissende, Dummköpfe, Informationsarme, Ahnungslose

knowledge: (Fach-)Wissen, *auch in*

    knowledge discovery: *(rechnergestützte) individuelle Kundenwerbung, siehe auch* **business intelligence**, **data mining**[2], **data warehousing**

    knowledge management, KM: Wissensverwaltung, *gezielter Umgang mit Wissen*

    knowledge representation: Wissensrepräsentation, -abbildung

Kombine: Mähdrescher, *Denglisch*

Kompaktvan: *kompakter familiengerechter* Kastenwagen, Familienwagen, *Denglisch, siehe auch* **van**[2] *und* **minivan**[2]

Kompander: Rauschunterdrücker, Entrauscher, *Denglisch*

Kompetenzcenter *(Denglisch): siehe* **competence center**

Kompetenzteam: Projektgruppe *(fachlich), Denglisch*

Krackverfahren: Spaltdestillation, *Denglisch*

Krea-Kid: *besonders begabtes Kind, Denglisch*

Kultlabel *(Denglisch)*, **cult label**: modischer Markenname

Kursrallye: *siehe* **Rallye**[2]

L

L: *siehe* **learner**

label[1]: Aufdruck, Etikett, Signatur, Klassifizierung, Bezeichnung, *auch sinnbildlich, auch in*

    labeln: etikettieren, mit Aufkleber versehen, *auch im übertragenen Sinne, Denglisch*

label[2]: Plattenfirma

label[3]: Marke

label[4]: Qualitätszeichen, Gütesiegel, Siegel, *z. B. an Kühlschränken:* energy label

labor relations *(AE),* **labour r.** *(BE):* Arbeitsbeziehungen

ladies first!: Frauen zuerst! *(ein Gebot der Höflichkeit)*

ladies' wear: Damenoberbekleidung

lady: Dame, Frau, *wir meinen hier nicht die englische* Lady, *sondern die vielen denglischen Verwendungen wie:* Boxlady *(für Regina Halmich) oder* First Lady Paderborns *(für die Frau des Paderborner Bürgermeisters), auch in*

    lady-killer: Frauenheld, Herzensbrecher, Schürzenjäger, Windhund

    ladylike: damenhaft, *einer Dame entsprechend,* vornehm

    lady's day[1]: Frauentag, *denglisches „Aufmotzen" des ehrwürdigen linken internationalen Feiertags (8. März)*

    lady's day[2]: „Männerfrei", Tag (nur) für Frauen, *z. B. in Bädern*

    ladyshaver: Damenrasierer, *Rasierapparat für Frauen*

    lady's man: Frauenliebling, Weiberheld, Schürzenjäger

lag: Rückstand, Verzögerung

lamb: Lamm, *auch in*

    lambskin: Lammfell

    lamb's wool: Schurwolle, Lammwolle

LAN: *siehe* **local area network**, *auch in*

    LAN party: *Spielertreffen auf vernetzten Rechnern*

land: *auch: (Kunststoff-)*Oberfläche *einer* **CD** *bzw.* **CD-ROM**

land art: Landschaftskunst

laptop (computer): *tragbarer, kleiner Rechner,* Mobilrechner, Klapprechner, *Schoßrechner*

large: groß, *Kleidergröße L, jetzt auch: spezielle Paketgröße (Deutsche Post)*

large-mindedness: Großzügigkeit

Larry machen *(den)*: Spaß machen; sich (unnötig) aufregen, *Denglisch*

Laserdrucker: *Lichtstrahldrucker, Denglisch*

laser pointer: *Lichtstrahl-*Zeigestab

last: zuletzt, *auch in*

last but not least, last not least: zu guter Letzt, schließlich

last call: letzter Aufruf *(z. B. von Unterlagen bei wissenschaftlichen Konferenzen)*

last minute: (auf die) letzte Minute, in letzter Minute, kurzfristig; Torschlussangebot, (Flug-)Restplätze

Last-Minute-Angebot, Last-Minute-Reise: Torschlussangebot, Restplätze, Kurzfristangebot, *Denglisch*

last-minute call: letzter Aufruf

last-minute changes: *Änderungen in letzter Sekunde (z. B. bei Druckerzeugnissen oder Konferenzbeiträgen), letzte Änderungen (im Flugwesen)*

last-minute flight: *kurzfristig gebuchter Flug,* Restplatz

late: spät, verspätet, zu spät, *auch in*

    latecomer: Zu-spät-Kommender, *siehe auch* **early bird**

    Late-Index: Spätindex *(Börse), Denglisch*

    lateness: Verspätung

    late-night: spät am Abend, spätabends

    late(-night) show: Spätunterhaltung, Spätvorstellung, Spätveranstaltung

    late-night talk: *Spätabendgesprächsrunde*

launch(ing), launchen *(Denglisch)*: vom Stapel lassen, gründen, starten; Einführung *(von Produkten), auch in*

law and order: „Gesetz und Ordnung", „Recht und Gesetz", *Schlagwort für verstärkte Polizeimaßnahmen zur Kriminalitätsbekämpfung, Vorstufe zum Polizeistaat*

lawn shaver: Rasenmäher

layer: Lage, Schicht *(z. B. eines Datenträgers)*

layout: Seitenentwurf, -gestaltung, -gliederung, Text- und Bildgestaltung, Anordnung, Druckbild

layouter: Bildgestalter, Setzer

LCD: *siehe* **liquid-crystal display**

lead[1]: führen, leiten, *auch in*

    leader: (Gruppen-)Leiter, Führungskraft, Anführer, Führer, Führungspersönlichkeit

    leadership: Führung, Leitung

    leadership qualities, leadership skills: Führungsqualitäten

    lead guitar: Melodiegitarre

lead[2]: Vorspann, Einleitung, erster Absatz *eines Presseartikels bzw. einer Internetseite, auch in*

    Leadsatz: erster Satz, Einleitungssatz, *Denglisch*

leading: führend, *auch in*

    leading idea: Grundgedanke

    leading man: Hauptdarsteller

leading to results: ergebnisorientiert

lead lady: Hauptdarstellerin

Leadsänger: Vorsänger, Erste Stimme, *Denglisch*

leaflet: Flugblatt, Handzettel, Merkblatt, (Werbe-)Prospekt

league: Liga, Spielklasse

lean: schlank, schmal, *auch in*

    lean cuisine: schlankes Kochen

    lean management[1]: flache Hierarchie, flache Führungsstruktur

    lean management[2]: Verschlankungs-, Rationalisierungsprojekt; schlanke Fertigung

    lean organization: schlanke Organisation

lean production: rationalisierte Fertigung, rationelle Fertigung, schlanke Produktion

leapfrogging: *beschleunigte Übernahme des Stands der Technik durch Entwicklungsländer,* Überspringen *(von Zwischenstufen der Entwicklung)*

learning: lernen, *auch in*

    learner, L: Fahrschüler

    learning-by-doing: anlernen, *Lernen durch selbstständiges Handeln,* Praxislernen, machen und lernen

    learning center: Lernzentrum

    learnings: Ergebnisse, Erkenntnisse

    learning unit: Lehr-, Lern-, Unterrichtseinheit - *gerade die Lehrergeneration, die uns die Pisapleite eingebrockt hat, wirft besonders gern mit derartigen Anglizismen um sich, siehe auch* **teaching unit**

leasen: (kauf-)mieten, pachten, ausleihen, *Denglisch*

leasing: Mieten, Pachten mit Kaufoption

least-cost router: Gebührensparer, *Niedrigst-Gebühren-Telefonschaltung*

leather: Leder

leavings: Reste, Überreste, *auch symbolisch*

leetspeak: Ziffernsprache, *auch in denglischen Texten Ersatz von Buchstaben durch Ziffern, z. B. „4you" statt „for you"*

leg: Bein, *auch in*

    leg-pulling: scherzen, veräppeln

    legwarmer: Beinwärmer

    legwear: Beinbekleidung

leisure: Freizeit, Muße

Leisure-Sickness-Syndrom: „Freizeitsyndrom", „Nicht-abschalten-Können", *Denglisch*

lemon: Zitrone, Limone, *bedeutet im Englischen eigentlich nur „Limone" im Gegensatz zu „citron", heute aber in unzähligen Produkten wie:* Fanta lemon

lemon squash: Zitronenlimonade

Lernadventure: Lernabenteuer *(am Rechner)*, *Denglisch, siehe auch* **Adventurespiel**

Lesequickie: Taschenbuch, *Denglisch*

lessness: Minimalismus

less ordinary: außergewöhnlich, unüblich

let's go!: Auf!, Los geht's!

letter fun: Schreibfreude *(Deutsche Post)*

letter of intent: (Kauf-)Absichtserklärung

letter shop: Poststelle

level: Niveau, Ebene, Rang, (Schwierigkeits-)Stufe, *auch in*

   level of management: Leitungsebene

leverage effect: Hebelwirkung

liberty: Freiheit

library[1]: Bücherei, Bibliothek

library[2]: Unterprogrammsammlung, (Programm-)Bibliothek, Routinensammlung

life: Leben, Lebensweise, *nicht zu verwechseln mit* **live**[1], *auch in*

   life coaching: Rundumberatung

   life cycle: Lebenslauf, Lebenszyklus

   life-cycle analysis: Ökobilanz *(Entsorgungsbranche)*

   life-feeling: Lebensgefühl

   life insurance: Lebensversicherung

   life science: Biowissenschaft; Lebenswissenschaft *(Nutzung moderner Erkenntnisse der Biologie, Medizin, Anthropologie, Soziologie usw.)*

   lifestyle: Lebensart, -darstellung, -stil

   Lifestylearzneimittel: *Arzneimittel zur Erhöhung der Lebensqualität, z. B. Appetitzügler, Potenz-, Raucherentwöhnungs- oder Haarwuchsmittel*

   lifestyle car, **Lifestyleauto** *(Denglisch)*: Modeauto, *modernes Kultauto; Vielzweckauto*

   Lifestyleprodukt: Modeprodukt, *Denglisch*

   lifestylig: *dem (modernen) Lebensstil entsprechend, Denglisch, das Wort wurde in einem Presseartikel sogar in der unsäglichen Steigerungsform „lifestyliger" verwendet, siehe auch* **stylish**

   lifetime: Lebenszeit

life-work balance: *Balance(-akt) zwischen Beruf und Privatleben, Ausgewogenheit oder aber im Extremfall ungesunde Gleichsetzung von Arbeit und (Privat-)Leben*

lift[1]: Aufzug, Fahrstuhl, *auch in*

   liftboy: Fahrstuhljunge

lift[2], **liften**[1] *(Denglisch)*: *(Gegenstände)* heben, *auch in*

   Liftbühne: Hebebühne, *Denglisch*

lift[3], **lifting**: Hautstraffung, Faltenentfernung, *auch in*
    liften[2]: straffen, *Denglisch*
lift[4]: Mitfahrgelegenheit
light[1] *(AE, BE)*, **lite**[1] *(AE)*: leicht, reduziert, kalorienarm, mager, substanzlos
light[2] *(AE, BE)*, **lite**[2] *(AE)*: leistungsreduziert, *auch in*
    light edition: gekürzte, eingeschränkte Ausgabe
    light version: eingeschränkte Version
light[3]: Licht, Beleuchtung, Helligkeit, *auch in*
    lighthouse: Leuchtturm
    light pen: Leuchtstift
    light show: Lichtschau
Lightfaden: Leitfaden, *Denglisch, unmögliche Erfindung eines renommierten deutschen medizinischen Verlages*
like: wie, gleich wie
liking: Vorliebe
limit[1]: Grenze, Höchstgrenze, Grenzwert, *viele werbliche Redewendungen: Leben ohne Limit, auch in*
    limited[1]: begrenzt
    limited[2], **Ltd.**: ... GmbH
    limited edition: begrenzte Auflage, Sonderauflage
    limiter: Lautstärkebegrenzer *(in Tonwiedergabegeräten bzw. Verstärkern)*
limit[2]: äußerster Preis, Kurshöchstgrenze, gesetzte Preisgrenze *für Kauf- bzw. Verkaufsaufträge (Börse)*
line[1]: Telefonleitung, *auch in*
    line-sharing: Leitung teilen *(gemeinsame Nutzung von Telefonleitungen durch mehrere Anbieter)*
line[2]: Linie, Reihe, Zeile, *auch in*
    linear programming: lineare Optimierung
    line extension: Vollversorgung, Komplettprogramm
    linefeed: Zeilenvorschub
    line function: Linienfunktion *(in Unternehmen)*
    line management: Linienführung *(in Unternehmen)*
    line printer: Zeilendrucker
    line separator: Zeilentrenner
line of business: Geschäftsbereich
line producer: Herstellungsleiter
liner: Passagierschiff, Linienschiff
line-up: Ablauf, Plan, Programm, Besetzung *(einer Musikgruppe)*
link[1]: Verbindung(sglied), Querverbindung
link[2]: Querverweis, Verweis, Zeiger, Verknüpfung *(EDV)*
linken: verbinden *(EDV)*, verknüpfen, verweisen *(Internet)*, *Denglisch*

linker: Verbinder, Binder *(EDV)*

lips: Lippen, *Singular* **lip** *nur in Verbindungen wie*

    lip-gloss: *glänzende Lippenpflege,* Lippenglanz

    lipliner: Lippenkonturstift

    lipstick: Lippenstift

    lipstyling: Lippenpflege

liquid-crystal display, LCD: Flüssigkristallanzeige, FKA

list broker: Adressenhändler

listening session: Hörsitzung

listing: Auflistung, (Rechner-)Ausdruck, Druckliste

lite: *AE für* **light**[1] *bzw.* **light**[2]

littering: Vermüllung, Umweltverunreinigung, -verschmutzung

little: klein, kurz, wenig

live[1]: leben, wohnen, *nicht zu verwechseln mit* **life**, *auch in*

    living: Lebensstil; Wohnbereich *(z. B. bei Karstadt), Denglisch*

live[2]: zeitgleich, direkt, original, unmittelbar, vor Ort; persönlich, *vor allem in Medien, auch in*

    live act: Auftritt

    live cam: Echtzeitkamera, Beobachtungskamera *(im Internet)*

    live chat: *Unterhaltung über das Internet, Direktunterhaltung (im Internet)*

    live performance: Auftritt, *Darbietung auf der Bühne*

    live-reality show: lebensechte Unterhaltung, *Unterhaltungsschau „aus dem Leben", siehe auch* **reality show**

    Livesendung: Direktübertragung, *Denglisch*

    live shopping: Direkteinkauf, Fernseheinkauf

    live show: Direktunterhaltung(sschau)

    live stream: Direktübertragung *im Internet (z. B. von Musik oder Videos), siehe auch* **video stream**

load, loaden *(Denglisch)*: laden; Beladung, Belastung, Last

lob: Überkopfball, Heber *(beim Tennis)*

lobby[1]: Interessengruppe, -vertretung, Interessenverband, Initiative, *auch in*

    Lobbyarbeit: *(Wahrnehmung einer)* Interessenvertretung, *Denglisch*

    Lobbyismus: Interessenwirtschaft

    Lobbyist: Interessenvertreter, *Denglisch*

lobby[2]: Vorhalle, Hotelhalle

local: nah, diesseitig, örtlich, lokal, *auch in*

    local area network, LAN: lokales Rechnernetz, lokales Anwendernetz, *siehe auch* **wireless local area network**

    local call: Ortsgespräch

    local fare: Lokaltarif, Ortstarif

    local hero: Lokalgröße, -prominenz

localization: Regionalanpassung, Lokalanpassung, Lokalisierung

local leader: örtlicher Leiter

local news: lokale Radionachrichten

location: *(Film-)*Drehort, Handlungsort, *oft aber einfach nur:* Ort, Örtlichkeit, Platz *u. ä., auch in*

   location scout: Motivsucher, *ein Mensch, der professionell geeignete (Film-)Drehorte, Orte für Veranstaltungen bzw. Feiern oder Urlaubsziele sucht*

location-based service, LBS: *standortbezogener Dienst, Vor-Ort-Dienst (automatischer Werbezugriff auf gerade in der Nähe befindliche Mobiltelefone, Teil des* **m-commerce***)*

lock: Schloss, Sperre, Verschluss; schließen, verschließen, *auch in*

   lock-in: Kundenbindung, Bindung an einen Anbieter

   lock-up: Blockieren, Sperrfrist, Verkaufssperre

lodge: Ferienwohnung, -anlage, *auch in*

   lodgement: Unterbringung

loft[1]: Großraumwohnung, *moderne Wohnform in Hallen,* offenes Wohnen

loft[2]: Hochschlag *(beim Golf)*

log[1]: Geschwindigkeitsmesser, Tachometer *(bei Schiffen)*

log[2]: Ablaufprotokoll; mitschneiden, *auch in*

   log file: Protokolldatei *(EDV)*

logical: Logikrätsel

log in: Anmeldung, Einwahl *(in elektronische Systeme)*; sich anmelden, *siehe auch* **einloggen***, auch in*

   log-in name: Zugangskennung, Kennung

logistics, Logistik *(Denglisch)*: Lager- und Transportwesen

logo: Sinnbild, *(grafisch einprägsam gestaltetes)* Symbol, Firmenzeichen, *auch in*

   logo id: Senderkennung, *siehe auch* **station id**

log out: Abmeldung, Auswahl *(aus elektronischen Systemen)*; sich abmelden, *siehe auch* **ausloggen**

Lohndumping: Unterbezahlung, Minderentlohnung, Lohndrückerei, *Unterbieten der Konkurrenz auf dem Lohnsektor, Denglisch*

Lokalderby: lokales Aufeinandertreffen, Lokalrivalität, *Wettkampf zwischen Lokalrivalen, Denglisch, siehe auch* **derby**[1]

lonely: einsam, verlassen

lonesome rider: „einsamer Wolf" - *einer, der alles allein macht oder machen will*

long[1]: lang, *auch in*

   long copy: *längerer* Lauftext *(Werbung)*

   long distance: Entfernung; Ferngespräch

   long-distance call: Ferngespräch

   long-distance flight: Langstreckenflug, Fernflug

long-life: langlebig

long line: Längsball *(beim Tennis)*

longneck: Langhals-, z. B. *bei Bierflaschen*

longplayer: Langspielplatte *(aus Vinyl)*

longseller: Dauerbrenner, Klassiker

long shirt: Langhemd

long-term: langfristig, Langzeit-

    long-term buy: Halten *(von Aktienbeständen)*, Lagerkauf

    long-term results: Langzeitergebnisse

    long-term therapy: Langzeittherapie

long^2: Kaufposition, Käuferposition *(Börse)*

longevity market: Altersvitalmarkt

look: Blick, Mode(-richtung), Stil, Aussehen, Erscheinung. *In der Werbung oft in unsinnigen Kontexten gebraucht:* The Look *(für ein neues Auto)* = etwa: Das Bild, Die Ansicht, Die Form, *auch in*

    look-alike: Doppelgänger

    look-alike contest: Ähnlichkeitswettbewerb

    look-and-feel: (selbsterklärendes) Erscheinungsbild

    lookism: *Diskriminierung von Menschen, die nicht dem gängigen Schönheitsideal entsprechen*

    look-out: Ausguck, Aussichtspunkt, Ausblick

    look up: nachschauen, erfragen, aufsuchen, heraussuchen

loop: (Endlos-)Schleife *(EDV)*

looping: Überschlag, *durch Schleife, Windung überschlagen (Flugzeug)*

lorry: Last(kraft)wagen, LKW, *auch in*

    lorry bike: Lastfahrrad

lose: verlieren, einbüßen, *oft falsch geschrieben: „loose" (engl.: unbefestigt, lose)*

loser: Verlierer, Pechvogel, Versager, „armes Schwein", *oft falsch geschrieben: „looser" (kein englisches Wort)*

loss leader: Lockangebot, *Verkauf von Waren unter Einstandspreis*

lost: verloren, *auch in*

    lost and found: Fundbüro

    lost baggage: verschwundenes Gepäck

    Lost-Baggage-Schalter: *Gepäckrückfrage-Schalter, Gepäckverlust-Schalter, Denglisch*

    lost generation: verlorene Generation

lot: Partie, Charge, Los, *auch in*

    lot number: Partie-, Chargen-, Losnummer

lotion: Tinktur, Flüssigkosmetikum

loudness: Lautstärke

lounge: Hotelhalle, Gesellschaftsraum, Aufenthaltsraum, Wartesaal, Bereich; *(kleines) Lokal, siehe auch* **VIP lounge**

loungen: (sich) daheim entspannen, faulenzen, sich rekeln, *Denglisch*

love: Liebe, lieben, *auch in*

love affair: Liebesgeschichte, Affäre, Techtelmechtel, Verhältnis

love bombing: Umwerbung *(von zu gewinnenden Kunden oder Mitarbeitern)*

love deal: *Kompromiss aus Liebe*

love-in: Lustdemo

love letter: Liebesbrief

love letter building: „*Liebesbriefzentrum" (von der Deutschen Post in Berlin geplant)*

loveliness: Lieblichkeit

lovely: lieblich

lover: Geliebter, Liebhaber, Verehrer, Freund, Partner

love song: Liebeslied

love story: Liebesgeschichte, Liebesroman

low: tief, knapp, niedrig, *auch in*

low-brainer: Geistloser, geistig Minderbemittelter, Simpel

lowbrow: für das Massenpublikum, *in Wortverbindungen: (seichte)* Unterhaltungs-

low budget: Sparausgabe, mit geringem Kapital *(produziert, z. B. Film, oder realisiert, z. B. Veranstaltung)*

Low-Budget-Bereich, **Low-Budget-Marke**: Billigsegment *(z. B. bei Reiseveranstaltern), Denglisch*

low care: Grundversorgung *bzw.* Basisversorgung, Grundpflege, *kleinste Versorgungsstufe, siehe auch* **high care**

low-cost: Billigausstattung, billig hergestellt, preiswert, tiefer Preis

low-cost airline, **low-cost carrier**, **Lowcost-Flieger** *(Denglisch)*: Billigfluglinie, „Billigflieger"

low-cost giveaway: Billigzugabe, *siehe auch* **giveaway**

lower class[1]: Unterklasse, *niedere Gesellschaftsschicht, Unterschicht*

lower-class[2]: geringwertig

Lower-Cost-Standort: Billiglohnstandort, *Denglisch*

lower management: untere Führungsebene

low event: bedeutungsloses Ereignis, Nichtigkeit, „zu vergessen"

low-fat: fettarm

low input: geringe Eingabe, niedriger Eintrag

lowlight[1]: Schwachpunkt, *Gegensatz zu* **highlight**

lowlight[2]: Schwachlicht, wenig Licht

low-tech: einfache Technik, Hausmittel, Bordmittel, *technische Lösungen mit einfachsten Mitteln, siehe auch* **high technology**

low vision: Sehbehinderung, sehbehindert

low fidelity, **low-fi**: geringe Klangtreue, geringe Klanggüte, *Gegensatz zu* **high fidelity**

Ltd.: *siehe* **limited**^{2}

lucky: glücklich, Glücks-, *auch in*

> **lucky loser**: bester Verlierer, „Glückspilz" *(durch eine Sonderregelung weiterkommender, eigentlich bereits Unterlegener im Sport)*

> **Lucky Päck**: Glückspaket, *ziemlich danebengegangene Produktbezeichnung der Deutschen Post, Denglisch*

lumberjack: Holzfäller, *fälschlich auch für: „Holzfällerjacke"*

lump sum: Pauschalbetrag, Pauschale

lunch: *(leichtes)* Mittagessen, Gabelfrühstück, *auch in*

> **lunch break**: Mittagspause

> **lunchen**: zu Mittag essen, *Denglisch*

> **Lunchpaket**: Henkelmann, Esspaket, Verpflegungsbeutel, *Denglisch*

lurker: Lauerer *im Internet*

lynchen: *ohne Gerichtsverfahren töten / hängen, Denglisch*

Lynchjustiz: Selbstjustiz, *Bestrafung ohne ordentliches Gerichtsverfahren, Denglisch*

M

mad: verrückt, wahnsinnig, geisteskrank

made by: hergestellt von

made for: hergestellt für

made in: hergestellt in, *auch in*

> **made in Germany**: hergestellt in Deutschland, deutsches Erzeugnis

mag, **magazine**: Illustrierte, Zeitschrift

magic: Zauber, Magie

magical: magisch, bezaubernd

magnetic tape: (Magnet-)Band

magnify: vergrößern, *mit einer Lupe, im Gegensatz zu* **zoomen**

mail: Postsendung, Brief, (E-)Post, Zuschrift, *ursprünglich: Postsack;* schicken, senden, anschreiben, *auch in*

> **mail art**: „Postkunst", *künstlerisch gestaltete Postsendungen (meist von vielen Künstlern weltweit zu einem vorgegebenen Thema geschaffen)*

Mailbombe: E-Post-Überfall *(unfreiwilliger massierter Empfang von unerwünschter E-Post)*, Denglisch

mailbox[1]: (elektronischer) Briefkasten, (elektronisches) Postfach

mailbox[2]: Anrufbeantworter *(im Mobilfunk)*

mailen: versenden, jmd. schreiben, *hauptsächlich auf elektronischem Weg, drahten, Denglisch, siehe auch* **e-mail** *und* **e-mailen**

mailer: *Briefschreiber; Versender von E-Post, siehe auch* **e-mailer**

mail folder: E-Post-Ordner, (Netz-)Postordner

mailing: Versendung, Post; Rundbrief, Rundschreiben

mailing factory: Post(-betrieb) - *neue „marktwirtschaftliche" Bezeichnung, wahrscheinlich zum Zweck der Abgrenzung von der bisherigen Beamtenpost*

mailing list, Mailingliste *(Denglisch)*: Adressenliste, E-Rundbriefverteiler, E-Post-Verteiler, Verteiler

mailing-list based forum: E-Post-Diskussionsrunde, E-Post-Forum

mail order: Versandbestellung, Katalogbestellung

mail server: Postdienst, Postverteiler

mail shot: Direktwerbung *(per Post)*

main: Haupt-, *auch in*

mainboard: Hauptplatine *(EDV), siehe auch* **motherboard**

main directory: Hauptverzeichnis, Gesamtverzeichnis

mainframe: Großrechner, Hauptrechner *(EDV)*

mainstream: Hauptrichtung, vorherrschende Richtung, Massengeschmack, Zeitgeist; Allgemeinheit, Masse

mainstreamer: Mitläufer *(Werbung)*

mainstreaming: *auch:* Gleichstellung, *z. B. von Behinderten in der Schule und am Arbeitsplatz und von Frauen im Beruf und in der Politik, siehe auch* **gender mainstreaming**

maintain: bewahren, instand halten, aufrechterhalten, warten, erhalten, versorgen

maintenance manager: Leiter (der) Instandhaltung, Leiter (der) Wartung

major[1]: führendes Unternehmen, Großunternehmen; Spitzeninterpret

major[2]: Hauptfach

make, maken *(Denglisch)*: machen, *auch in*

make-up: Schminke, Kosmetik, Gesichtsputz

make-up artist: Maskenbildner

making: Machen, Erschaffung, Entstehung; Fertigung, Produktion

making of: Produktionsdokumentation, Wie ... entstand, So machten wir ..., der Dreh zu ..., von der Idee zum Film

mall: Einkaufszentrum, Einkaufspassage, *überdachte* Ladenzeile

malware: *schädliche (Rechner-)Programme aus dem Internet, z. B. Viren*

man: Mann, Mensch, *auch in*

man of the day: Mann des Tages

man of the match: Spieler des Tages

manage, managen *(Denglisch)*: organisieren, regeln, machen, *(Betrieb)* leiten, *auch in*

managed care: Zusatzversorgung

management: Unternehmensleitung, Geschäftsführung, Führungsetage, Direktion; Leitung, Führung, Verwaltung

Managementassistent: Direktionsassistent; Sachbearbeiter, *Denglisch*

management buyout, MBO, buy-out[2]: Führungsübernahme, *Unternehmens(auf)kauf durch die eigenen Führungskräfte*

management by delegation: (Betriebs-)Führung durch Delegation, (Betriebs-)Führung durch Aufgabenübertragung *an untergeordnete Hierarchieebenen*

management by exception: Sonderleitung, Krisenführung, Ausnahmefall-Betriebsführung, *Einbeziehung übergeordneter Hierarchieebenen nur bei außergewöhnlichen Problemen*

management by objectives: (Betriebs-)Führung nach Zielvorgaben, (Betriebs-)Führung durch Zielvereinbarung

management by situation: lageabhängige (Betriebs-)Führung, flexible Führung, Situationsführung

management by walking around, m. by wandering around: Chefrundgang, Inforundgang, *(Betriebs-)Führung mit Mitarbeiterkontakt*

management communication: Führungs(kräfte)kommunikation

management information system: Leitungsinformationssystem

management letter: Abschlussbericht *(an die Geschäftsleitung)*

management office: Vorstandsbüro

management summary: Zusammenfassung, Kurzfassung, Resümee

managen: (durch-)führen, leiten, organisieren, schaffen, machen, bewältigen, *Denglisch*

managing partner: geschäftsführender Gesellschafter, Teilhaber

manager: Leiter, Führungskraft; Macher, *auch in*

manager administration: Leiter (der) Verwaltung, Verwaltungschef

manager central services: Leiter (der) zentrale(n) Dienste

manager global sourcing: Leiter (des) Beschaffungswesen(s)

manager marketing services: Leiter (der) Marktforschung

manager product development: Leiter (der) Produktentwicklung

manager production planning: Leiter (der) Produktionsplanung

maniac: Besessene/r, Versessene/r

mankind: Menschheit

manmade: handgefertigt, handgemacht, *ohne technische Hilfe*

man page(s): Handbuchseite(n), interaktives Handbuch

manpower: Arbeitskraft, Personalstärke, menschliche Arbeitskraft *als wirtschaftlicher Faktor*

mantra: *(längeres)* Passwort, Geheimphrase *(z. B. zum Schutz von E-Post - ursprünglich: Text, der bei Meditationen gebetsmühlenartig ständig wiederholt wird)*

manual: Handbuch, Bedienungs-, Betriebsanleitung

manufactured: hergestellt

manufacturing: Fertigung, Produktion, Herstellung

manufacturing manager: Fertigungsleiter, Produktionsleiter

manware: menschlicher Faktor, *z. B. Menschen, die an bzw. mit einem Informationssystem arbeiten*

map[1]: Land-, Wander-, Autokarte

map[2]: Verzweigungsgrafik *(im Internet eine Grafik, die an bestimmten Stellen zur Auslösung einer Verzweigung, z. B. hin zu Detailinformationen, angeklickt werden kann)*

mapping: kartieren, katalogisieren

marine: maritim

Marken-Outlet: Direkt-, Fabrikverkauf von Markenware, *siehe auch* **factory outlet**, *Denglisch*

Markenset: Markenheftchen *(Deutsche Post)*, *Denglisch*

marker: Kennzeichner, Markierer, Markierungsstift

market: Markt, *auch in*

    market data: Marktdaten

    market leader: Marktführer

    market maker: Börsenmakler

    market outperformer, outperformer: Spitzenwertpapier *(Börse)*

    market performer: *Wertpapier mit durchschnittlicher Entwicklung*

    market place: Einkaufszone, Einkaufsbereich *(z. B. auf Flughäfen)*, *auch symbolisch als „Marktplatz" gebraucht*

    market research manager: Leiter (der) Marktforschung

    market share: Marktanteil

    market underperformer, underperformer: *unterdurchschnittliches Wertpapier (Börse)*

marketing: Vermarktung, Vertriebsstrategie, Absatzwirtschaft, Absatzförderung; Marktbearbeitung, Marktforschung, *in Zusammensetzungen auch:* Werbung, *auch in*

    marketing manager: Absatzleiter, Verkaufsleiter

    marketing slogan: Werbespruch

    marketing value: Vermarktungswert, *finanzieller* Werbeeffekt

mark-up pricing: Preiserhöhung, -steigerung

marshal: Streckenposten *im Rennsport, in anderem Zusammenhang auch:* Wächter, Wachmann, *siehe auch* **sky marshal**

mart: Markt

martial arts: Kampfsport, -kunst, Kampfsportarten, *auch in*

mascara: Wimperntusche, Wimpernstift

master[1]: Magister, Magistra *(akademischer Titel, der auch in deutsche Hochschulen einzieht), siehe auch* **bachelor**[1], *auch in*

> **master of business administration, MBA**: *akademischer Titel aus dem ökonomischen Bereich, der etwa dem bisherigen* Diplom-Betriebswirtschaftler *entspricht*

> **master of education**: *akademischer Titel aus dem Bildungsbereich, der etwa dem bisherigen* Diplompädagogen *entspricht, berechtigt zur Aufnahme des höheren Lehramts, z. B. an Gymnasien, die Ausdrücke „Lehrer" bzw. „Pädagoge" sind sichtlich in Verruf geraten.*

> **master of science, MSc**: Diplom- *(akademischer Titel) - die Übersetzung trifft i. a. nur für die Naturwissenschaften zu*

master[2]: Original, Quelle, Haupt-, *auch in*

> **master batch**: zentrale Stapeldatei *(EDV)*

> **master copy**: Originalkopie

> **master directory**: Hauptverzeichnis, Gesamtverzeichnis

> **master key**: General-, Haupt-, Zentralschlüssel, *auch symbolisch:* Schlüsselrolle

> **mastermind**: Genie, führender Kopf

> **masterpiece**: Muster(-werkstück), *im übertragenen Sinne:* Meisterstück

> **master plan**: Hauptplan, Generalplan, Langzeitplan, Leitplan

> **master question**: Hauptfrage, Kernfrage, Gretchenfrage

> **Masterrechnung**: Sammelrechnung, *Denglisch*

> **master tape**: Urband, Original(-band)

master[3]: Herr, Meister, Lehrer, *auch in*

> **master teacher**: Lehrer für Lehrer *(in der Lehrerqualifizierung)*

master consumer: *älterer Konsument, Käufer zwischen 50 und 60 Jahren,* „50plus"

masters: Meisterschaftsturnier, *z. B. im Tennis, siehe auch* **German Masters**

match[1]: passen, übereinstimmen

match[2]: Spiel, Wettkampf, Aufeinandertreffen, Begegnung, Treffen, *auch in*

> **match ball**: Siegpunkt

> **match race**: Boot gegen Boot *(Segelwettbewerb)*

> **match winner**: Spielgewinner, Spielmacher, Sieger

matching: Anpassung, Zusammenpassen, Koppeln

Matching-Verfahren: elektronische Partnersuche, -wahl, *Denglisch*

material: Werkstoff, *auch in*

> **material tailoring**: *Maßerzeugen von Werkstoff,* Zuschnitt

> **material testing**: Werkstoffprüfung

Mauspad *(Denglisch): siehe* **mousepad**

maxi: groß, *auch in*

    maxiscooter: Großmotorroller

maybe: eventuell, vielleicht

MBO: *siehe* **management buyout**

McClean: Toiletten *(bei der Deutschen Bahn)*, Denglisch

McJob: Aushilfsarbeit, *schlecht bezahlter, ungesicherter Arbeitsplatz, vor allem bei Dienstleistungen, z. B. in Schnellimbissketten, auch in*

    McJobber: Hilfsarbeiter

m-commerce: M-Handel, Mobiltelefonhandel, *siehe auch* **mobile commerce**

mean time between failure, MTBF: *durchschnittliche (oder erwartete) (störungsfreie) Funktionsdauer*

medical service: medizinischer Dienst

medium[1]: halb-, *z. B. bei Fleisch:* halbdurchgebraten

medium[2]: mittel-, mittelmäßig, durchschnittlich, *z. B. Kleidergröße M, jetzt auch: spezielle Paketgröße (Deutsche Post)*

medium[3]: Datenträger, Träger

medley: Allerlei, Mischung, *(Musikstücke-)Zusammenschnitt, veraltet auch: Potpourri*

meet, meeten *(Denglisch)*: treffen, begegnen, *auch in*

    meeting[1]: Sitzung, Besprechung, Konferenz, Treffen, Tagung, Unterredung, Versammlung, Zusammenkunft

    meeting[2]: (Sport-)Veranstaltung

    meeting place, m. point: Treffpunkt, Sammelpunkt, Verabredungsort

megadeal: Riesengeschäft, Riesengewinn

megaevent: Großveranstaltung, Großereignis

mega-out: völlig unmodern, total veraltet

megaseller: *überaus erfolgreicher* Verkaufsschlager, Riesenreißer *(z. B. ein Buch), siehe auch* **bestseller**

megastore: Riesenladen, Großgeschäft

megatrend: Haupttendenz, *außerordentliche, wesentliche Tendenz*

melting pot: Schmelztiegel

member: Mitglied, *auch in*

    membership: Mitgliedschaft

    members only: nur (für) Mitglieder

memo card: Verschlüsselungskarte *(von den Banken ausgegebene Karte zur persönlichen Verschlüsselung einer Geheimnummer, siehe* **PIN**[5]*)*

memorandum of understanding: Absichtserklärung

memorial: der Erinnerung dienend; Denkmal, Ehrenmal; Gedenkveranstaltung

memory[1]: Gedächtnis, Erinnerung, *auch in*

    memory event: *(jährliches)* Totengedenken *(gefunden in einer Todesanzeige in der Aachener Zeitung)*

memory^2: (Arbeits-)Speicher *(EDV), auch in*

  memory access: Speicherzugriff

  memory card: Speicherkarte *(z. B. bei Digitalkameras)*

  memory card reader: Speicherkartenleser

  memory key: *Schlüsselanhänger mit Datenspeicherfunktion*

  memory management: Speicherverwaltung

  memory stick: Speicherstift

men: Männer, Menschen, *auch in*

  men's health: Herrenpflege; *auch Name eines Männermagazins (in diesem Sinne Denglisch)*

  men's room: Herrentoilette

  men's wear: Herrenoberbekleidung

men and women: Männer und Frauen *(ulkigerweise oft bei Frisören zu sehen)*

mentoring: Betreuung, Förderung; Studienbegleitung

menu: Menü, Befehlsübersicht *(bei Rechnerprogrammen), siehe auch* **pop-up**^{1}, **pull-down menu**

merchandising: Verkaufspolitik, Vermarktung, Verkaufsförderung, *auch in*

  Merchandiseartikel: *Artikel zur Absatz- bzw. Verkaufsförderung, Denglisch*

  Merchandisingprodukt: *Produkt zur Absatz- bzw. Verkaufsförderung, Denglisch*

merchant bank: Handelsbank

merge, mergen *(Denglisch)*: verschmelzen, fusionieren

merger: Fusion

merger and acquisitions specialist: Firmenhändler *(Unternehmensberater, der auf Kauf, Verkauf und Fusion von Unternehmen spezialisiert ist)*

Merry Christmas!: Schöne Weihnachten!, Frohe Weihnachten!, Schöne Weihnachtsfeiertage!

message: Botschaft, Mitteilung, Nachricht, *auch im übertragenen Sinne*

messaging: Datenaustausch, -transfer, Nachrichtenübertragung, -versendung

messie: *(krankhaft)* Sammelwütiger; *Mensch mit einer (krankhaften) Neigung zur Unordnung, auch in*

  Messietum: Sammelwut; *Ordnungsdefizit, Neigung zur Unordnung bzw. im Extremfall zur „Vermüllung", Denglisch*

metallic: metallisch (glänzend)

me-too product: *Ich-auch-Produkt, siehe auch* **Must-have-Artikel**

metropolitan: großstädtisch, hauptstädtisch

MFD: *siehe* **multifunctional device**

MHP: *siehe* **multimedia home platform**

micro: *Vorsilbe* Mikro-, *auch in*

microchip, Mikrochip *(Denglisch)*: Mikroschaltkreis, *Mikroplättchen, Halbleiterscheibchen*

micropayment: Kleinbetragszahlung *im Internet, entspricht etwa der* Geldkarte *der Sparkassen oder der* Guthabenkarte *im Mobiltelefon, siehe auch* **e-payment system**

microwave (oven): Mikrowelle, Mikrowellenherd

midcap: mittleres Wertpapier, mittelgroßes Unternehmen, *Unternehmen mit mittlerer Marktkapitalisierung (z. B. MDax-Werte)*

middle class: Mittelklasse

Middle East: Mittlerer Osten, *auch:* Naher Osten, Nahost, *abhängig vom jeweils gedanklich einbezogenen geografischen Bereich*

midijob: Mäßiglohnarbeitsplatz, *etwas besser bezahlt als der* **minijob**, *Denglisch (Hartz)*

midlife crisis, Midlifekrise *(Denglisch)*: Krise, Lebensmittenkrise, Lebenssinnkrise

midnight: Mitternacht

Midweek-Urlaub: *(preisgünstiger) Kurzurlaub während der Woche, Denglisch*

mileage: Benzinverbrauch, *im übertragenen Sinne:* Ertrag, Gewinn, Verdienst, *Herausholen*

Miles & More: *Rabatt für Vielflieger,* Vielfliegerrabatt *(Lufthansa)*

milestone: Meilenstein, Markstein, *auch im übertragenen Sinne*

milk: Milch, *kommt vollkommen sinnlos in unzähligen Produktbeschriftungen vor:* milk-drink, milk-schokolade, nut in milk, *auch in*

  milk shake, Milchshake *(Denglisch)*: Milchmischgetränk

  milky: milchig

millionaire on paper, MOP: Papiermillionär *(der* **New Economy***)*

mimsen: *Bild-Kurznachrichten (***MMS***) versenden (per Mobiltelefon), Denglisch*

mind: Gedächtnis, Erinnerung, Aufmerksamkeit, *auch in*

  mindbender: Denksportaufgabe, Knobelaufgabe, Knobelei, Rätsel

  mind map: Gedankenkarte, Ideenskizze

  mindset: Denkweise, geistige Haltung

mini: klein, *auch in*

  minibike: Kleinmotorrad, Kindermotorrad

  minicar, mini: Kleinwagen

  minicooler: kleiner Kühlschrank

  minijob: Niedriglohnarbeitsplatz, geringfügige Beschäftigung, Nebenverdienst, *Denglisch (Hartz), siehe auch* **midijob**

  minijobber: Niedriglöhner, *Denglisch*

  minitower: *(Rechner-)*Kleingehäuse

  minivan[1]: Bulli, Kleintransporter, *siehe auch* **van**[1] *und* **monocab**

  minivan[2]: Familienwagen, *siehe auch* **van**[2] und **Kompaktvan**

minority: Minderheit, Minorität

mint: minzfarben; Pfefferminz

minute book: Protokoll-, Geschäfts-, Urkundenbuch

minutes: Sitzungsprotokoll

mirror: Spiegel

mirror site: Alternativ(netz)standort, Entlastungs(netz)standort *(EDV)*

misfit: deplaziert, nicht gesellschaftsfähig

miss[1]: verpassen, vermissen

miss[2]: Fehlversuch

Miss Germany: deutsche Schönheitskönigin, *Siegerin in der deutschen* **Misswahl**, *Denglisch*

missing link: fehlendes Glied, Zwischenglied, fehlendes Bindestück, fehlende Verbindung

mission[1]: Auftrag, Mission, Leitbild, Berufung, *auch in*

    mission statement: Losung, Zielstellung

mission[2]: Arbeitsprogramm

Misswahl: Schönheitswettbewerb, *Denglisch*

mittleres Management: mittlere Leitungsebene, *Denglisch*

mix: Gemisch, Mischung; mischen, *auch in*

    mixed: gemischt; gemischtes Doppel *(Sport)*

    mixed drink, **Mixdrink** *(Denglisch)*: Mischgetränk

    mixed grill: Gemischtes vom Rost, allerlei Grillgut

    mixed pickles: *in Essig eingelegtes Mischgemüse, Sauerkonserve*

    mixen: mischen, *Denglisch*

    mixer: Mischer, Quirler, (Hand-)Rührgerät

    mixture: Mischung

MMS: *Bild-Kurzmitteilung, Bild-Kurzbotschaft (per Mobiltelefon), siehe auch* **multimedia messaging service** *und* **mimsen**

mob[1]: Straßenpöbel, Gesindel, Pöbel, Pack

mob[2]: terrorisieren, unterdrücken, *siehe auch* **bully**[2]

mobben: schikanieren, verekeln, ausgrenzen, anpöbeln, terrorisieren, wegekeln, *Denglisch*

mobbing: (Arbeits-)Schikane, Terrorisierung, Unterdrückung, Belästigung, Vergraulen, Wegekeln, Unter-Druck-Setzen, *Psychoterror, vor allem am Arbeitsplatz, im BE auch* **bullying**

mobile blog, **moblog**: mobiles Netztagebuch *per Händi, siehe auch* **blog**

mobile commerce: *Einkauf per Mobiltelefon bzw. Mobilrechner, siehe auch* **m-commerce**

mobile communications: Mobilfunktechnik

mobile entertainment: *Mobiltelefon-Unterhaltung - z. B. mobile Spiele und Wetten; auch: aus dem Internet herunterladbare Dateien, z. B. Klingeltöne*

mobile imaging: *Mobiltelefon-Fotografie, siehe auch* **Kamerahandy**

mobile marketing: *Werbung per Mobiltelefon*

mobster: *organisierter* Kleinkrimineller

mockumentary: Scheindokumentation, *fiktive Fernsehproduktionen, Bücher und Filme mit dokumentarischem Anstrich (Kombination von* **mock** *und* **documentary***)*

modding: *individuelle Rechnergestaltung (zumeist auf das Gehäuse beschränkt)*

mode: Betriebsart, Modus, Weise

model: Modell, Muster *(auch im Sinne von:* vorbildlich*)*

Modelabel: Modemarke, *Denglisch*

modem: Mittler, Datenwandler, Netzschalter; *(analoges) Datenfernübertragungsgerät,* DFÜ-Gerät

modern art: moderne Kunst

modern style: Jugendstil

module, Modul *(Denglisch)*: Baugruppe, Baustein, Bauteil; Teilstück, Zwischenstück, Überbrückungsstück; Kapsel *(Raumfahrt)*

moisturizer, moisturizing cream: Feuchtigkeitscreme

moment: Moment, Augenblick

money: Geld, *auch in*

> **Money-back-Garantie**: Geld-zurück-Garantie, *Denglisch*

> **money belt**: Geldgürtel

> **money for value**: *Geld für Leistung*

> **moneymaker**: Geldmacher, Geschäftemacher, Geldscheffler

> **money shelf**: Nachttresor *bei Banken*

> **money trend**: Geldentwicklung

monitor: Bildschirm, Kontrollgerät, Überwachungsgerät, *im übertragenen Sinne:* Situationsbericht*, auch in*

> **monitoring**: Überwachung, Beobachtung, Kontrolle, *im übertragenen Sinne:* über die Schulter schauen

monocab: Kleinlieferwagen, Kleintransporter, *Denglisch, siehe auch* **minivan**[1]

monster: Ungeheuer

mood: Stimmung

moon: Mond, *auch in*

> **moonlight**: Mondschein, mondhell

> **moonlight party**: Nachtfete, nächtliches Fest

> **moonlight shopping**: Nachteinkauf(sbummel)

moon boots: *voluminöse* Winterstiefel

mop: Mopp, Staubbesen

moral sense: moralisches Bewusstsein, Gewissen

more: mehr

morning show: Morgenunterhaltung

morphing, morphen *(Denglisch)*: Bildverwandlung; ein Bild *(in ein anderes)* verwandeln, *siehe auch* **tweening**

mother and child: Mutter und Kind

motherboard: Hauptplatine, Mutterplatine *(Rechner)*, *Gegenstück zu* **daughterboard**, *siehe auch* **mainboard**

motion: Bewegung, Geste

motionboard: Stadtroller, Tretroller, Roller, *siehe auch* **kickboard**

motion picture: (Kino-)Film

motivation research: Motivationsforschung

motocross: Motorradgeländerennen

motorbike: Motorrad, *siehe auch* **bike**

motor caravan: Wohnmobil

mount, mounten *(Denglisch)*: *(ein Gerät, z. B. Laufwerk)* zuweisen, zuordnen *(in der EDV, speziell bei UNIX und LINUX)*, *siehe auch* **unmount**

mountain: Berg, *auch in*

> **mountain bike, MTB**: Berg(fahr)rad, Gelände(fahr)rad *(nicht identisch mit dem* **Crossrad***)*

> **mountain-bike orienteering**: *Geländerad-Orientierungsrennen, Geländeorientierungsfahren*

> **mountain-bike trial**: *Gelände-Kunstradfahren, siehe auch* **trial**[2]

> **mountain biking, mountainbiken** *(Denglisch)*: Geländeradfahren

> **mountain sports**: Bergsport(-arten)

mouse: Maus, *auch in der EDV, wie in*

> **mouse click, Mauseklick** *(Denglisch)*: Mausdruck, -betätigung, -klick

> **mouseover**: *veränderter Mauszeiger (Hinweis auf eine aktuelle Aktionsmöglichkeit an der Mauszeigerposition), siehe auch* **rollover**[2]

> **mousepad**: Mausmatte, -unterlage, *siehe auch* **Mauspad**

> **mouse wheel**: Mausrad, Mausrädchen, Mausroller

move: Zug, Bewegung

movie: Film, Kino, *auch in*

> **movie song**: Filmlied, -schlager

> **movie star**: Filmstar

> **movie wall**: Filmleinwand

> **movie world**: Filmwelt

moving: bewegt, bewegend, *auch symbolisch*

moving walkway: Laufband

MP3-player: *Abspielgerät für* **MP3**-*kodierte Musikdateien, siehe auch* **player**[3]

m-payment: mobiles Bezahlen, *Zahlung per Händi*

MPV: *siehe* **multipurpose vehicle**

Müllsheriff: Mülldetektiv, Müllkontrolleur, *Denglisch, siehe auch* **Umweltsheriff**

Mülltourist: *illegaler Müllentsorger, Denglisch*

multi: mehr, mehrfach, viel, *auch in*

multichannel store: Warenhaus *(z. B. bei den Firmen OBI und OTTO)* **Multi-Channel-Vertrieb** *(Denglisch)*, **multichannel sales**: Mehrkanalvertrieb

multifunctional device, **MFD**: Verbundgerät, Kombigerät, Multifunktionsgerät (MFG), *siehe auch* **All-in-one-Gerät**

Multijet-Einspritzung: Mehrfacheinspritzung *bei Dieselmotoren, Denglisch*

multilevel marketing: Mehrstufenvertriebssystem, Strukturbetrieb

multilevel selling: Schneeballsystem *(beim Verkauf von Produkten)*, *siehe auch* **pyramid selling**

multilingu(al)isation: Vielsprachigkeitsbefähigung

multimedia home platform, **MHP**: *Breitband-Kabelfernsehstandard für Multimedia-Anwendungen*

multimedia messaging service, **MMS**: *(durch Bildinformationen) erweiterter Kurzmitteilungsdienst (per Mobiltelefon), siehe auch* **short message service**

multiplayer game, **Multiplayer-Spiel** *(Denglisch)*: Mehrpersonenspiel, *(Rechner-)Spiel für mehrere Teilnehmer*

multiple choice: Wahlmöglichkeiten, Wahlvielfalt, Mehrfachauswahl

multiple-choice test, **Multiple-Choice-Prüfung** *(Denglisch)*: Ankreuzprüfung, Auswahlprüfung

multiple literacy: Mehrsprachigkeit

multiplex[1]: Mehrwegkommunikationssystem

multiplex[2]: Großkino

multiplier: Vervielfacher, Multiplikator; Verstärker

multipurpose vehicle, **MPV**: Allzweckfahrzeug

multisource assessment: „360-Grad-Beurteilung", *zur Bewertung tragen die Urteile von Vorgesetzten, Kollegen, Mitarbeitern u. a. bei*

multisport(s) vehicle, **MSV**: sportliches Allzweckfahrzeug

multistore: Großkaufhaus *(in der Praxis in Deutschland aber eher für kleinere Kaufhäuser verwendet)*, Kaufhalle

multitasking: Parallelarbeit, Mehrprozessbetrieb *(Simultanerledigung verschiedener Aufgaben im Rechner)*

multiuser dungeon, **MUD**: Rollenspiel *(im Internet)*

multiutility: Vollversorgung, Rundumversorgung, *z. B. im Zusammenhang mit Energiedienstleistern*

mumps: Ziegenpeter, Mumps

Munich: München, *in Eigenwerbungen der Stadt*

music: Musik, *auch in*

music act: Musikauftritt, *musikalischer Auftritt, u. a. Kategorie beim Sichtungswettbewerb „Star Search" von SAT.1, hier auch in der unmöglichen denglischen Form „Music Act Kind", wobei mit „Kind" tatsächlich der deutsche Begriff gemeint ist*

musical: *Singspiel*

music box: Musikkiste, -automat

music choice: Musikauswahl

music hall: Vaudevilletheater, Tanztheater

music on demand: Wunschmusik, Musik auf Verlangen, Musik bei Bedarf, *oft: im Internet herunterladbare Musik*

Musicon Valley: *vogtländischer Musikwinkel, Denglisch - von fantasielosen Werbemachern aufgebrachte geistlose Umbenennung des traditionellen sächsischen Musikinstrumentenbauzentrums (in Anlehnung an das kalifornische Silicon Valley)*

musk: Moschus(-duft)

must: „ein Muss"

must have: *etwas Unentbehrliches*

Must-have-Artikel: *Ich-auch-Artikel, Muss-Artikel, Denglisch, siehe auch* **me-too product**

must not: *etwas Entbehrliches*

must-win battle: „Entscheidungsschlacht" *(in der Wirtschaft)*

mute: stumm, *z. B. in*

   Mute-Taste: Stumm(schalt)taste, *Denglisch*

muting: Lautstärkedämpfung, Rauschsperre *(bei Musikgeräten)*

mutual: gegenseitig

mystery: rätselhaft, geheimnisvoll; Geheimnis, Mythos, Übernatürliches, *auch in*

   Mysteryserie: Gruselserie, *(Fernseh-)Serie rätselhaften, geheimnisvollen Inhalts, Denglisch*

   mystery thriller: Rätselschocker, *spannender, rätselbehafteter Film, geheimnisvoller Spannungsfilm*

mystery buyer: Testkäufer

mystery call: Testanruf

mystery letter: Testschreiben

mystery shopping: Testkauf

N

nail: (Finger-)Nagel, *auch in*
    nail design: Nagelpflege; Nagelkunst
    nail-polish remover: Nagellackentferner
naked bike: unverkleidetes Motorrad
name-dropping: Referenznennung, Namenserwähnung, *Einflechten prominenter Namen, um Eindruck zu schinden*
nameless: namenlos
naming: Benennung, Namensgebung; Nennung, Nominierung, *siehe auch* **branding**[2]
nanny: Kindermädchen
narrow-minded: engstirnig, beschränkt
nation building: Nation(en)werdung, *Erlangung der Souveränität und des staatlichen Selbstverständnisses*
native: Eingeborener, Ureinwohner, Einheimischer; muttersprachlich, einheimisch, eingeboren, eigen, *auch in*
    native code: Maschinensprache *(EDV)*
    native language: menschliche Sprache, Muttersprache, Landessprache, Nationalsprache
    native speaker: Muttersprachler/in
nature: Natur, Art, Beschaffenheit
Navigationswording: Rubrikenbezeichnung *auf Internetseiten, Denglisch, siehe auch* **wording**
Nebenjob: Nebenbeschäftigung, *Denglisch*
neckholder: Nackenträger *bei Kleidungsstücken*
necking: schmusen, liebkosen
need: Bedürfnis, Notwendigkeit
needlework (design): Handarbeiten *(nicht: Strickarbeiten)*, Handgearbeitetes
neighborhood watching *(AE)*, **neighbourhood w.** *(BE)*: Bürgerwache, Bürgerwehr, Nachbarschaftsschutz
nerd[1]: Rechnersüchtiger, Tüftler, Fummler; *technischer Fachidiot, siehe auch* **junkie**[2]
nerd[2]: *konservativer Einfaltspinsel; einfältiger Konsument (Werbung)*
net: Netz, *auch im übertragenen Sinne wie:* Versorgungsnetz, elektronisches Netz, *letzteres auch in*
    netiquette: Netzgebaren, Netzbenehmen, *Umgangsformen im Netz, siehe auch* **chatiquette**
    netizen: Internetbürger, Netzbürger
    net kids: Internetgeneration, Netzgeneration, *siehe auch* **generation @**

netlights: *Höhepunkte im Internet*

net news: Internetnachrichten, Netznachrichten

net professional: Netzfachmann, -spezialist

net shopper: Interneteinkäufer, Netzeinkäufer

net talk: Netzgeplauder, Netzgespräch, *siehe auch* **chat**

network: Netzwerk, Netz, Sendenetz, *oft auch nur:* Zusammenarbeit

network card: Netzwerkkarte *(im Rechner)*

networking, networken *(Denglisch)*: Netzwerkarbeit

network marketing: Strukturvertrieb, Mehrstufenvertrieb, *Produkt-vertrieb über persönliche Empfehlungen, siehe auch* **multilevel marketing**

Netztalk: Netzgespräch, Gespräch, *Austausch über das Internet, Denglisch*

neurobics: Gehirnschulung *aus den USA, die zum Aufgeben eingefahrener Gedankenstrukturen („Trampelpfade") verhelfen soll*

never: nie, auf keinen Fall

never-comeback airline: Bruchlinie, Seelenverkäufer, *Denglisch*

new: neu, erstmalig, taufrisch, *auch in*

> **New Age**: neues Bewusstsein *verschiedener Richtungen, wie Mode, Ökologie usw.*

> **New-Age-Bewegung**: *Esoterikbewegung des „neuen (Wasser-mann-)Zeitalters", Denglisch*

> **new attitudes**: *aktuellste zeitgenössische Kunst*

> **New Beetle**: *Neuer Käfer (Fahrzeugtyp der VW AG), Denglisch*

> **newbie**: Anfänger, Neuling; Internetneuling

> **newcomer**: Neuling, Anfänger, Aufstreber

> **Newcomerin**: Anfängerin, *(weiblicher)* Neuling, Aufstreberin, *Deng-lisch*

> **New Economy**: Internetwirtschaft, Internetfirmen, Neuer Markt, *Neue Wirtschaft, Neue Ökonomie (moderne Wirtschaftsform bzw. -theorie), siehe auch* **Old Economy**

> **new generation**: neue Generation, Jugend; neue Strömung, neue Entwicklung

> **new look**: neues Aussehen, neue Mode

> **new market**: Neuer (Aktien-)Markt

> **new media**: neue Medien

> **new wave**: neue Welle, *Musikrichtung, Moderichtung (so z. B. bei Villeroy & Boch)*

New Deal: Wirtschaftsreform, *nach Roosevelts New-Deal-Politik der 30er-Jahre*

news: Neuigkeiten, Nachrichten, Neues, Aktuelles, *auch in*

> **news block**: Nachrichtenblock

> **newsboard**: Nachrichtenbord, Meldetafel

news center: Nachrichtenstudio, Presseabteilung, *oft nur für:* Nachrichten, *z. B. Deutsches Sport-Fernsehen*

newschecker: Neuigkeiten; Nachrichtenredakteur

news desk: Nachrichtenredaktion

news flash: Blitzmeldung

newsgroup: Nachrichtenforum, Diskussionsrunde *(im Internet)*, (Netz-)Forum

newsletter: Informations-, Nachrichtenblatt, Informations-, Nachrichten-, Rundbrief, Kurzinformation, Bulletin, *wird sehr oft für kleine, regelmäßige Infoschriften verwendet, dann im Sinne von:* Mitteilungen, Neuigkeiten

newslist: Neuestes, das Neueste, Rundbrief

newsmaker: Zeitungsmann

newsreader[1]: Nachrichtensprecher/in

newsreader[2]: Programm für Diskussionsforen

news server: Nachrichtendienst(-leister) *im Netz*

news service: Nachrichtendienst

news show: Nachrichtenschau

news ticker: Nachrichtenband

news value: Neuigkeitswert

newspeak: „Neusprech", *verschleiernde, desorientierende, propagandistische Sprache (nach George Orwell in „1984")*

next: nächst/e/r/es, *in vielen denglischen Redewendungen wie:* „next day" = *etwa* „bis morgen", „über Nacht"

nice: schön, hübsch, gefällig, freundlich

nice price: Sonderpreis, günstiger Preis; Sonderangebot

nice to have: wünschenswert *(z. B. bei der Klassifizierung von Anforderungen), nützliche Annehmlichkeit*

nickname: Spitzname; *Pseudonym (frei wählbare E-Post-Adresse oder Kennung bei einem* **chat***)*

night *(AE, BE)*, **nite** *(AE)*: Nacht, *auch in*

    nightclub: Nachtklub, Kabarett, Bar; Bordell

    night & day: Tag und Nacht, 24 Stunden

    nightlife: Nachtleben

    Nightliner: Schlafwagenzug *(Deutsche Bahn), Denglisch*

    night sale: Abend-, Nachtverkauf

    night session: Abendveranstaltung

    nightshirt: Nachthemd

    Night-Shopping-Tarif: Abend-, Nachtpreis(e), *Denglisch*

    nightwear: Nachtwäsche, Schlafanzug, Nachthemd

nite: *AE für* **night**

no: nein, *oft als Zusammensetzung:* „nein zu ..." *oder* „kein ...", *wie in*

no comment: kein Kommentar

no-frills: ohne Komfort, ohne Luxus, „kein Schnickschnack" *(z. B. wenn bei Flügen Bordverpflegung, reservierte Sitzplätze und Zeitungen entfallen)*

no-frills airline: Billigfluggesellschaft

no future: keine Zukunft, Zukunftspessimismus

no-future generation: Pessimismusgeneration, Null-Bock-Generation, Langweilergeneration, *Jugend der 80er-Jahre*

no nukes: keine Atomwaffen

no problem: kein Problem, keine Ursache

no risk, no fun: ohne Risiko kein Spaß

no smoking: Nichtraucher, Rauchen verboten

nobility: Ritterschaft, „obere Zehntausend", Adel

nobody: (ein) Niemand, unbedeutender Mensch

nobody is perfect: keiner ist vollkommen

node: Knoten, Verzweigung

no-go area: Meidezone, Tabuzone, Verbotzone

no-gos: unbewegliche, phlegmatische, „eingerostete" Senioren *(Erfindung einer bayrischen Politikerin), siehe auch* **go-gos** *und* **slow-gos**

No-go-Stadtteil: *unbedingt zu meidender, gefährlicher Stadtteil,* Tabu-Stadtteil, *Denglisch*

no-iron, non-iron: bügelfrei

noise: Geräusch, Rauschen, *auch in*

> **noise limiter**: Rauschunterdrückungssystem

nominee: Nominierter, Vorgeschlagener, Kandidat

no-name product: markenloses Erzeugnis, namenlos; Generikum *(Arznei-mittel)*

Non-Aviation-Bereich: flugfremder (Geschäfts-)Bereich *auf Flughäfen, Denglisch*

noncompliance: Weigerung, Nichteinhaltung; mangelnde Therapietreue *(Medizin), siehe auch* **compliance**

noncooperation: gewaltloser Widerstand, passiver Widerstand

nondisclosure agreement, **NDA**: Geheimhaltungsverpflichtung

none: kein/e/r/es, nichts

nonevent: *bedeutungsloses Ereignis; völlig langweiliges Ereignis, Banalität, Alltäglichkeit*

nonfiction: Sachbuch; Sachliteratur, *im Gegensatz zu* **fiction**

nonfood: Konsumgüter, Verbrauchsgüter, *meist:* Haushaltsangebote, *siehe auch* **food**

nongovernmental organization, **NGO**: Nicht-Regierungs-Organisation

nonpaper: Unpapier *(offiziell nicht existierendes Dokument)*

nonprofit: gemeinnützig, ehrenamtlich

nonprofit organization, NPO: gemeinnützige Organisation, *nicht auf Gewinn ausgerichtete Organisation,* Wohlfahrtsverband

nonprofit project: *Projekt ohne Gewinnerzielungsabsicht, gemeinnütziges Projekt*

nonproliferation: Nichtweitergabe

nonproliferation treaty: Atomwaffensperrvertrag

nonreusable: Einweg- *(Entsorgungsbranche)*

nonsense: Blödsinn, Unsinn, Unfug

nonsmoking area: Nichtraucherbereich, Nichtraucherzone

nonstop: ohne Zwischenlandung, ohne Unterbrechung, ohne Aufenthalt; durchgehend, andauernd, pausenlos, am laufenden Band

Nonstopflug: Direktflug, *Denglisch*

Nordic walking: Stockwandern, Sommerlanglauf, *nordisches Gehen*

no-show: Nichterschienener *(z. B. Flugpassagier),* Nichtangetretener

no-show passenger, No-show-Passagier *(Denglisch)*: nichterschienener (Flug-)Passagier

no-show rate: Ausfallrate, *ausgebliebene Besucher*

Nosing-Glas: Probierglas *(z. B. für Whisky), Denglisch*

note: Notiz, Bemerkung, *auch in*

   notebook[1]: Notizbuch

   notebook[2] (computer): *kleiner, tragbarer Rechner,* Mobilrechner, Klapprechner

   notebook university: elektronische Hochschule, elektronisches (Fern-)Studium *(über das Internet), siehe auch* **distance learning**, **e-learning**

notepad: *(elektronisches)* Notizbuch

novel food: *gentechnisch veränderte Nahrung, neuartiges Lebensmittel,* neue Kost, Neukost, *auch in*

   novel-food ingredients: *neuartige Lebensmittelzutaten*

no-win situation: Verlustsituation, Null-Gewinner-Situation, *„alle Beteiligten verlieren"*

nude look: Nacktmode, FKK

number: Zahl, Nummer

number cruncher: Wirtschaftsprüfer, *„Zahlenschieber"*

nurse: Kindermädchen, Krankenschwester

nut: Nuss, *auch in*

   nut flakes: Nussflocken

nutriceutical food: Gesundheits-, Reform-, Kurkost

nuts: verrückt, durchgedreht

O

object: Gegenstand, Objekt, *auch in*

    object broker: Objektverwalter

    object-centred control: objektbezogene Kontrolle *bzw.* Steuerung

    object code: Objektform, abarbeitbares Programm *(EDV)*

    object manager: Betreuer, *(für ein bestimmtes Themengebiet)* zuständiger Verwalter

objective: Zielsetzung, Anliegen

observer: Beobachter

obsession: fixe Idee, Versessenheit; Zwangsvorstellung, Besessenheit

occasion: Gelegenheitsangebot

ocean: Meer, Ozean, *auch in*

    ocean-dumping: Meeresverunreinigung

    ocean liner: Linienschiff, *oft aber fälschlich:* Kreuzfahrtschiff *(Denglisch)*

odds: Wettquote

oddset: Toto, *(spezielle)* Sportwette, *Denglisch*

of: von

of course: gewiss, na klar, natürlich, selbstverständlich

off^1: aus(-geschaltet), *auch in*

    off day: Ruhetag

    off line, off-line: unverbunden, ohne Verbindung, *elektronisch* abgeschaltet, *vom Netz abgekoppelt (EDV)*

off^2: weg, außerhalb, draußen, entfernt, *auch in*

    off-board: außerhalb des Fahrzeugs *(Diagnose, Navigation)*, draußen

    Off-Kino: Programmkino, *Denglisch*

    off-limits: Eintritt untersagt, Betreten verboten, Sperrzone; außerhalb der Grenzen, *in der Werbung meist fälschlich im Sinne von* grenzenlos *verwendet*

    off-peak: *außerhalb der Stoßzeiten,* Billigzeit, *z. B. zum Telefonieren*

    off-quality, OQ: *außerhalb der Toleranzgrenzen,* Ausschussware; Qualitätsverstoß

    off-road^1: abseits (der Straße), querfeldein, im Gelände

    off-road^2: geländegängig, Geländefahrzeuge *(Gattungsbezeichnung), siehe auch* **on-road**

    offroader: Geländewagen, Geländefahrzeug, *Denglisch*

    off-road kids: Straßenkinder *(abstruse Fehlbildung), Denglisch*

    off-season: außerhalb der Spielzeit *(Theater)*

offshore: vor der Küste, küstennah, *siehe dagegen* **Offshorefirma** *und* **offshore fund**

Offshoreanlage: *küstennahe* Anlage im Meer, Meeresanlage *(z. B. Windkraftanlage oder Ölbohrstation), Denglisch*

offside: Abseits

off topic: sachfremdes Thema

off^3: aus dem Hintergrund, *auch in*

    Offsprecher: Hintergrundsprecher, *Denglisch*

    Offstimme: Hintergrundstimme, *Denglisch*

offbeat: rhythmische Verschiebung, *Schläge gegen den Takt*

off-brands: Nicht-Markenartikel

offer: (Sonder-)Angebot, *auch in*

    Offer-Phase: Angebotsphase *(Börse), Denglisch, siehe auch* **Pre-Offer-Phase**

office: Büro, Geschäftsstelle, Dienstzimmer, *wird sehr gern von Büroartikel-lieferanten als Firmenname verwendet, auch in*

    Officemanagerin: Büroleiterin, *Denglisch*

offline reader: Netzleseprogramm *(ohne im Netz zu sein)*

Offlinereisebüro: *normales* Reisebüro, *Denglisch, siehe auch* **Offlinewelt**

Offlineverfahren: netzloses Verfahren *(EDV), Denglisch*

Offlinewelt: *normales (Arbeits-, Lebens-)Umfeld, Gegensatz zum Internet (siehe* **online***);* „Realität" *(Gegensatz zur virtuellen Welt), Denglisch, siehe auch* **Offlinereisebüro**

offshore company, **Offshorefirma** *(Denglisch)*: Auslands-, Briefkastenfirma, *Denglisch*

offshore fund: ausländischer Fonds

offshoring: Auslagerung, *siehe auch* **outsourcing**

Offszene: freies Theater, *Denglisch*

off-taste: schlechter Geschmack, *z. B. eines Weines*

okay^1, o.k.: in Ordnung, gut, einverstanden, *Herkunft unklar, evtl. lautliche Abk. für:* „all clear" *= alles klar*

Okay^2 (*das*): Erlaubnis, Einverständnis, Genehmigung, Zustimmung, grünes Licht *(Wirtschaft), Denglisch, siehe auch* **Go^2**

old: alt, *auch in*

    Old Economy: *Alte Ökonomie (traditionelle, etablierte, eingefahrene Wirtschaftsform bzw. -theorie), siehe auch* **New Economy**

    old-fashioned: altmodisch, unmodern, überholt

    Old School: „alte Schule"

    old-timer: Autoveteran, Schnauferl, *Denglisch, im Englischen heißt es* „vintage car"

old-boys club, **old-boy(s) network**, **old-buddies n.**: Filz, Klüngel, Seilschaft, Altherrenriege

Olympic spirit: olympischer Geist, olympischer Gedanke

on: an, auf, bei, eingeschaltet, *auch in*
> **on air**: auf Sendung
> **on call**: auf Zuruf, auf Abruf, in Bereitschaft
> **on demand**: auf Abruf, auf Bestellung, bei Bedarf, nach Bedarf
> **on-road**: Straßenfahrzeuge *(Gattungsbezeichnung)*, siehe auch **off-road**[2]
> **on screen**: auf dem (Bild-)Schirm
> **on-screen display, OSD**: Bildschirmmenü, *Menü auf dem (Bild-)Schirm (z. B. zur Steuerung von Fernsehgeräten oder Videorekordern)*
> **on stage**: auf der Bühne
> **on the road**: auf der Straße, unterwegs
> **on the rocks**: auf Eis, *Getränk auf Eiswürfeln*
> **on tour**: auf Konzert-, Gastspiel-, Rundreise; auf Reisen, unterwegs

onboard diagnostics, OBD: Bord-Funktionsüberwachung *(in Fahrzeugen)*

onboard sound: *Klangverarbeitung (auf der Rechnerplatine)*

onboard unit, OBU: Bordgerät *(für die Mauterfassung in Fahrzeugen)*

one: irgendeiner, jemand, ein, eine, eins, *das Wort wird oft mit „first" verwechselt, anders sind bestimmte Namen deutscher Firmen nicht zu erklären. So nennt sich eine Siemens-Tochter „Service One", was man wohl mit „Irgendein Service" übersetzen muss, auch in*
> **one by one**: Stück für Stück, eine/r nach dem/der anderen
> **one-face-to-the-customer**: *persönlicher Ansprechpartner; Ein-Ansprechpartner-Prinzip*
> **one family**: „eine Familie", *denglischer Werbespruch der Leipziger Olympiabewerbung für 2012 - inwieweit dieser mit zur Bewerbungspleite beigetragen hat, ist nicht bekannt.*
> **one-man show**: Ein-Mann-Schau, Soloauftritt
> **one-night stand**[1]: *Einnachter,* Einmalverkehr, *sexuelle Beziehung für eine Nacht*
> **one-night stand**[2]: *einmalige Veranstaltung*
> **one-page offer**: Kurzangebot, einseitiges Angebot
> **one-shot**[1]: Einmal- *oder* Sonderauflage
> **one-shot**[2]: Glückstreffer
> **one-stop agency**: Investorenleitstelle, *Anlaufstelle für Unternehmen - Beantragung von Fördermitteln in einem Schritt (z. B. früher beim Berliner Senat)*
> **one-stop shopping**: alles aus einer Hand, Großkaufhaus
> **one-to-one marketing, Eins-zu-eins-Marketing** *(Denglisch):* Individualvermarktung, individuelle, „maßgeschneiderte" Kundenansprache
> **one touch**: ein Griff

one-touch easy: Eintastenbedienung, *auch in denglischen Verbindungen wie:* Briese one touch

one-way[1]: Einbahnstraße

one-way[2]: Einbahn-, nur hin *(z. B. Flugreise)*

one-way[3]: Einweg- *(z. B. Entsorgungsbranche)*

one-woman show: Eine-Frau-Schau, Soloauftritt

online: angeschlossen, *elektronisch* verbunden *(mit dem Internet)*, vernetzt, Internet-, im Netz, *auf Draht*; über das Internet *(z. B. bei Bestellungen)*, *auch in*

    online ad: *Internetwerbeformat*

    online banking: *Kontoführung per Datenfernübertragung,* Internet-Kontoführung, Netz-Kontoführung

    online broker: Internetmakler, Netzmakler

    online brokerage: E-Wertpapiergeschäft, Netzhandel, *Wertpapierhandel vom eigenen Rechner aus*

    online coach: Internettutor, -mentor, -betreuer

    Onlineforum: *spezielles Internetforum mit der Möglichkeit, sich im Netz direkt zu unterhalten, Denglisch*

    online gaming: Internet(glücks)spiel

    online gehen *(Denglisch)*, **go online**: *sich ins Internet bzw. in ein lokales Rechnernetz einwählen*

    online marketing: Internetwerbung, Internetvermarktung

    online music store: Internet-Musikbörse *(zum legalen Herunterladen von Musikdateien)*

    onliner: Internetbesucher, *Netzbummler*

    Onlineredakteur: Netzjournalist, Netzredakteur, *Denglisch*

    online service, **Onlinedienst** *(Denglisch)*: *(Daten-)*Netzdienst

    online shop: Internetkiosk

    online shopping: Interneteinkauf, *vgl.* **armchair shopping**

    online store: Internetladen, Netzgeschäft, virtuelle Handelsfiliale

    online teaching: E-Lernen, elektronisches Lernen, Fernlernen, Netzlernen, *siehe auch* **e-learning**

    Onlinetochter: *Tochterunternehmen, das nur im Internet Geschäfte betreibt, Denglisch*

    online trading: E-Wertpapierhandel

    online tutor: E-Lehrer, Netzlehrer

    Onlinewahl: Wahlbeteiligung per Internet, E-Wahl, *Denglisch, siehe auch* **e-voting**

only: nur

on/off: Ein-/Ausschalter

on sale: im Sonderangebot

on-the-job training: Ausbildung am Arbeitsplatz

on-the-run: „Auf dem Sprung", „Unterwegs", *einfallslose denglische Bezeichnung für einen Tag und Nacht geöffneten Einkaufsmarkt der Esso-Tankstellen*

oops!: ups!, ui!, hoppla!

open: offen, geöffnet, *sicherlich ein vollkommen überflüssiger Anglizismus, doch findet er sich an vielen Ladentüren gerade kleinerer Geschäfte, auch in*

    open access: freier Zugang

    open-air^1: unter freiem Himmel, Freiluft-, *siehe auch* **outdoor**

    open-air^2: „oben ohne" *(bei Cabriolets)*

    open-air festival: Freiluftfest, Freiluftveranstaltung

    Open-Air-Kino: Freilichtkino, *Denglisch*

    Open-Air-Konzert: Freiluftkonzert, *Denglisch*

    open-end: Ende offen

    opener: Titel-, Startmelodie *(auf Platten)*, *Denglisch*

    open house: offene Tür, für alle offen, frei für alle; Tag der offenen Tür

    opening^1: geöffnet, Öffnung

    opening^2: Eröffnung

    open issue: unerledigte Angelegenheit, schwebende Sache

    open market: Freiverkehr

    open-minded: tolerant, offen, aufgeschlossen

    open point: weißer Fleck

    Open-Service-Schalter: offener Schalter, *nicht vom Kunden abgetrennter Schalter (Deutsche Post, Bankfilialen), Denglisch*

    open source: freies Programm *(mit offenem Quellkode)*

    open your mind!: sei aufgeschlossen!

operate, operating: bedienen, *hauptsächlich technische Geräte, auch in*

    operating system, OS: Betriebssystem *(EDV)*

    operator^1: Bediener, Wirkender, Betreiber; Systembetreuer

operations manager: Gruppenleiter *(im operativen Geschäft), auch:* Betriebs-, Werkleiter

operator^2: Rechenoperationskürzel, Operator *(aus dem Lateinischen)*

opinion: Meinung, *auch in*

    opinion leader: Meinungsmacher, -führer, -bildner; Experte

opt-out: Ausnahmeregelung, Nichtbeitritt, wahlweiser Austritt *(Politik, speziell in der EU)*

oral history: Erzählungen, *mündlich weitergegebene Geschichte, mündliche Überlieferung*

orbit: Umlaufbahn, *auch in*

    orbiter: (Raum-)Sonde

order^1: Auftrag, Anweisung, Befehl

order^2: Kauf- bzw. Verkaufsauftrag *(Börse)*

ordern: bestellen, verlangen, in Auftrag geben, *Denglisch*

organizer[1]: *modernes (elektronisches)* Notiz- und Adressbuch, Terminplaner, *(mobile)* Datenbank

organizer[2]: Ablage, *Schreibtischbehältnis für Stifte, Büroklammern usw.*

organizing committee: Organisationskomitee, Ausrichter *(Sport)*

orienteering: Orientierungslauf, Orientierungsrennen, Orientierungssport

original equipment manufacturer, OEM: Originalhersteller, Hersteller von Originalteilen *bzw.* Originalzubehör; *auch speziell: lizenzierter Vertreiber von fremden Rechnerprogrammen zusammen mit eigenen Geräten (EDV)*

originals: Originale

OS: *siehe* **operating system**

other: anderer/e/s, anders

out[1]: aus, vorbei; ohne, nicht; außen, *auch in*

> **Outboard-Motor**: Außenbordmotor, Außenborder, *Denglisch, siehe auch* **Inboard-Motor**

> **outbound (calls)**: *ausgehende Telefonate,* Telefonwerbung *im Kundendienst, siehe auch* **inbound**

> **outbreak**: Ausbruch, *so tatsächlich in einem Focus-Artikel über Tierseuchen*

> **outcast**: Außenseiter, *(von der Gesellschaft)* Ausgestoßener

> **outcome**: Ergebnisse

> **Outcomeanalyse**: Ergebnisanalyse, *Denglisch*

> **outdate, outdaten** *(Denglisch)*: veralten, überholt sein

> **outdoor**: im Freien, draußen, außer Haus; Freiluft- *(bei Veranstaltungen)*; Straßen-, Freizeit- *(bei Bekleidung), siehe auch* **open-air**[1]

> **outdoor design**: Fassadengestaltung

> **outdoorer**: Wanderer, *Denglisch*

> **Outdoorkleidung**: Freiluftkleidung, *Denglisch*

> **outdoor sports, Outdoor-Sport** *(Denglisch)*: Sport im Freien, Freiluftsport

> **outdrop**: gesellschaftlicher Abstieg

> **outen**[1] *(sich)*: sich blamieren, ins Fettnäpfchen treten, *Denglisch*

> **outen**[2] *(sich)*: sich zu erkennen geben, zu etwas stehen, sich offenbaren, *z. B. Lesben und Schwule, die sich zu ihrer Homosexualität bekennen, Denglisch*

> **outer space**: Weltall

> **outfit**: Aufmachung, Aussehen, Kleidung, Ausstattung, Äußeres

> **outgesourct**: ausgegründet, ausgelagert, *Denglisch*

> **outing**: Enthüllung, *freiwilliges Bekenntnis*

> **outlaw**: Geächteter, Außenseiter, Gesetzloser

> **outlet (shop)**: Verkaufsstelle, Fabrikverkauf *(oft aber nur bei Ramschläden als Euphemismus eingesetzt), siehe auch* **factory outlet**

> **outlet center**: *siehe* **factory outlet**

outlive: überleben

out of area: *außerhalb des Zuständigkeitsbereiches (NATO-Terminologie)*

out of bounds: Zutritt verboten, *eigentlich: „außerhalb der Grenzen", gilt hier für britische Militärangehörige, siehe auch* **out of limits**

out of control: außer Kontrolle

out of focus: unscharf, *symbolisch auch:* „aus den Augen, aus dem Sinn"

out of limits: Zutritt verboten, *eigentlich: „außerhalb der Grenzen", gilt hier für amerikanische Militärangehörige, siehe auch* **out of bounds**

out-of-office note, **Out-of-Office-Notiz** *(Denglisch)*: Abwesenheitsmeldung, -notiz

out-of-office reply: Abwesenheitsnotiz

out of this world: Realitätsferne; Zukunftsforschung

outperformen: übertreffen *(z. B. einen Börsenindex), Denglisch*

outperformer: *siehe* **market outperformer**

outplacement: Vermittlungshilfe, Überführungshilfe, Humanentlassung, *Entlassung mit Vermittlung, auch einfach:* Entlassung

outplacing: human entlassen; auslagern

output: Ausgang, Ausgabe, Ausstoß, Ergebnis, Produktion, *vgl.* **input**

output management: Dokumentensteuerung, -verteilung

outside: außen, Außenansicht

outside personnel contacter: Straßenwerber

outsider: Außenseiter, Nonkonformist

outsourcen: ausgründen, auslagern, *Denglisch*

outsourcing: Ausgründung, Auslagerung; ausgründen, Ausgliedern *von Aufgaben / Leistungen, siehe auch* **offshoring**

outstep: überschreiben

outtake: Verschnitt *(Film)*

outwear: *(Kleidungsstück)* außen zu tragen

out[2]: nicht zeitgemäß, völlig veraltet, unmodern, aus der Mode

over: über, hinüber, herüber, vorüber, *oft in unsinnigen Zusammenhängen wie* over 30 *für eine Fetenform für Menschen über 30 Jahre, auch in*

overachievement: überragende Leistung, Superleistung, Zielübertreffung

overachiever: „Überflieger"; Streber, Arbeitssüchtiger, Arbeitstier, *siehe auch* **workaholic**

overall: *(einteiliger)* Schutzanzug, *Blaumann*

overdose: Überdosis *an Drogen*

overdosed: überdrüssig, übersättigt

overdressed: zu fein, unangemessen gekleidet, *siehe auch* **overstyled**, *vgl.* **underdressed**

overdrive: Schnellgang, Turbo

overhead (costs): Gemeinkosten, Fixkosten, laufende Kosten

overhead projector: Tageslichtschreiber, Folienprojektor, Hellraumprojektor

overkill: Totalvernichtung, *„Überdosis" Atomwaffen*

overnight: über Nacht, während der Nacht

overpacen: Tempo überziehen, *Denglisch*

overrulen: überstimmen, *Denglisch*

overscreening: *zu große Kinodichte - der unangenehme Eindruck eines rückläufigen Publikumsinteresses scheint sich eben nur mit einem Anglizismus geeignet verbrämen zu lassen.*

oversell: Marktsättigung

overshoot, overshooten *(Denglisch)*: über das Ziel hinausschießen, zu weit gehen

oversize: Übergröße

oversized: übergroß

overstaffed: *personell* überbesetzt

overstatement: Übertreibung

overstyled: zu fein, *siehe auch* **overdressed**, *vgl.* **underdressed**

over-the-counter, OCT: über den Ladentisch; über den Schalter *(„Tafelgeschäfte" an der Börse)*

Over-the-Counter-Medikament, OTC: rezeptfreies Medikament, *Denglisch*

over-the-top: übertrieben, verrückt

overtop: herausragend

overtrousers: Überhosen, Schmutzhosen

owner: Eigentümer, Besitzer, Halter, Eigner, Inhaber

P

pace: Schritt, Tempo, *auch in*

> **pacemaker**: Schrittmacher, *beide Bedeutungen: beim Wettrennen und in der Herzchirurgie*

pacecar: Führungsfahrzeug *(Formel 1)*

pack: Paket, Bündel; packen, verpacken, *auch in*

> **package**: Paket, *auch im übertragenen Sinne*

> **package deal**: Koppelgeschäft

> **package tour**: Pauschalreise, Reisepaket

packaging[1]: *geschickte* Raumausnutzung *(z. B. bei Kfz)*
packaging[2]: Aufmachung, *besonders geschmackvolles Einpacken von Geschenken, „Verhübschung"*
packaging[3]: Verpackungsanlage *bzw.* -abteilung *in großen Firmen*
pact: Abkommen, Vertrag
pad: Polster, Kissen, *auch im weiteren Sinne wie:* Stahlschwämme, Reinigungskissen, Wattekissen *usw., siehe auch* **mousepad**
page: Seite, *auch in*
> **page charge**: Seitengebühr
> **page one**: Titelseite, Schlagzeilenseite
> **pager**: Empfänger *(für Kurznachrichten)*
> **page-turner**: fesselndes, spannendes Buch, Reißer, *ein Buch, das man verschlingt*
> **paging**: Seitenwechsel*(-vorgang) im Rechner*
paint: (an-, be-)malen, schminken; Farbe, *auch in*
> **paintbrush**: farbsprühen
> **painting**: Gemälde
pairing: verkuppeln, zusammenführen, *auch symbolisch*
Paketshop: Paketladen, *Annahme- und Ausgabestelle für Pakete bei OTTO und Hermes, Denglisch*
palmtop: *(mobiler)* Kleinstrechner
pamphlet: Schmähschrift, Streitschrift, *eigentlich Französisch*
pancake: Pfannkuchen
panel[1]: Arbeitsgruppe, Entscheidungsgruppe, Podium, Ausschuss, Forum, Gremium, *auch in*
> **panel discussion**: Podiumsdiskussion
> **panel session**: Ausschuss-, Aufsichtsratssitzung
panel[2]: repräsentative Personengruppe *(z. B. bei Umfragen)*
panel[3]: Schiedsgericht
panel[4]: Konsole, Platte, Täfelung, *siehe auch* **Bedienpanel**
panel PC: Komplettrechner, *siehe auch* **All-in-one-Rechner**
pants: Hose, *siehe auch* **hot pants**, **baggy pants**
paper: Schriftstück, Papier, (Vortrags-)Manuskript, schriftliche Unterlage, *auch in*
> **paperback**: Pappeinband, Taschenbuch, *im Gegensatz zu* **hardcover**, *siehe auch* **softcover**
> **paper jam**: Papierstau, *siehe auch* **jam**[2]
paragliding: Gleitsegeln, Bergsegeln, Gleitschirmfliegen
parcel: Schachtel, Päckchen, Paket, *auch in*
> **parcel service**: Paket(zustell)dienst
park: abstellen, parken, *auch in*

park and ride, P&R: Nahverkehrstransportsystem (NVTS), parken und (mit-)fahren, Bahnhofsparkplatz

park-and-ride place: Abfangparkplatz, Umsteigeparkplatz

park coin: Parkmünze, *siehe auch* **chip coin**

parser: Lexer, lexikalischer Analysator

parsing: lexikalische Analyse

part, parts: Teil, Teile

partner: Partner, *auch in*

> **partner look**: Partnerkleidung, gleiches Erscheinungsbild, gleiche Kleidung *eines Paares*
>
> **partnership**: (Geschäfts-)Partnerschaft

part-time job: Teilzeitarbeit

party: Feier, Fest, Fete, *auch in*

> **party animal**: „Dauerfeter"
>
> **party gag**: *besondere* Festüberraschung, *besonderer Einfall zu einem Fest*
>
> **party girl**: Fetenmädchen
>
> **partying**: feiern
>
> **party killer**: Festsensation
>
> **party scout**: Fetenorganisator, -betreuer
>
> **party service**: *Versorgungsdienst für Feiern,* Festdienst, Fetendienst
>
> **party time**: Festzeit, Zeit zum Feiern

passenger: Reisender, Fahrgast, Fluggast

passenger car: Personenkraftwagen, PKW

passing events: Tagesereignisse, Aktuelles

password: Kennwort, Passwort, Geheimwort, Zugangswort, Losung

paste: kleben, einfügen; Kleister

patch^1: Flicken, *auch in*

> **patchwork**: Flickwerk, Flickenteppich, Decke
>
> **Patchworkfamilie**: Mischfamilie, „bunte Familie", „zusammengewürfelte Familie", *Denglisch*

patch^2: *(vorläufige)* (Programm-)Korrektur, Fehlerausbesserung *(EDV)*

patent office: Patentamt

patent pending: angemeldetes Patent, *siehe auch* **pending**

path^1: Pfad

path^2 (name): Zugriffspfad, Pfad *(EDV)*

patient education: Patientenberatung, Patienteninformation

pattern: (Verhaltens-)Muster, Suchmuster, Schema

Pausensnack: Zwischenmahlzeit, Brotzeit, *Denglisch*

pay: zahlen, *auch in*

payback: Rückzahlung, Rückerstattung; *eine Gruppe deutscher Firmen verwendet* **payback** *als Eigenname im denglischen Sinne für:* Bonus *bzw.* Rabatt, *siehe auch* **payout**

paybox: *bargeldloses Bezahlsystem über Mobiltelefon oder E-Post (eigentlich: Geldkassette, in der man Eintrittsgeld hinterlässt)*

pay card: Geldkarte

payday: Zahltag, Erfüllungstag

pay-for-performance: *bezahlte Internetwerbung (über Suchmaschinen)*

pay-for-surf: Internetbelohnung *(für Kinder)*

paying guest: zahlender Gast

payment: Zahlung

payoff: Verdienst, Gewinn, Lohn

payout: Aus(be)zahlung, *Rückgewinnung von eingesetztem Kapital*

payout time: Auszahlungszeit, Lohnzahltag

pay-per-use: Bezahlabruf, *gebührenpflichtiger Abruf von Informationen aus dem Internet*

pay-per-view: Bezahlfernsehen, -sendung, *Fernsehen mit Zuzahlung für jede einzelne gesehene Sendung*

payroll: Gehalts-, Lohnliste; Lohn- und Gehaltssumme; Mitarbeiter-, Beschäftigtenzahl

Pay-Sender: Bezahlsender, *Denglisch*

pay site: Bezahl-Netzangebot, kostenpflichtige Seiten

pay-TV: Bezahlfernsehen, *im Gegensatz zum* **free-TV**

PC: *siehe* **personal computer**

PDA: *siehe* **personal digital assistant**

peace: Frieden, *auch in*

peace box: *denglisches Markenzeichen eines Schweizer Herstellers von* Pappsärgen

peacekeeping: Friedenserhaltung

peach: Pfirsich, *auch in*

peach mask: Pfirsichmaske *(Kosmetik)*

peach skin: Pfirsichhaut

peak[1], **peak value**: Spitzenwert, Maximum, Höhepunkt

peak[2]: Zacke, Bergspitze

peanuts: Kleinigkeit, Bagatelle, Klacks; *auch: unbedeutender Geldbetrag, Pfennigbeträge*

pearl-white: Perl(mutt)weiß *(in Zahnpasta-Produktbezeichnungen)*

peelen *(Denglisch)*, **peeling**[1]: Haut schälen, Gesicht schälen; Hautschälung, Gesichtsschälung *(Kosmetik)*

peeling[2]: Rubbelcreme *(zur Hautpflege)*

peer group: Gruppe Gleichartiger, Gleichgesinnter

peer review: Begutachtung, Gutachterwesen *bei wissenschaftlichen Publikationen*; Beurteilung durch Kollegen

peer-to-peer network, Peer-to-Peer-Netz *(Denglisch)*: Partnernetz, *Netzwerk aus gleichberechtigten Rechnern (EDV)*

pellets: Kügelchen, Schrotkorn; Pressling

pen[1]: Stift, *Eingabegerät anstelle der üblichen Maus*

pen[2]: Füllfederhalter, *im denglischen Sinne aufgefallen durch das Beispiel einer Hamburger Schreibgerätefirma, die den großen deutschen Theaterregisseur Reinhardt zu ehren vermeint, wenn sie einen Preis unter dem Namen „Max Reinhardt Pen" vergibt*

pending: anhängig, schwebend *(Verfahren), siehe auch* **patent pending**

penny stocks, Penny-Stock-Aktien *(Denglisch)*: Billigaktien, *Pfennigaktien*

penthouse, Penthaus *(Denglisch)*: *exklusive* Dach(terrassen)wohnung

people: Leute, Menschen, Nation, *eigentlich: „Volk"*

People-Magazin: Leute-Blatt, Klatschpresse, *Denglisch*

peoples: *Denglisch für* **people**

pep: Schwung, Energie, Pfeffer, Elan

peppen: *siehe* **aufpeppen**

peppig: schwungvoll, pfiffig, ausgefallen, *Denglisch*

percussion[1]: Abklingeffekt *(elektronischer Instrumente)*

percussion(s)[2]: Orffsche Instrumente, Schlag-, Rhythmusinstrumente, Schlagwerk; Schlagzeug

perfect: vollkommen, perfekt

perfect ager: kaufkräftige Altersgruppe

perfect world: Utopia, Schlaraffenland, Paradies

perform: aufführen, darbieten, *auch in*

> **performance**[1]: Vorstellung, Auftritt, Darbietung, Darstellung
>
> **performer**: Darsteller, Bühnenkünstler

performance[2]: Leistung, Leistungsfähigkeit, Ergebnis, Resultat, *auch in*

> **performance evaluation**: Leistungsbewertung
>
> **performance target**: Leistungsziel, Leistungsvorgabe
>
> **performance test**: Leistungskontrolle, -überprüfung, -messung; Funktionsprüfung; Eignungsprüfung, Intelligenztest

performance[3]: Kursentwicklung, Rendite, Wertentwicklung *einer Kapitalanlage*

periodic review: Routineauswertung, regelmäßige Überprüfung

permission: Zustimmung, Genehmigung, Erlaubnis

personal: persönlich, *nicht zu verwechseln mit* **personnel**, *auch in*

> **personal computer, PC**: eigener Rechner, persönlicher Rechner, Privatrechner, Heimrechner, Arbeitsplatzrechner *(EDV)*
>
> **personal digital assistant, PDA**: Kleinstrechner *(als elektronisches Notizbuch bzw. elektronischer Terminkalender)*

personal help: persönliche Beratung *bzw.* Betreuung

personal help show: Ratgebersendung *(im Fernsehen), Denglisch*

personal identity: persönliches Erscheinungsbild

personal identity number, PIN, PIN code: persönliche Geheimzahl, *persönliche Identifikationsnummer*

personality: Persönlichkeit

personality show: Prominentensendung

Personalcontrolling: Personalsteuerung, *Denglisch - das* **Personalcontrolling** *hat es wirklich schwer, weil das Personal eben nur „Kontrolle" versteht; in Wirklichkeit sammeln die „Personalcontroller" einfach Daten und werten diese aus, um z. B. Personalengpässe früh zu erkennen.*

Personalmarketing: Personalwesen, *Denglisch*

Personal-Service-Agentur, PSA: Zeitarbeitsagentur, *Denglisch (Hartz)*

personnel: Personal, *nicht zu verwechseln mit* **personal**, *auch in*

personnel management: Personalwesen

personnel manager: Personalleiter

pervasive computing: *„rechnerdurchdrungene Welt", vollständige Durchdringung der Alltagswelt mit drahtlos vernetzten Rechnern und Mikroprozessoren (zurzeit noch eine Vision), siehe auch* **ubiquitous computer**

pets: Haustiere, Streicheltiere

phantastic: *aus dem Fantastischen kommend (Literatur, Kunst, Esoterik), nicht zu verwechseln mit* **fantastic**

pharmacy: Apotheke, *siehe auch* **drugstore**

pharming[1]: Adressenbetrug *im Netz, automatisches Umleiten auf gefälschte Netzstandorte, siehe auch* **phishing**

pharming[2]: *Herstellung von Medikamenten mittels Gentechnik unter Einsatz von Tieren bzw. Pflanzen*

phase-out: Ausstieg, Auslauf; Einstellung

phasing-in: begrenzte, schrittweise Einführung *(Politik)*

phasing-out: schrittweises Absenken, schrittweises Auslaufen *(Politik)*

phat (pretty hot and tempting): überwältigend, hervorragend

phishing: Passwortdiebstahl, -fang *(Kombination von* **passwort** *und* **fishing***), siehe auch* **pharming**[1]

phone: Fon, *Kurzform für: Telefon, auch in*

phone banking: *Bankgeschäfte per Telefon*

phone card: Telefonkarte

phonemanship: Telefonverkaufskunst

photo finish, Fotofinish *(Denglisch)*: Zielfoto, Zielfotoentscheidung

photo session, Fotosession *(Denglisch)*: Fototermin

photo shooting, Fotoshooting *(Denglisch)*: Fototermin

physical exercise: Leibesübung, Sport

pickles: *siehe* **mixed pickles**

pick up[1]: aufheben

pick up[2]: anbaggern, aufreißen, anmachen, angraben

pickup[3]: Pritschenwagen, Kleintransporter

pickup[4]: Tonabnehmer

picnic: Picknick

pictophone: Bildtelefon

picture: Bild

picture-in-picture, PIP: „Bild im Bild", *geschachtelte Bilder im Fernsehen*

picture viewer: Bildbetrachter

pidgin: Mischsprache

pie: Pastete

piece: Stück, *auch in*

> **piece concept**: *Gepäckbegrenzung nach Stückzahl (bei Flugreisen), siehe auch* **weight concept**

pierce: bohren, stechen, stanzen, *auch in*

> **piercing, piercen** *(Denglisch)*: Hautstechung, *Anbringen von Körperschmuck*

pigeonhole: Ablagefach, Brieffach, *eigentlich: „Taubenschlag"*

pin[1]: Anstecker

pin[2]: Markierung

pin[3]: Bolzen, (Steck-)Nadel, Stift

pin[4]: heften, stecken

PIN[5], **PIN code**: *siehe* **personal identity number**

pinboard, Pinnbord *(Denglisch)*: Stellwand, Notizwand, Anschlagwand

pine: Kiefer *(nicht: Pinie), auch in*

> **pinewood**: Kiefernholz

pineapple: Ananas

pink: *(leuchtend)* rosa(-farben)

pink box: Schminkkästchen, -schatulle

pink slip: Kündigungsschreiben *(keine Damenunterwäsche)*

pinup: Nacktfoto, *auch in*

> **pinup girl**: Fotonacktmodell, Spindmädchen, *Brautersatz im Soldatenspind*

Pinwand: Notizwand, Anschlagwand, *Denglisch*

PIP: *siehe* **picture-in-picture**

pipe[1]: Kommandofolge, *zusammengestellte Folge von Systemkommandos*

pipe[2]: Rohr, Pfeife, *auch in*

> **pipeline**[1]: *(Öl-, Gas-)*Rohrleitung

pipeline[2]: Transportschlange *(EDV)*

pipeline[3]: Entwicklung(sphase) *(z. B. bei Autos)*

pipeline[4]: Vorrat, Sammlung, Warteliste

Pipeline haben *(alles in der)*: noch eine Idee haben, es liegt auf der Zunge, es kommt noch etwas *u. a. - die ganze Bandbreite dieser deutschen Wendungen wird zurzeit von der denglischen Formel verdrängt.*

Pipeline stellen *(in die)*: *(eine wichtige Sache) auf den Weg bringen, Denglisch*

Pistenbully: Pistenspurfahrzeug, *Denglisch*

pit: „Grübchen" *(eine der beiden Informationseinheiten einer* **CD** *bzw.* **CD-ROM** *in Form einer Vertiefung - die andere ergibt sich aus unberührtem* **land***)*

pitchen: werfen *(im Baseball), Denglisch*

pit stop: Boxenstopp *(Formel 1)*

pixel: Bildpunkt, Rasterpunkt *(EDV)*

place: Ort, Platz, Stelle, *auch in*

>   **placemats:** Platz-, Tischdeckchen

>   **placement:** Absetzungsort, Warendekoration *oder* -platzierung, *siehe auch* **product placement**

>   **placement test:** Einstufungstest

>   **place to be *(the)*:** *wo man sein sollte,* „Muss"-Ort

placer: Schleichwerber

plaid: karierte (Reise-)Decke, Karomuster

plain: schlicht, einfach, deutlich, klar

plane: Flugzeug, *siehe auch* **airplane**

planning: Planung, *auch in*

>   **planning system:** Planungssystem

plant manager: Betriebs-, Werkleiter

plastics: Kunststoffe

platform: Plattform *(EDV)*

play¹: Spiel, spielen

play²: Aufführung; Bühnenstück, Theaterstück

playback: Gesangsimitation, Musikkonserve

playboy: Frauenheld, Lebemann, Salonlöwe

play-down: Abstiegsspiele, Abstiegsrunde

player¹: Spieler, *auch im übertragenen Sinne*

player²: Einkäufer *(der im Internet Bestellungen aufgibt)*

player³: Abspielgerät, Abspieler, *kurz:* Spieler, Gerät, *z. B. in* **CD-player, DVD-player, MP3-player**

playgirl: Lebefrau, Spaßmädchen

play house: Spielothek, Spielhalle, *die deutschen Ausdrücke werden mehr und mehr durch den englischen ersetzt*

playmate: Gespielin, *abwertend für:* „Frau als Männerspielzeug"

play-off. Aufstiegs-, Entscheidungs- *oder* Ausscheidungsspiele, Meisterrunde

pleasure: Vergnügen, Genuss, Zufriedenheit

plot[1]: Handlung *innerhalb eines Dramas oder Films*, Handlungsablauf, Handlungsgerüst

plot[2]: Bild, Zeichnung, Diagramm, *auch in*

    plotten: *(maschinell)* zeichnen, *(Zeichnung)* ausdrucken, *Denglisch*

    plotter: Zeichengerät

plug: Stecker, Stöpsel; Anschluss *an etwas, auch in*

    plug-and-play: *„einstöpseln und spielen"*, sofort betriebsfähig, einfach anschließen, *beim Rechner kompatible Systeme, die ohne EDV-Programme laufen*

pluggable: einsteckbar

plug-in: Zusatz(-programm), Steckmodul, Einschub *(Rechner)*, Ergänzungsmodul *(EDV), siehe auch* **kit**[2]

p.m.: nach Mittag, *englische Abkürzung für den lateinischen Begriff* **post meridiem**, *siehe auch* **a.m.**

pocket: Tasche, *auch in*

    pocketbook: Taschenbuch

    Pocketformat: Taschenformat, Kleinformat, *Denglisch*

    pocket game: Reisespiel, Taschenspiel

    Pocketkamera: Taschenfotoapparat, *Kleinformatfotoapparat,* Knipskiste, *Denglisch*

    pocket-PC: Mobilrechner, *transportabler Rechner (nicht: Taschenrechner), siehe auch* **handheld**

    Pocketversion: Taschenversion, Taschengröße, *Denglisch*

podcast: *(aus dem Internet ladbare)* Audiodatei

poetry: Lyrik, *auch in*

    poetry slam: Lyrikwerkstatt, Lyrikfest, „Wettdichten"

point: Punkt, Standort, Treffpunkt; Verkaufsstand *(z. B. Bratwurst-Point), auch in*

    point of conflict: Konfliktpunkt

    point of consider: Ansichtssache, Standpunkt

    point of information: Auskunft, Informationsstelle, *i-Punkt*

    point of interest: Sehenswürdigkeit

    point of no return *(that's the)*: Punkt ohne Umkehr(-*möglichkeit*), *(das ist die)* Grenze, *im Sinne von: „ab hier gibt es kein Zurück mehr"*

    point of sale: Verkaufsstelle, Filiale; Kassenplatz, Verkaufsschalter

pointer[1]: Zeiger, Zeigestock; Zeigegerät *(für Präsentationen), siehe auch* **cordless presenter**

pointer[2]: Zeiger, Verweis *(EDV)*

poker face: *undurchsichtiger Gesichtsausdruck,* Pokergesicht

Pole-Mann: Erster, Führender, *Denglisch, so in Berichten über die Formel 1 im deutschen Fernsehen*

pole position: Führungsposition, Beststartplatz, erster Startplatz

policy: Grundsatz, Methode, Verfahrensweise, Politik, Taktik

polish, polishen *(Denglisch)*: Polier-, Putzmittel, Glanzpolitur; Schuhcreme; polieren, blank reiben

politainment: politische Unterhaltung, *Politunterhaltung*, unterhaltende Politik

political correctness: politische Korrektheit *(„richtige Gesinnung")*

Polittalk: politische Gesprächsrunde, *Denglisch, siehe auch* **talk show**

Politthriller: politischer Reißer, *Denglisch, siehe auch* **thriller**

poll: Wahl, Abstimmung; Befragung, Umfrage, *auch in*

    polling: Meinungsumfrage

polo shirt: Polohemd

pool^1: Sammelbecken, Vorrat, *auch symbolisch*

pool^2 (billiard): 8-Ball-Billard

pool^3: Schwimmbecken, Teich, *auch in*

pool^4: Objektbeteiligungen, Bündelung, *auch in*

    poolen^1: *(Gewinne)* zusammenlegen und ausschütten, teilen, *Denglisch*

    poolen^2: *(Einkäufe)* bündeln, *Denglisch*

pop^1: *moderne Musikrichtung*

pop^2, popular: populär, volkstümlich, volksnah, *auch in*

    poppig: modern, modisch *(der modernen Kunst entsprechend)*, *Denglisch*

    pop star: *moderner Unterhaltungskünstler*

popcorn: Puffmais, Flockmais, *auch in*

    Popcornfilm: Durchschnittsfilm, belangloser Film, *Denglisch*

pop-off: Überdruckventil

popper: Geck, Salonlöwe, Stenz

population: Einwohner, Bevölkerung(szahl)

pop-up^1 (menu): Aufspringmenü, Menü *(das bei Berühren einer Schaltfläche erscheint)*

pop-up^2: Aufspringwerbung, Werbeeinblendung, *auch in*

pop-up blocker, pop-up killer: *Schutz vor (störenden) Werbeeinblendungen, Werbeunterdrückung*

pop-up book, Pop-up-Buch *(Denglisch)*: Aufspringbuch, 3-D-Buch *(Kinderbuch mit aufspringenden 3-D-Elementen)*

pop-up killer: *siehe:* **pop-up blocker**

Pop-up-Werbung: *unerwünschte Werbung auf Internetseiten, Denglisch*

port^1: Hafen

port^2: Geräteanschluss, Schnittstelle

portable^1, Porti *(Denglisch)*: tragbares Gerät, *z. B. Fernseher*

portable^2 (computer): Mobilrechner, *tragbarer Rechner*

portfolio: Aktienbestand, Wertpapierbestand, *Gesamtheit aller Anlagewerte eines Anlegers, auch in*

    portfolio management: Wertpapierverwaltung

pose: posieren

position: Standort, Standpunkt, *auch symbolisch*

post[1], **posting**[1]: platzieren

post[2], **posten** *(Denglisch)*: senden, schicken, schreiben *(mit E-Post)*; einsenden, einschicken; veröffentlichen

postage point: Postfiliale, Briefannahmestelle

postbox: Postfach *(Deutsche Post)*

post card: Postkarte

Postdoc-Stelle: Habilitationsstelle *(in Projekten)*, *Denglisch*

Postdoc-Stipendium: Habilitations-, Aufbaustipendium, *Denglisch*

poster: Plakat, Schaubild, Großbild, *auch in*

> **poster art**: Plakatkunst. *2003 erschien zu dieser Kunstform eine Briefmarken-Gemeinschaftsausgabe der europäischen Länder. Während jedes andere Land den Begriff in seiner eigenen Sprache auf die Marken brachte, hatte die „Deutsche" Post dabei die Kühnheit, die englische Bezeichnung zu verwenden.*

> **poster session**: Schautafelpräsentation

> **poster shop**: Plakatgeschäft

post-free: portofrei

posting[2]: *(E-Post-)*Mitteilung

post-it: Haftnotiz, „gelber Zettel", „Klebezettel" - *die kleinen Dinger werden aber vom Volke nur selten* Haftnotiz, *noch seltener* **post-it** *genannt.*

postman: Postbote

post meridiem: *siehe* **p.m.**

post office box: Postfach

postproduction: Nachbearbeitung, Reinzeichnung *(Film, Werbung)*

post sales (service): Nachkauf(-betreuung), Kundendienst, *siehe auch* **after sales**

postwar time: Nachkriegszeit

pot[1]: Topf, Sammeldose

pot[2]: Haschisch, Marihuana

powder: Puder

power[1]: Strom, *hier auch in unzähligen denglischen Zusammensetzungen wie:* Aquapower, Familypower *(= Stromtarife) oder* Powerline *(= Netzsteuerung, Stromnetzsteuerung), auch in*

> **power pack**[1]: Kraftpaket, Akku; Netzteil

> **power point**: Steckdose

> **power station**: Kraftwerk

power[2]: Leistung, Schlagkraft, Macht, Kraft, Gewalt, Stärke, *auch in*

> **power drink**: *(aufbauendes) Erfrischungsgetränk, Denglisch*

> **powered by**: unterstützt von

Powerfrau: starke Frau, selbstbewusste Frau, Macherin, Karrierefrau, Klassefrau, *Denglisch*

powerful, powervoll *(Denglisch)*: kraftvoll, leistungsfähig, mächtig

power kids: *aufgeweckte Kinder*

power lifting: Kraftdreikampf *(Sportart)*

power management: Energiehaushalt, Krafteinteilung

powern: antreiben, voranbringen, *eine Sache mit großem Einsatz betreiben, Denglisch*

power play: Druckspiel, *druckvolles Spiel*

power seller: Großanbieter, *Verkäufer mit umfassendem Artikelangebot (bei Netzauktionen)*

power shopping: Gemeinschaftskauf, Kaufgemeinschaft

power stretch: Kraftdehnen *(neue Modesportart)*

Powerboatrennen: Schnellbootrennen *(Sportart), Denglisch*

powernap(ping): Mittagspause, Ruhepause, Entspannungspause, *stärkendes Mittagsschläfchen - das Wort gilt als Beispiel eines misslungenen Euphemismus; selbst des Englischen unkundige Menschen übersetzen es gern mit „Beamtenschlaf".*

power of attorney: Anwaltsvollmachtbescheinigung, Vollmacht

power pack[2]: Kompaktanlage, *kleine kompakte Bauweise elektronischer Anlagen*

Powerschlaf: Gesundheitsschlaf, *Denglisch*

power walking: sportliches Gehen, strammes Gehen, stark forciertes Gehen, Marschieren

PR: *siehe* **public relations**

P&R: *siehe* **park and ride**

practice: Praxis

praise: Lob, Lobpreis

PR-Arbeit: Öffentlichkeitsarbeit, Meinungs-, Kontaktpflege, *Denglisch*

pray: beten, *auch in*

    pray of the week: Gebet der Woche, *Denglisch (im Englischen hieße es „prayer of the week")*

    pray station: Betplatz, Gebetsstation - *wer es nicht glauben mag, dass es diesen ungeheuer peinlichen Anglizismus wirklich gibt, schaue sich bei der Jugendarbeit verschiedener evangelischer Kirchen um; dort hat man jeglichen Respekt vor dem Wort verloren.*

preface: Vorwort

preference[1]: Vorliebe

preferences[2]: (Benutzer-)Einstellungen, Voreinstellungen *(EDV)*

preform: Rohling *(z. B. für Plastikflaschen)*

Preismarketing: Preisvermarktung, *(bessere) Vermarktung über den Preis (Preispolitik z. B. von „Billigfliegern"), Denglisch*

preliminary draft: vorläufiger Entwurf, Vorentwurf, Rohfassung, *siehe auch*
final draft

premium: sehr gut, von besonderer, von bester Qualität, erstrangig; *auch: Brieftarif der Deutschen Post*

Premiumangebot: Bezahlangebot, *(in der Regel) kostenpflichtiger Vorrangdienst von Internetbetreibern*, Denglisch

Premiumpaket: Luftpostpaket, *Denglisch*

premix: *(industriell hergestelltes, meist alkoholisches)* Mixgetränk, *Denglisch*

Pre-Offer-Phase: Angebotsvorbereitungsphase, Vorangebotsphase *(Börse)*, *Denglisch, siehe auch* **Offer-Phase**

prepaid: voraus bezahlt, vorbezahlt, *auch in*

    Prepaidkarte *(Denglisch)*, **prepaid card**: Guthabenkarte

prepay, prepayment: Vorauskasse, Voraus(be)zahlung

preprint: Vorabdruck

preproduction: Vorarbeiten, Vorbereitungsarbeiten *(Film)*

prequel: Vor(ab)version *(z. B. eines Films)*

pre-safe: „vorausschauende Sicherheit", *Sicherheitsphilosophie von Daimler-Chrysler (Sensoren sollen schneller als der PKW-Fahrer reagieren)*

presales (service): Interessentenbetreuung

preselection: Vorauswahl, Voreinstellung, fester Vertrag *(bei Telefonanbietern), auch in*

    Preselectionkunde: Vertragskunde, *Denglisch*

present: Geschenk, Präsent

presentation: Vorführung, Vorlage, Präsentation, Vortrag

presenter: Anbieter, *jemand, der etwas vorstellt*

preset: Voreinstellung *von Geräten*

pre-shave: vor der Rasur, *siehe auch* **after-shave**, *auch in*

    pre-shave lotion: *Vorrasurwasser, Vor-Rasierwasser*

press: drücken, *auch in*

    pressing: Drücken, massiertes Spiel *(Sport)*

Pressebriefing: *(kurze)* Pressekonferenz, *Denglisch*

Presseclipping: Presse-, Zeitungsausschnitt(-dienst) , *Denglisch*

press release: Presseerklärung

pressure group: Interessengruppe, Interessenvertreter, Druckmacher

pretest: Vorprüfung, Simulation; Vorpremiere

pretty: hübsch, schön

preview: Vorschau, Vorabvorführung *(von Produkten, Filmen)*, Voranzeige

prewashed: vorgewaschen

price: Preis, *auch in*

    price checker: Preiskontrollgerät *(im Handel)*

    price-earnings ratio: Kurs-Gewinn-Verhältnis *(Börse)*

    price leadership: preisbestimmendes Unternehmen; Preisführung

price-performance ratio: Preis-Leistungs-Verhältnis

pricing: Preisbildung

primary (election): Vorwahl

prime: Haupt-, wichtigst, *auch in*

> **prime market**: *Sektor der Spitzenunternehmen an der Börse, siehe auch* **blue chip**
>
> **prime minister**: Premierminister
>
> **prime rate**: *Diskontsatz mit Leitzinsfunktion,* Hochtarif
>
> **prime standard**: *oberes Börsensegment (im Ergebnis einer Neueinteilung des deutschen Aktienmarktes), Denglisch, siehe auch* **domestic standard**
>
> **prime time**: Hauptsendezeit, Hauptquotenzeit

print[1]: Druck, drucken, *auch in*

> **printed in**: gedruckt in
>
> **printer**: Drucker
>
> **Printexemplar**: Druckexemplar, gedrucktes Exemplar *(z. B. von Informationen aus einer Internetdatenbank), Denglisch*
>
> **Printhaus**: Verlagshaus, *Denglisch*
>
> **printing on demand**: Abrufdruck, Druck bei Bedarf, Druck auf Bestellung
>
> **Printmedien**: Druckmedien: Bücher, Zeitungen, Zeitschriften, *Denglisch*
>
> **print out, printout**: ausdrucken; Ausdruck

print[2]: *(gedruckter) Abzug eines Digitalfotos*

prints: Fingerabdrücke

priority: Vorrang, Priorität, Rangfolge

privacy: Privatheit, Privatsphäre

private banking: Privatkundengeschäft *(einer Bank)*; Vermögensverwaltung, *siehe auch* **corporate banking**

private clients and asset management: Beratungsgeschäft *(eigentlich: Privatkunden in Vermögensverwaltung)*

private equity: privates Beteiligungskapital, Eigenkapitalbeteiligung

Private-Equity-Gesellschaft, Private-Equity-Unternehmen: private Beteiligungsgesellschaft, Risikokapitalgesellschaft, *Denglisch*

private-public partnership: *siehe* **public-private partnership**

prize: Auszeichnung, Prämie, Preis *(bei Wettbewerben)*

problem: Problem, Frage, Schwierigkeit, *in der Umgangssprache vieler Unternehmen oft in der Negation:* **no problem** = „Kein Problem"

procedures: Verfahren

proceedings: Fortschrittsbericht, Tagungsbericht

proceeds: Erlös, Ertrag

process: Vorgang, Prozess, *auch in*

process mapper: Prozessgestalter

process reengineering: Prozessumgestaltung, -neugestaltung, *Überdenken von Prozessabläufen*

processing: Verarbeitung, verarbeiten

processor: Hauptrecheneinheit

procurement cycle: Beschaffungszyklus, Beschaffungsperiode

produce: herstellen, produzieren, fertigen

producer[1]: Hersteller, Erzeuger, Fabrikant

producer[2]: Produzent *(Film, Fernsehen)*

product: Produkt, Erzeugnis, *auch in*

  product development: Produktentwicklung

  production controller: Fertigungsüberwacher

  production manager: Herstellungsleiter, Fabrikationsleiter

  production system: Produktionssystem, Erzeugungssystem

  product key: Produkt(identifizierungs)schlüssel, Produktzertifizierungsschlüssel *(EDV)*

  product management: Produktentwicklung und -planung; Produktbetreuung

  product manager: Produkt(gruppen)betreuer

  product marketing: Produktvermarktung, -platzierung; Produktbetreuung, *nicht: Produktforschung*

  product placement: Produkt-, Warenplatzierung; Schleichwerbung

  product support: Produktbetreuung, Betreuung

professional: berufsmäßig, gekonnt, fachmännisch, *auch in*

  professional handling: fachmännische Behandlung *oder* Bearbeitung, *oft im Sinne von:* ordentliche Arbeit

Professionaltarif: Geschäftstarif, *Denglisch*

Profi: Berufssportler, -spieler, *Denglisch, siehe* **professional**, *im übertragenen Sinne auch in*

  Profis der Nation: *Sammelbegriff für die wichtigsten Politiker, Unternehmer, Lehrer, Geistliche und Vereine, Denglisch (die kompetenten Ansprechpartner für die Hartz-Gesetze)*

profile: Eigendefinition, Kurzbeschreibung, Profil

profiler: Fallanalytiker, Profilersteller

profi-like: professionell, *Denglisch*

profiling: Persönlichkeitseinschätzung *für Arbeitslose (gehört zum* **Job-Aqtiv-Gesetz** *sowie zu den Hartz-Gesetzen, dort z. B. in denglischer Form als* Eingangsprofiling *und als* Tiefenprofiling*)*

profiling[2]: Bestandsaufnahme

profit: Gewinn, *auch in*

  profit center: Gewinn erwirtschaftende Abteilung, Eigenwirtschaftsabteilung

  profit & loss: Gewinn und Verlust

profit recovery: Einsparpotenzial, *Aufdecken von Sparpotenzialen*

program analyzer *(AE, BE)*, **programme a.** *(BE)*: Programmanalytiker

program customization, customization: Programmanpassung, Programmpflege, Pflege

program guide: Programmführer, Programmheft, Programmzeitschrift *(für Fernseh- und Radiosendungen)*

project: Projekt, Plan, Vorhaben, Entwurf

Projektmanagement: Projektorganisation, Projektsteuerung, *Denglisch*

proliferation: Atomgeheimnisverrat, *Weitergabe von Atomwaffen oder des Wissens zu deren Herstellung*

prolongation: Verlängerung, Fristverlängerung, Aufschub

promise: Versprechen, Zusage

promote, promoten *(Denglisch)*: fördern, *auch in*

> **promoter**: Förderer; Organisator, Werbefuzzi

> **promotion**^{1}: Werbung, Verkaufsförderung, Absatzförderung

> **promotion**^{2}: *(berufliche)* Förderung

> **Promotiontour**: Werbe-, Verkaufstour, *Denglisch*

prompt: Eingabeaufforderung, Schreibmarke

proof: Probeabzug, -druck

prop: Ausstattung, Requisite

property^1: Besitz, Eigentum, *auch in*

> **property management**: Objekt-, Vermögensverwaltung

property^2: Eigenschaft

proposal: Vorschlag

proprietary: *Besitzansprüchen unterliegend,* eigentumsbelastet; herstellereigen

protected drive: geschützter Antrieb

protocol: Dialogkonvention *(DFÜ)*, Protokoll *(DFÜ)*

proved damage: preisreduzierte, beschädigte Produkte

provider: Versorger, (Netz-)Anbieter *(Zugang zum Internet), siehe auch* **access provider**

proxy(-server): Zwischenrechner

Psychothriller: Psychoreißer, *psychologischer Reißer, Denglisch*

pub: *(gemütliche)* Kneipe. *Obwohl ja die englischen Originale über keinen nennenswert guten Ruf verfügen, nennen Kneipenwirte ihre Kneipen gern* **pub**. *Vielleicht wollen sie so auf die Qualität ihres Essens hinweisen.*

public: Öffentlichkeit, öffentlich, *auch in*

> **public corporate governance codex**: *Ehrenkodex für öffentliche Unternehmen, Verhaltenskodex für die Unternehmen der öffentlichen Hand*

> **public domain**: öffentlich zugänglich, lizenzfrei *(ursprünglich: nach US-Urheberrecht)*

public-domain software: lizenzfreie Programmpakete *(EDV)*

public health: Gesundheitssystem; Volksgesundheit(spflege), präventive Medizin

publicity[1]: Popularität, Öffentlich(-keit), Bekanntheit

publicity[2]: Werbung, Reklame

publicity stunt, p. trick: schlagzeilenträchtige Aktion, *ein Auftritt, um Aufmerksamkeit zu erreichen*

public management: öffentliche Verwaltung

public net: öffentliches *(Versorgungs-)*Netz

public offering: öffentliches Feilbieten, offener Verkauf

public office: öffentliches Amt

public-private partnership: öffentlich-private Zusammenarbeit, öffentlich-private Partnerschaft, ÖPP, *(gemeinwohlorientiertes) Zusammenwirken von Betrieben und öffentlichen Verwaltungen, Gemeinschaftsprojekt von Staat (oder Stadt) und Wirtschaft, siehe auch* **corporate citizenship**

public relations, PR: Öffentlichkeitsarbeit, *wörtlich: öffentliche Beziehungen*

public use files: allgemein zugängliche Dat(ei)en, *siehe auch* **scientific use files**

public viewing: öffentliche Übertragung(en), z. B. Fernsehen auf Großleinwand, *Publikumsrenner während der Fußball-WM 2006 vor allem in den Spielorten - im Englischen bedeutet das Wort „öffentliche Leichenschau", d. h. die Öffentlichkeit kann von einem Verstorbenen Abschied nehmen; insofern haben wir es mit einem wirklichen Fehlgriff in der Benennung zu tun - es bleibt zu hoffen, dass weder ein Engländer noch ein Amerikaner mitbekommt, was wir beim* **public viewing** *so treiben.*

public understanding of science: Populärlernen, *unkonventionelles außerschulisches Lernen*

publisher: Herausgeber

publishing: Veröffentlichung

pull: ziehen, *auch in*

> **pull-down menu**: Anzeigeziehmenü, Menü, *bei dem die einzelnen Menübestandteile aufgefächert werden (EDV)*

> **pullrod**: Zugstreben

pulp fiction: Groschenheft, Schundliteratur

pumps: *hochhackige Schuhe,* Stöckelschuhe

punch, punchen *(Denglisch)*: Hieb, Schlag; schlagen, *auch in*

> **punching ball**: Sandsack *(zur Boxübung)*

purchasing card: Kundenkarte *(im Handel)*

purchasing manager: Einkaufsleiter

purple: purpur(-farben)

purpose: Absicht, Zweck, Wirkung, Erfolg

purser: Chef des Bordpersonals, Kabinenchef *(Flugzeug)*, Zahlmeister *(Schiff)*

push: Stoß, *auch symbolisch;* Förderung

Pushangebot: Verkaufsförderungsangebot, *Denglisch*

push e-mail: *E-Post-Übertragung aufs Händi*

pushen, puschen: fördern, begünstigen, antreiben, *Denglisch*

pusher: Hehler, Rauschgifthändler

pushrod: Schubstreben

push-to-talk: *Funksprechverkehr mit Mobiltelefon, Telefonieren ohne Wählen*

Push-up-BH: Brusthebe-BH, *Denglisch*

put (option): Verkaufsoption, *auch in*

> **puts**: Optionspapiere *auf fallende Aktien*

puzzle, Puzzlespiel *(Denglisch)*: Geduldsspiel, *allg. für:* schwierige, knifflige Sache *(wird meistens deutsch ausgesprochen und gehört damit zu den wenigen Anglizismen, die sich auf dem Wege zur Assimilierung befinden)*

pyramid selling: Schneeballsystem, *siehe auch* **multilevel selling**

Q

Q&A session: Fragestunde

Q-tip™: Wattestäbchen *(allgemein gebraucht, auch ohne Bezugnahme auf das eingetragene Warenzeichen), Denglisch*

quad: *vierrädriges Geländefahrzeug (eine Mischung aus PKW und Motorrad)*

qualification: Eignung

qualifier: Eignungsmerkmal, Eignungsgrundlage

qualifying: Qualifikation, Qualifizierung(srennen) *(Formel 1)*

quality: Qualität, Güte, *auch in*

> **quality assurance**: Qualitätssicherung *(Leitungsaufgabe)*

> **quality (assurance) manager**: Leiter (der) Qualitätssicherung

> **quality control**: Qualitätskontrolle

> **quality control manager**: Leiter (der) Qualitätskontrolle

> **quality management**: Qualitätssicherung; Leitung der Qualitätssicherung, *in der Regel der Geschäftsleitung direkt unterstellt, siehe auch* **total quality management**

quantity: Menge, Quantltät

quarter: Viertel, *auch als* Stadtviertel

quarterback: Spielmacher *beim American Football*

quarterdeck: Achterdeck

quarterlife crisis: *Lebenskrise der 25- bis 35-Jährigen, siehe auch* **thirtysomethings** *und* **midlife crisis**

quarterly business review: Quartalsbericht

queen: Königin, *„die Queen" (Denglisch) betrifft grundsätzlich die englische Königin (die sonstige massierte Verwendung in allen möglichen Kombinationen entspricht der von* **king***), auch in Zusammensetzungen wie*

> **queen mom, queen mother**: Königinmutter
>
> **queen of hearts**: Herzkönigin, *auch Beiname der verstorbenen „Lady Di" Diana Spencer*
>
> **queen of pop**: Schlagerkönigin

query: Frage, Abfrage, Suchanfrage

question: Frage, Zweifel, Angelegenheit, *auch in*

> **questionable**: fraglich, zweifelhaft
>
> **questionnaire survey**: Fragebogenumfrage, *Meinungsforschungsmethode*
>
> **questions and answers, Q&A**: Fragen und Antworten, Fragenbeantwortung, *siehe auch* **Q&A session**

queue[1]: Schlange; sich anstellen

queue[2]: Warteschlange *von Programmobjekten (EDV)*

quick: schnell, geschwind, flink, lebendig, *auch in*

> **quickie**[1]: *sehr schnell Abgehandeltes bzw. Erledigtes*
>
> **quickie**[2]: schnelles Spiel *(z. B. im Radio)*
>
> **quick shopper**: Schnellkäufer, *schnell entschlossener Käufer (Werbung)*
>
> **quick-time movie**: Kurzfilm *(aus dem Netz)*, Videosequenz
>
> **Quickvermittlung**: Schnellvermittlung, *Denglisch (z. B. bei der Bundesagentur für Arbeit und im Rahmen der Hartz-Gesetze)*

quick-and-dirty: Billigware; billig hergestellt, von minderer *Qualität (wörtlich: „schnell und schmutzig" produziert)*

quiet mode: Leisemodus, Leiselauf

quit: abbrechen, beenden *(EDV)*

quiz: *Fragespiel, Ratespiel, auch in*

> **quizmaster**: *Fragespielleiter, Denglisch, im Englischen:* **host**[1]

quota: Anteil; Kontingent, Quote, Soll

quotation: Zitat

quote: zitieren, nennen

R

race: *(Wett-)*Rennen, *auch in*

    racer: Roller *in einer Produktwerbung*, Motorrad; *auch:* Rennfahrer

    racing: Rennen (fahren)

    racing team: Renngemeinschaft, Rennstall

racism: Rassismus

rack: Gestell, Turm, Ständer, Regal, Regalschrank; Einbaugehäuse

racket: *(Tennis-)*Schläger

radio frequency identification, **RFID**: Funkidentifizierung, drahtlose Daten-erfassung, *neues Verfahren des Handels zur Warendatenerfassung (an-stelle der bisherigen Strichkodes), auch Verfahren zur Echtheitskontrolle von Eintrittskarten*

rafting: Floßfahren, Wildwasserfahren, *siehe auch* **canyoning**

raid: Angriff, Überfall

rail: Schiene, Eisenbahn, *auch in*

    rail-and-bike: Fahrrad am Bahnhof

    rail-and-fly: der Zug zum Flug, *Denglisch (peinliches Eigentor der Deutschen Bahn, denn im Englischen kann „rail and fly!" als „protestiere und nimm das Flugzeug!" verstanden werden - „to rail" heißt u. a. „protestieren, schimpfen")*

    rail-and-road: Auto am Bahnhof, Schiene und Straße

    rail cabin: Gleistaxi, Schienentaxi

    railcard, **railway card**: Bahnkarte

    rail lab: Schienenlabor *(Teststrecke der Universität Paderborn)*

rainbow: Regenbogen, *z. B. in vielen Produktnamen*

Rallye[1]: *(Auto-)Orientierungsrennen, Straßenrennen, Sternfahrt, Denglisch (im Englischen heißt es „rally")*

Rallye[2], **Kursrallye**: Börsenerholung, *(schnelle)* Aufwärtsbewegung *(von Aktienkursen), (schnelle)* Erholung *(von Aktienkursen) (Börse), Denglisch*

RAM: *siehe* **random-access memory**

ranch: Viehbetrieb, Viehhof

rancher: Viehzüchter, Rinderhirt

random: Zufalls-, *auch in*

    random access: Zufallswiedergabe, zufälliger Zutritt, wahlfreier Zugriff

    random-access memory, **RAM**: Direktzugriffsspeicher *(EDV)*

    random sample: Stichprobe

range: Reichweite, Raum, Bereich

ranger: Wildhüter, Förster, Waldhüter, Parkwächter, Aufpasser, Aufseher, *die Stadt Hannover wollte z. B.* Müllranger *einführen, im Sinne von:* Müllpolizei

ranking: Reihe, Rangliste, Rangfolge, Reihung, Bewertung, Einstufung, *z. B. von Institutionen*

rap: *rhythmischer* Sprechgesang, *auch in*

    rappen: *Sprechgesang betreiben, sprechsingen, Denglisch*

    rapper: *Sprechsinger*

rapid prototyping: *(rechnergesteuerte)* Muster(an)fertigung, *Bauteil-Schnellfertigung (für Nullserien)*

rate^1: Quote, *auch in*

    rate of return: Ertragsquote

rate^2: einschätzen, werten, einstufen

rater: Beurteiler

rating: Einschätzung, Beurteilung, Bewertung *einer Qualität*, Listenplatz, Einstufung, Einordnung, Eingruppierung, Stellenwert; (Einschalt-)Quotenmesser, *auch in*

    Ratingagentur: Bewertungsagentur, *Denglisch*

read: lesen, *auch in*

    reader^1: Leitfaden, Lesebuch

    reader^2: Leser/in

    reader^3: Leseprogramm *(EDV), z. B. für das* **e-book**

    reader^4: Leser, Lesegerät *(EDV)*

    reading head: Lesekopf

    read-me file: Lies-mich-Datei *(EDV)*

read-only memory, ROM: (Nur-)Lesespeicher *(EDV)*

ready^1: müde, abgearbeitet, geschafft, *Denglisch, falsche Rückübersetzung von „fertig sein"!*

ready^2: fertig, bereit

ready for takeoff: startbereit, startklar *(Flugzeug)*

ready-made: Massenkonfektion, von der Stange; gebrauchsfertig

ready-to-drink: trinkfertig, *siehe auch* **premix**

real: wirklich, *auch in*

    reality: Wirklichkeit, Realität

    reality show: Echtunterhaltung, aus dem Leben, Wirklichkeitsschau

    reality soap: Seifenoper *„aus dem richtigen Leben", wirklichkeitsnahe Seifenoper*

    reality-TV: Echtfernsehen, Wirklichkeitsfernsehen, Echte-Leute-Fernsehen

    real-life: das wirkliche Leben

    Real-Life-Fernsehen: Wirklichkeitsfernsehen, Echte-Leute-Fernsehen, *Denglisch*

    Real-Life-Gast: *Normalsterblicher (im Fernsehen), Denglisch*

    real-time: Echtzeit

real asset: Immobilienvermögen

real estate: Immobilien, *z. B. hat sich die* Siemens Immobilien Management GmbH *umbenannt in* Siemens Real Estate, *sicherlich einer der aberwitzigsten überflüssigen Anglizismen*

realize: *(etwas)* erkennen, begreifen *(im Ggs. zum dt. "realisieren" = verwirklichen)*

rear seat entertainment system: Fond-Unterhaltungssystem

rebirth, rebirthing: Wiedergeburt *(eine mitunter zwielichtige esoterische Methode, deren Vermarkter sich aber nicht „Wiedergeburtshelfer" nennen wollen)*

Reboardsitz: Autokindersitz *(gegen die Fahrtrichtung), Denglisch*

reboot: neu starten

rebound: Abpraller *(Sport)*

rebranding: Neugestaltung *(des Erscheinungsbilds), Erneuerung (einer Marke), Modifikation (einer Marke); auch:* Reform, Umgestaltung, Modernisierung

recall[1]: sich erinnern *an etwas,* sich *ins Gedächtnis* zurückrufen, *auch in*

    recall show: Vorausscheid, Serienschau *(Sieger erreichen die nächste Runde)*

    recall test: Wiedererkennungsprüfung *(Werbung)*

recall[2]: Rückruf, zurückrufen

receiver: Empfänger, Steuergerät *(Rundfunk, Fernsehen)*

recipe: Rezept

recipient: Empfänger, *manchmal auch:* Leser

recital: Solistenkonzert

recoder: Umkodierer, Umsetzer

recommendation engine: „Empfehlungsmaschine", *die dem Kunden maßgeschneiderte Angebote unterbreitet (Werbung)*

recommended list: Empfehlungsliste *(Börsenhandel)*

record[1], **recording**: Aufzeichnung, Niederschrift, Protokoll, *auch in*

    recorder: Aufnahmegerät, Brenner, *Rekorder*

record[2]: Datensatz

recover: wiederherstellen, *auch in*

    recovery: Wiederherstellung

recruiting: Anwerbung, *wird in manchen Personalabteilungen im Sinne von* Personalbeschaffung *verwendet*

Recruitingmesse: Karrieremesse, *Denglisch*

rectangle: Rechteck

recycelbar: wiederverwertbar, regenerierbar, *auch in*

    recyceln, recyclen: wiederverwerten, wiederaufbereiten, *in der Schweiz:* rezyklieren, *Denglisch*

    recycling: Wiederverwertung, Wiederaufbereitung, (Wert-)Stoffkreislauf

    Recyclingpapier: Umweltpapier, *Denglisch*

Recyclingprodukt: Umwelt(schutz)produkt, Altstofferzeugnis, *Denglisch*

redesign: Neuentwurf, Neubau, Neukonstruktion; Auffrischung *(des Erscheinungsbilds)*

reduced: reduziert, aufs Nötigste beschränkt, herabgesetzt

reeducation: Wiedereinübung, Umerziehung, Umschulung

reenactment: Nachstellen *(von Ereignissen in Film und Fernsehen)*; Neuinszenierung *(Theater)*; Wiederinkraftsetzung

reengineering: Neugestaltung, Umgestaltung

referee: Schiedsrichter, Unparteiischer; Ringrichter - *während der Fußball-WM 2006 erlebte das Wort wahre Höhenflüge; offenbar mussten die Journalisten über zu viele Spiele berichten, um mit den richtigen Wörtern auszukommen.*

referrer: Rückverfolgung, Rückverweis *(EDV)*

refill: wiederbefüllen, z. B. *Tintenpatronen*

Refresherkurs: Auffrischkurs, Aktualisierungskurs; *Kenntnisse auf den neuesten Stand bringen, Denglisch*

refund: (Rück-)Vergütung, (Rück-)Erstattung, *auch in*

    refunding system: Pfandsystem

refurbish: aufarbeiten, aufpolieren, generalüberholen, renovieren

refurbishing: Generalüberholung

Regencape: Regenumhang, Regenmantel, *Denglisch*

regio call, **RegioCall**, **regional call**: Nahgespräch, Umlandgespräch, *Denglisch*

regional booster: regionales Zugpferd, *regionaler Ankurbler der Wirtschaft*

regio shuttle: *Nahverkehrszug (meist durch kleine private Bahngesellschaften betrieben), Denglisch*

Regiosprinter: *Nahverkehrszug (der Deutschen Bahn), Denglisch*

register: eintragen, *auch in*

    registered: eingetragen, gesetzlich geschützt, eingeschrieben, patentiert

    registration: Anmeldung

reinforcement[1]: Erfolgsbestätigung

reinforcement[2]: militärische Unterstützung, Verstärkung

Reiseboom: Reisewelle, *Denglisch*

reissue: Wiederveröffentlichung

relationship: Verbindung, Beziehung

relationship marketing: Kundenbindungsprogramm, *Auf- und Ausbau langfristiger, effektiver Geschäfts- bzw. Kundenbeziehungen*

relaunch: Wiedereinführung *(eines ausgelaufenen Produktes), auch im Sinne von:* Überarbeitung, Modernisierung

relax, **relaxen** *(Denglisch)*: entspannen, sich erholen

relaxed, **relaxt** *(Denglisch)*: locker, entspannt

release: Freigabe, Veröffentlichung, veröffentlichen; Ausgabe, Version *(EDV)*
release center[1]: Vertriebsbüro
release center[2]: Entzugsanstalt, Suchtheilanstalt
releaser: Entzieher, Entgifteter
reliability: Zuverlässigkeit
relish: Würze, *meist:* Würzsoße
re-live: zeitversetzt
reloaded: wieder ausgegraben, wiederholt, „wieder aufgetischt"
relocate: jmd. umsiedeln, *auch in*
    relocation: Umsiedlung, internationale Umsiedlung, Umzug; Umsiedlungsdienste
remailing[1]: Rückpost, Antwortschreiben
remailing[2]: *Postversendung aus dem Ausland (von Inlandspost)*
remainder(s): Restauflage, Remittende(n), Restbestand
remake: noch einmal, Neuauflage, Neufassung, Neuverfilmung, Wiederverfilmung
remaster: neueinspielen, neu bearbeiten
remember: sich erinnern
remind, reminding: jmd. erinnern, *auch in*
    reminder: Gedächtnisstütze
    Reminderwerbung: Nachwerbung, Erinnerungswerbung, *Denglisch*
remission: Nachlass, Ermäßigung
remix, remixen *(Denglisch)*: Wiederaufmischung, wiederaufmischen
remote: entfernt, fern-, Fern-, *auch in*
    remote access: Fernzugriff *(vor allem Fernwartung bei Rechnern)*
    remote area: abseits gelegene, einsame Gegend
    remote computer: Fernsteuerrechner
    remote control, Remote-Steuerung *(Denglisch)*: Fernbedienung, -steuerung
    remote sensing: Fernerkundung
removal tool: Entferner(-programm), Entfernungswerkzeug *(z. B. für Viren)*
remove: entfernen, beseitigen
rendering: Wiedergabe, Übersetzung
renewables: erneuerbare Energien, erneuerbare Energiequellen
renice: verschönern, *Denglisch*
rent: mieten, ausleihen, leihen
rent a: Verleih von, *als Bestandteil in*
    rent-a-bike: Fahrradverleih
    rent-a-car: Autoverleih
    rent-a-phone: Telefonverleih
repaint: retuschieren, *kleine Schäden* ausbessern; Neuanstrich

repayment: Rückzahlung

repeat: wiederholen, Wiederholung

repeater: Signalauffrischer

repellents: Abstoßer, Wasserabweiser, *siehe auch* **insect repellents**

repetition: Wiederholung, Lernaufgabe, Repetitorium

replacement: Ersatz, Ergänzung, Wiederbeschaffung

replacen: ersetzen, *Denglisch*

replay: Wiederholungsspiel; Wiederholung *einer Spielszene (Fernsehen)*

replenish: erneuern, auffüllen

replenishment: Erneuerung

reply: (Rück-)Antwort

report: *(informeller)* Bericht

reprint: *(fotomechanischer)* Nachdruck, Neudruck

reprocessing: Wiederaufbereitung *von Kernbrennstoffen*

request: Bitte, Wunsch, Anfrage

rerelease: Neuveröffentlichung, Wiederveröffentlichung

rerouting: Neuorientierung, Umsteuern

resale, reselling: Wiederverkauf, *siehe auch* **selling**

rescue crew: Rettungstruppe, -einheit, -mannschaft

research, researchen *(Denglisch)*: Untersuchung, Forschungsarbeit, Forschung, Nachforschung; (nach-)forschen, untersuchen

research & development, R&D: Forschung und Entwicklung (F&E)

reseller: Weiterverkäufer

reselling: *siehe* **resale**

reset, reset(t)en *(Denglisch)*: zurückstellen, zurückgehen, zurücksetzen; neustarten *(EDV)*

resizen: Größe ändern, *Denglisch*

resort[1]: Erholungsort, Urlaubsgegend, *auch in*

    resort[2] **(hotel)**: Freizeit-, Ferien-, Tagungshotel

resource: Betriebsmittel

responder: *(auf ein Heilmittel ansprechender)* Patient

response: Antwort

Restless-Legs-Syndrom: *Schlaflosigkeit, Wälzen, Unruhe in den Beinen, Bewegungszwang, Bewegungsdrang, Denglisch*

result, resulting: Ergebnis, ergeben

retail banking: Privatkundengeschäft *der Banken*

retailer: (Einzel-)Händler

Retailkunde: Endverbraucher, Endkunde, *Denglisch*

retention award: Bleibeprämie

retractable hardtop: Klappdach *(für ein Cabriolet)*, *siehe auch* **hardtop**

retrieval: Wiederauffindung; Zugriff

retrieve: wiedererlangen, wiederauffinden

retro-: nostalgisch, vergangenheitsorientiert, Rückschau-, *auch in*

    retro design: *nostalgischer Mode- bzw. Einrichtungsentwurf, von früheren Zeiten inspirierte Moderichtung, Rückgriff auf „moderne Klassiker"*

    retro show: *unterhaltsame* Rückschau(-sendung) *im Fernsehen, siehe auch* **timetainment**

return[1]: Rückkehr, *auch in*

    returnable: Mehrweg- *(Entsorgungsbranche)*

return[2]: Ertrag

return[3]: zurückgeschlagener Ball *(Tennis)*

return of capital employed: Kapitalrückfluss

return on investment, ROI: (Anlage-)Rendite, Kapitalrendite

reunion: Wiedervereinigung *(Politik)*; Treffen, Wiedersehensfeier

reusable packaging: Mehrwegverpackung *(Entsorgungsbranche)*

reverse charging: R-Gespräch *(der Angerufene bezahlt die Gesprächskosten)*

reverse convertibles: Aktienanleihen

reversed angle: Gegenkamera, -perspektive, -ansicht, Sicht von gegenüber *(Blickwinkel bei Fußballübertragungen im Fernsehen)*

reverse engineering[1]: Nachbau

reverse engineering[2]: rekonstruieren, Rückgewinnung des Quellkodes, umgekehrt entwickeln *(EDV)*

Reverse-Taste: Rückspultaste, *Denglisch*

reversible tops: Wendetrikots *(Fußball, Basketball)*

review: Nachbetrachtung, Rundschau

reviewen: kritisch beurteilen, *Denglisch*

revival: Renaissance, Wiederauflebenlassen, Wieder-, Neubelebung

rewarden: honorieren, belohnen, *Denglisch*

rewind: zurückspulen, umspulen

RFID tag, RFID-Etikett *(Denglisch)*: funkendes Etikett, Funketikett, Transponder, *siehe auch* **radio frequency identification**

ride: reiten, fahren

right: recht, richtig; gesund

ringtone: Klingelton *bei Mobiltelefonen*

risk: Risiko, *auch in*

    risk management: Risikokalkulation

    risk pooling: Risikominimierung *durch Kooperation (bei Versicherungen)*

river: Fluss, *auch in*

    riverboat: Flussschiff, Flussdampfer

    river-rafting: Flussfloßfahrt, *siehe auch* **rafting, canyoning**

road: Straße, Weg, *auch in*

  roadblocking: Straßenblockade

  road manager: Logistikverantwortlicher *(bei Veranstaltungsaufbauten)*

  road pricing: *(Straßen-)*Maut(-erhebung), Straßengebühr, *Denglisch (Maut bzw. Straßengebühr im Englischen „toll")*

  road reporting: *spontane Berichterstattung „von der Straße"*

  road show: Mobil-, Wanderpräsentation *(materieller oder immaterieller Güter, aber auch organisiert von Parteien oder Persönlichkeiten), auch symbolisch*

  road trip: Autoreise

roadie: Bühnentechniker *(der Musikgruppen auf Tourneen begleitet)*

road map: *Übersicht zu einem Thema;* Aktivitätenliste, Fahrplan, Terminplan, Ablaufplan

road movie: Reisefilm, *Film, dessen Handlung während einer Reise spielt*

road novel: Reiseroman, *Buch, dessen Handlung während einer Reise spielt*

roadster: offener Sportwagen, offener Zweisitzer; unverkleidetes *sportliches* Motorrad

roaming[1]: Frequenz-, Anbieter-, Netzwechsel

roaming[2]: Auslandsdienst *(für Mobiltelefone), wörtlich:* Umherstreifen

roast beef: Rinderbraten

rock, Rockmusik *(Denglisch): inzwischen schon klassische Form populärer Musik, auch in*

  rocken: **Rockmusik** *spielen, zu* **Rockmusik** *tanzen, Denglisch*

roger: verstanden, Meldung erhalten, *siehe auch* **alles roger**

role model: Vorbild *(nicht: Rollenmodell)*

roll: Rolle, *auch in*

  rollerblader: *Straßenschlittschuhfahrer*

  rollerblades: *Straßenschlittschuhe,* Rollkufen, *siehe auch* **in-line skates, roller skates**

  roller skates: Rollschuhe, *siehe auch* **in-line skates, rollerblades**

  roller-skating: Rollschuhlaufen

  roll-on roll-off trolley: Abrollkarren

rollback[1]: Preisrücknahme, *Rücknahme einer Preiserhöhung*

rollback[2]: *erzwungenes Zurückweichen,* Rückgang, Rückzug; Zurückdrängen, Zurückwerfen *(eines Gegners)*

roller coaster: Achterbahn, Berg-und-Tal-Bahn

rollout: „Einrollen" *(erster Fahrversuch auf der Rennstrecke vor einem Autorennen, aber auch Vorstellung eines Transportmittels wie etwa einer neuen Straßenbahn in Leipzig); im übertragenen Sinne:* Start, Beginn, (Markt-)Einführung, Produktverbreitung

rollover[1]: sich überschlagen *(Kfz)*

rollover[2]: *veränderter Mauszeiger (in der EDV Hinweis auf eine aktuelle Aktionsmöglichkeit an der Mauszeigerposition), siehe auch* **mouseover**

ROM: *siehe* **read-only memory**
romantic comedy: Film-, Fernsehschnulze
rookie: Neuling, Anfänger, *Sportler im ersten Berufsjahr*
room: Raum, Zimmer; Platz, *auch in*
    room arranger: Raumplaner
    rooming-in: Gastwohnen, *befristeter Einzug bei jemandem, vor allem Mutter / Vater bei krankem Kind im Krankenhaus, siehe auch* **bed-in**
    roommate: Mitwohner, Zimmergenosse
    room service: Zimmerdienst; Zimmernachweis, Zimmervermittlung
    roomware: *Büromöbel mit integrierten EDV-Komponenten*
root[1]: Wurzel, Basis, Ursprung
root[2] **(directory)**: Hauptverzeichnis, Stammverzeichnis *(EDV)*
rope (skipping): Seilspringen, Seilhüpfen, *wird jetzt als neue Sportart aus den USA angepriesen - wer darauf hereinfällt, dem kann man alles verkaufen.*
rough design: Rohentwurf, grober Entwurf
round: rund, *auch in*
    round table (conference): runder Tisch, Verhandlungsrunde
    round trip: Rundreise, hin und zurück
roundabout[1]: ungefähr, *wird in Managerkreisen immer dann verwendet, wenn genaue Angaben nicht vorhanden sind*
roundabout[2]: Kreisverkehr, Kreisel
router: Richtkoppler, Weiterleiter, Knotennetzrechner, Netz(werk)verbinder
routing: Reiseplanung, Streckenplanung; Durchschalten
Routing-System: Transportsteuerungs-, Verteilersystem *(z. B. für Aufträge), Denglisch*
row: Reihe, Zeile
rowdy: Radaubruder, Straßenpöbel, Schläger, Rüpel, Grobian
royals: *die britische Königsfamilie; auch im übertragenen Sinne:* Hochadel *(dann Denglisch, im Englischen heißt es „royalty")*
rubber: Gummi
rückmailen: *per E-Post antworten, Denglisch*
rule[1]: Maßstab, Lineal
rule[2]: Regel, Vorschrift, *auch in*
    rules of the game: Spielregeln
rule[3]: regieren, entscheiden
run[1]: (Kunden-)Ansturm, Andrang, Nachfrage
run[2]: Verlauf, Gang
run[3]: Lauf, *auch in*
    runaway: Ausreißer, Davongelaufener; Flucht
    runway: Start- und Landebahn, Fluglaufbahn
Runflat-Reifen: Notlaufreifen, *Reifen mit Notlaufeigenschaften, Denglisch*

runner: Aushilfe, Springer, Laufbursche

running gag: Dauerwitz, *wiederkehrende witzige Sequenz*

Runningtag: Lauftag, *Denglisch*

runtime: Laufzeit *(Abarbeitungsphase eines Rechnerprogramms)*

rush: Ansturm, *auch in*

   rush hour: Hauptverkehrszeit, Stoßzeit, Spitzenzeit, Spitzenverkehr

ruthlessness: Kaltblütigkeit

S

sabbatical: Urlaub, arbeitsfreie Zeit *(Hochschulwesen); allgemein:* Auszeit *zur Erholung und zur Regeneration der persönlichen Leistungsfähigkeit*

sabbatical year: Urlaubsjahr, arbeitsfreies Jahr; Freisemester *(Hochschulwesen)*

safe^1: Tresor, Panzerschrank, Geldschrank; Sicherheitsfach

safe^2: sicher, *nicht zu verwechseln mit* **save**^{1}, *auch in*

   safeguard: Sicherung, Schutz(-vorrichtung)

   safener: "Schutzschild", *Zusatzstoff für Pflanzenschutzmittel, der die Nutzpflanzen selbst vor Beeinträchtigung schützt*

   safer sex: *geschützter Geschlechtsverkehr,* mit Kondom

   safer traffic: sicherer Verkehr, sicher nach Hause

   safety car: Sicherheitsfahrzeug *(Formel 1)*

   safety first: Sicherheit geht vor

safety, health, and environment, SHE: *Schutz von Umwelt und Gesundheit*

sailer: Segler *(Schiff)*

sailor: Seemann, Matrose

salary cap: Gehaltsobergrenze

sale^1: Preisabschlag, ermäßigter Preis, Rabatt, Reduktion, reduzierter Preis

sale^2: (Aus-)Verkauf, Schluss-, Räumungsverkauf, *auch in*

   sales conference: Verkaufskonferenz

   sales department: Verkaufsabteilung

   sales developer: Verkaufsstratege, -förderer, -entwickler

   sales engineer: Verkaufsingenieur

   sales forecast: Verkaufsprognose

   sales junior assistant: Jung-, Nachwuchsverkäufer

   sales manager: Verkaufs-, Vertriebsleiter, Hauptverkäufer, *Abteilungsleiter für den Verkauf*

salesmanship: Geschäftstüchtigkeit

sales point: Verkaufsstelle

sales promoter: Verkaufsförderer

sales promotion: Absatzförderung, Verkaufsförderung

sales representative: Verkaufsleiter, Verkaufsberater, Vertriebsmann, Vertriebsrepräsentant

sales representer: (Handels-)Vertreter

sales target: Verkaufsziel

sale and leaseback, SLB: Verkaufen und Zurückmieten, Verkauf mit Rückmiete

saltletts: Salzstangen, *Denglisch*

sample: (Stich-)Probe; *Bezeichnung für:* Warenprobe, Muster

samplen, sampeln: zusammenstellen; beproben, eine Stichprobe nehmen / ziehen, *Denglisch*

sampler: Zusammenstellung, Auswahl

sandwich[1]: belegtes Brot, Butterbrot

sandwich[2]: Mehrschichtenbauteil, *auch in*

> **Sandwichbauweise**: *Leichtbau mit Verbundplatten (besonders im Flugzeugbau), Denglisch*
>
> **Sandwichposition**: Zwangslage, *(ungünstige) Zwischenstellung, z. B. Situation von Mitarbeitern in unteren Führungspositionen, Denglisch*

sanitize: hygienisch machen, desinfizieren

Santa Claus: Nikolaus, *hat im Englischen die Funktion des deutschen Weihnachtsmanns*

save[1], **saven** *(Denglisch)*: sichern, speichern *(EDV), nicht zu verwechseln mit* **safe**[2]

save[2]: sparen

savings: Boni, Rabatte *(kaufmännisch)*

SB-Terminal: SB-Schalter, SB-Abfertigung, *Denglisch*

scale of fees: Beitragsstaffel *(Entsorgungsbranche)*

scan, scannen *(Denglisch)*: einlesen, abtasten, rastern, *skännen, oft nur im Sinne von: ansehen, Lage prüfen, auch in*

> **scanner**: Abtaster, Abtastgerät, *(elektronisches) Lesegerät, Skänner*

scarf: *Schal für den* **fan**[1] *(im Fußball)*

scary: angsteinflößend, furchterregend, schaurig

scatterplot: Streudiagramm, Punktwolke *(EDV)*

scene: Szene, Milieu, Rahmen

sceptic *(BE): siehe* **skeptic**

schedulen: (einen) Termin machen, planen, *Denglisch*

scheduler: Zeitplaner

scheduling: Ablaufsteuerung, Maschinenbelegungsplanung, Prozessverwaltung, Zeitplanung

schmoozing: lockere Konversation *mit ernstem Hintergrund (z. B. geschäftlich oder sozial orientiert); Bauchpinseln, Schmeicheln, Honig-ums-Maul-Schmieren*

Schnellchecker: Schnellmerker, *Denglisch*

Schocker: Reißer, *Denglisch, siehe auch* **thriller**

school: Schule, *nicht nur kleine private Winkelschulen nennen sich gern so, sondern auch mehrere private Wirtschaftsschulen*

school-out party: Schulabschlussfete, *vgl.* **after-school party**

science: Wissenschaft und Forschung, *auch in*

> **science center**: „Wissenschaft zum Anfassen", eine *Veranstaltung des Deutschen Museums München, die Belehrung mit Volksbelustigung verbindet, Denglisch*

> **science day**: Wissenschaftstag, *z. B. Veranstaltung der Universität Münster für junge Akademiker, Denglisch*

> **science fiction, sci-fi**: wissenschaftliche Fantastik *(Film- und Literaturgattung)*

> **scientific community**: Wissenschaftlergemeinschaft

> **scientific management**: wissenschaftliche Betriebsführung

> **scientific use files**: anonymisierte Dat(ei)en *für Forschungszwecke, siehe auch* **public use files**

sci-fi: *siehe* **science fiction**

scool: *urdeutsche (denglische) Kombination der urenglischen Wörter „school" und „cool", mit der ausgedrückt werden soll, dass Schule durchaus kuhl sein kann. Das Wort wird z. B. in ScoolCard (Karlsruher Verkehrsbetriebe) und Scoolday (Bundeswehr) verwendet.*

scoomo: Elektrotretroller

scoop: Exklusivmeldung, Knüller

scooter[1]: Seifenkiste, *siehe auch* **autoscooter**

scooter[2]: Kinderroller, Motorroller

scooter[3] **(bike)**: Sesselrad

scope of claims: Anspruchsbereich *(Patentwesen)*

scoping: Produktlinien-Planung

score: Spielstand, (Spiel-)Ergebnis, *in der Wirtschaft oft für alle möglichen Informationen wie z. B. Verkaufszahlen, also eher im Sinne von:* Zwischenbericht

Score-Karte: Wertungsliste, *Denglisch*

scorer: Torjäger, Punktejäger

scoring[1]: Punkte erzielen, Punktesystem

scoring[2]: Beurteilung, Bewertung

scoring[3]: Prüfung der Kreditwürdigkeit, *persönliche* Risikoabschätzung *(künftig durch die Banken bei Kreditvergaben anzuwendendes Verfahren)*

Scoring-Verfahren: *Ermittlung des Kundenverhaltens, Kundenklassifizierung, Verbraucherprofil-Ermittlung*

scout: Pfadfinder, Fährtensucher, Führer

scrapbook: Einklebe-, Sammelbuch *(z. B. für Zeitungsausschnitte)*

screen[1]: Bildschirm*(-oberfläche) (EDV), auch in*

  screen design: Bildschirmgestaltung, -konstruieren

  screen-shoot, screen shot: Bildschirmausdruck, Bildschirmabzug, Bildschirmfoto *(EDV), siehe auch* **snapshot**[2]

screen[2]: durchleuchten *(Medizin)*

screening[1]: filmen

screening[2]: Reihenuntersuchung

screening[3]: Durchkämmung, Durchleuchtung, Überprüfung *(z. B. politische)*

Screeningsystem: Zugriffsüberwachungssystem *(im Internet), Denglisch*

Screwballkomödie: verrückte, überdrehte Komödie, *Denglisch*

scribble[1]: kritzeln, krakeln

scribble[2]: Skizze, Grundentwurf, Grundrisszeichnung

script: Schriftstück; Drehbuch; Mit-, Nachschrift *(im Studium)*

scroll, scrollen *(Denglisch)*: *(am Bildschirm)* rollen; Bildlauf

Scrollbar, Scrollbalken *(Denglisch)*: Rollbalken, Bildlaufleiste

seafood: Meeresspeisen, Meeresfrüchte, Fisch

search: suchen, Suche, *auch in*

    search engine: Suchmaschine *(für das Internet)*, Suchprogramm

season: Jahreszeit, Saison

seasoning: Gewürz, Würze

second-hand: aus zweiter Hand, gebraucht, *auch in*

    second-hand shop: Gebrauchtwarenladen

second-level domain: Zone, Namensbereich, „*eigentliche Internetadresse*", *siehe auch* **domain**[2]

second life people, SLP: Rentner

section: *auch:* Abteilung *(in Warenhäusern)*

section approach: Teilintegration, Teileinfügung

security: Sicherheit, *oft im Sinne von* Wachschutz *oder gar* Pförtner, *auch in*

    security analyst: Sicherheitsanalytiker; Wertpapieranalytiker

    security awareness: Sicherheitsbewusstsein

    security management, Security-Konzept *(Denglisch)*: Sicherheitskonzept

    security people, security service: Wachschutz, Sicherheitsdienst, Bewachung

    security scanner: Schwachstellenanalyse(-programm)

    security service: *siehe* **security people**

seedless: kernlos

Selbstcoaching: *selbstgesteuerte Kompetenzverbesserung, Denglisch*

selection: Selektion, Auswahl

self: selbst, *auch in*

    self-assessment: Selbsteinschätzung, -bewertung, -prüfung

    self-commitment: Selbstverpflichtung

    self-design: Selbstdarstellung, -inszenierung

    self-destroying prophecy: *sich selbst zerstörende Prophezeiung;* kaputt reden, unken

    self-fulfilling prophecy: *sich selbst erfüllende Prophezeiung;* herbei reden

    self-inflating: *sich* selbst aufblasend, z. B. *Rettungswesten oder Schlauchboote*

    self-made man: Aufsteiger, Karrieremacher, *Eigenerfolgs-Mensch,* Unternehmer, Emporkömmling

    self-marketing: Eigenvermarktung *(Entsorgungsbranche)*

    selfness: Selbstveränderungskultur, Selbstkompetenz, *die Verbindung von Wohlbefinden, Gesundheit, geistiger Gesundheit und psychischer Ausgeglichenheit - Weiterentwicklung von* **wellness**

    self-service: Selbstbedienung

sell: verkaufen, absetzen, *auch in*

    selling: Verkauf, *wird auch gern für die* Verkaufsabteilung *eingesetzt*

    sellout: Panikverkauf *(von Aktien)*

send up: weiterleiten

Seniorberater *(Denglisch)*, **senior consultant**: Hauptberater, *qualifizierter Berater*

sense of urgency: Pflichtgefühl, *„Einsicht in die Notwendigkeit"*

sensitive: sensibel, einfühlsam, zart, empfindlich, *dazu in tollkühnen Produktnamen, z. B. für Katzenstreu*

sensitivity training: *Schulung, Ausbildung des Empfindungsvermögens*

Senso-Drive-Getriebe: *automatisiertes Schaltgetriebe (von Citroën), Denglisch*

sequel: Fortsetzungsfilm, (Film-)Fortsetzung

serial: Serie

server: Zentralrechner, Dienstrechner, *der Datenbanken oder Internetdienste stellt, Gegenstück zu* **client**[1]

service: Dienstleistung, Betreuung, Kundendienst, Dienst *(auch fälschlich in der Form* Dienstleistungsservice *verwendet), auch in*

    service center: Kundendienst(-zentrum); Kundenstammbetreuung

    service hotline, service line: Kundentelefon

    service kit: Ersatzausstattung

    service learning: soziales Lernen, *eine aus den USA stammende Unterrichtsform, bei der die Schüler vor Ort mit sozialen und ökologischen Problemen bekannt gemacht werden*

    service level agreement, SLA: Leistungsvertrag

    service line: Kundentelefon

service point: Auskunft(sschalter), Beratungs-, Informationsstelle, Kundendienst *(z. B. bei der Deutschen Bahn und bei der Volkswagenbank direct)*, *Denglisch*

service provider: Dienstleister, Dienstleistungsanbieter; Diensteanbieter *(Internet)*

service store: Werkstatt, Zubehörladen *einer Werkstatt*

service team: Dienstleister, Kundenbetreuung; Zugbegleitdienst *(Deutsche Bahn)*

session: Sitzung

set[1]: Satz, Sortiment, Garnitur

set[2]: Drehstab *(beim Film)*

setting: Schauplatz, Hintergrund, Szenerie, Drehort

settlement: Abrechnung, Abwicklung *(von Börsengeschäften)*

Set-Top-Box: Kabel-, Satelliten-, Internetzugangsgerät *(für den Fernseher)*, *Denglisch*

setup: Installation, Installationsroutine; Einsetzung, Rüsten, Aufbau

sex and crime: Sex und Verbrechen

sexual behavior: Sexualverhalten

shadow print: Schattendruck

shake-up: Umbesetzung, Umorganisation; Aufrüttelung, Wachrütteln

shaped: *siehe* **X-shaped**

shaping: Formgebung, Modellierung

share: Anteil, Aktie, *auch in*

   shareholder: Aktionär

   shareholder value: Aktienwert, Börsenerfolg, Marktwert, Firmenwert, Aktionärsrendite, Aktionärsprofit, *Begriff drückt auch ganz allgemein das* Aktionärsinteresse *aus*

shared-service center: *unternehmensinterner Dienstleistungsbereich*

shareware: Billigprogramme, *mit kostenloser Probe, siehe auch* **freeware**

shave: rasieren, *auch in*

   shaver: Rasierapparat, Rasierer

   shaving foam: Rasierschaum

   shaving lotion: Rasierwasser

sheet: Blatt, Scheibe, Platte, Tafel

shell[1]: Hülle, Schale, Oberfläche; Muschel

shell[2]: Benutzeroberfläche, Kommandointerpretierer, Befehlsprozessor, *auch in*

   shell script: Kommandoprozedur

She-Study-Award: „Frauen forschen" *(von der Firma Shell für Frauen in Deutschland, Österreich und der Schweiz ausgelobter Forschungspreis)*, *Denglisch*

shift[1]: Verlagerung, *auch in*

shiften: verschieben, versetzen, *Denglisch*

Shift-Taste: Umschalttaste, *Denglisch*

shift^2: (Arbeits-)Schicht

shiner: Leuchte

shirt: Hemd, Bluse, *auch in vielen denglischen Verbindungen wie den* Shirt-wochen *bei C&A*

shit^1: Schitt, Scheiße

shit^2: Haschisch

shocking^1: abschreckend

shocking^2: *in moralische Entrüstung versetzend,* anstößig

shoe: Schuh, *einige Schuhgeschäfte scheuen sich anscheinend, den Namen ihrer Ware auszuschreiben*

shooting^1: Schießen

shooting^2: Dreharbeiten, Foto- *bzw.* Filmaufnahmen

shooting^3: aufstrebend, *auch in*

    shooting star: Senkrechtstarter

shop: Geschäft, Laden, *manchmal nur:* Verkaufsraum, *auch in*

    shop language: Fachsprache, Berufsjargon

    shopper^1: Einkaufstasche

    shopper^2: Käufer/in, Einkäufer/in; Kauflustiger

    shopping, shoppen *(Denglisch)*: einkaufen; Einkaufs-, Geschäfts-, Ladenbummel

    shopping cart: Einkaufswagen, Warenkorb *(im Internet)*

    shopping center: Einkaufszentrum

    shopping guide: Einkaufsführer

    Shopping-Kanal, Shoppingsender: Verkaufssender, Einkaufskanal, *Denglisch*

    shopping mall: *siehe* **mall**

    Shoppingsender *(Denglisch)*: *siehe* **Shopping-Kanal**

    shopping street: Einkaufs-, Ladenstraße

    shopping tour, shopping trip: Einkaufsbummel

    Shopsystem: geführtes Einkaufssystem *(im Internet)*, Ladengeschäft im Netz, virtuelle Handelsfiliale, *auch: zugehöriges Rechnerpro-gramm*

    shoptalk: Fachsimpeln, Fachgespräch; Reden über die Arbeit

shop-in-shop: *firmengebundene Abteilung innerhalb eines Geschäfts (z. B. Postfiliale), „Laden im Geschäft", Denglisch*

Shop-in-Shop-System: Kaufhallensystem, *mehrere individuelle Verkaufs-einheiten unter einem Dach, Denglisch*

short^1: kurz, *auch in*

    short-distance flight: Kurzstreckenflug, Nahflug

    short meeting: Kurzbesprechung

short message service, SMS: *Kurzmitteilungsdienst (per Mobil-telefon), siehe auch* **multimedia messaging service**

shorts: Kurzhosen, kurze Hosen, *siehe auch* **pants**

short^2 (story): Kurzgeschichte

short-term: kurzfristig

short-term memory: Kurzzeitgedächtnis

short^3: Verkaufsposition, Verkäuferposition *(Börse)*

shortcut: Tastenkombination, Schnellzugriff *(beim Rechner)*

shot^1: (Foto-)Aufnahme

shot^2: Versuch

shot^3: Schuss, *auch symbolisch, etwa bei Getränken*

shoulder: Schulter, *auch in deutschen Produktnamen wie:* head and shoulders = Kopf und Schultern, *auch in*

> **shoulder pads**: Schulterpolster

shout: Schrei

show: Aufführung, Vorführung, Darbietung, Veranstaltung, Schau, Unterhaltungsprogramm, *auch in*

> **Show abziehen**: angeben, eine Schau machen, *Denglisch*

> **show act**: Unterhaltungsdarbietung *(innerhalb einer umfassenderen Veranstaltung)*

> **show business, showbiz, Showgeschäft** *(Denglisch)*: Vergnügungs-, Unterhaltungsindustrie, Schaugeschäft

> **showcar**: Fahrzeugstudie, *Zukunftsmodell auf einer Automobilausstellung*

> **showcase**: Schaukasten, (Schau-)Vitrine, Ausstellungsvitrine

> **showgirl**: *Schaumädchen,* Schautänzerin

> **showman**: Populist, *„Schauspieler", geschickter Propagandist, Blender*

> **showmaster**: *Leiter einer Unterhaltungssendung,* Moderator, Gastgeber, *Denglisch, im Englischen „host"*

> **showroom**: Ausstellungsraum

> **showtime**: *Zeit für (spektakuläre) Veranstaltungen*

showdown^1: Endkampf, Abrechnung, Entscheidung

showdown^2: Film-, Handlungshöhepunkt

shower: Dusche, *auch in*

> **shower gel**: Dusch- (und Bade-)gel, Duschseife

shredder: Reißwolf, Verschrottungsanlage, Häcksler, *Schredder*

shrimp: Garnele, Nordseekrabbe

shut: (ver-)schließen, zumachen, *auch in*

> **shutdown**: Schließung; *den Rechner* herunterfahren *(EDV)*

> **shutter**: Verschluss *beim Fotoapparat*

shuttle^1: Zubringer, *auch in*

shuttle bus: Zubringerbus, Pendelbus

Shuttleflug: Zubringerflug, *Denglisch*

shuttle service: Pendeldienst, Pendelverkehr

shuttle[2]: Nahverkehrszug, *Kurzform von* **regio shuttle**, *Denglisch*

Sicherheitsfeature: Sicherheitsmerkmal, *Denglisch*

sick building syndrome: Klimaanlagensyndrom

side[1]: Seite, Blatt

side[2]: Aspekt, Eigenschaft

side bag: Seitenprellsack, Seitenprallkissen, *siehe auch* **air bag**

sidebar: Seitenleiste *(EDV)*

sideboard: Anrichte, Büfett

sidestep: Ausfallschritt, Schritt zur Seite

sidewalker: *moderner* Stadtroller *für Erwachsene*

sight: Blick, Sicht; Sehenswürdigkeit, *auch in*

> **sightings**: (UFO-)Sichtungen

> **sightseeing (tour)**: Stadtrundfahrt, Besichtigungsrunde

signature: *(Ersatz-)*Unterschrift *(im Internet)*, *(digitale)* Signatur

signature shirt: signiertes Hemd, Vereinshemd

silent butler: stummer Diener, *Gestell zum Aufhängen der Kleidung*, Kleidergestell

silicon: Silizium *(nicht Silicon, häufige Verwechslung)*

Silicon Valley: „Hochtechnologieregion", *Denglisch - der Ausdruck (Eigenname) aus den USA wird jetzt auch in Deutschland auf derartige Regionen angewandt bzw. zu deren Benennung herangezogen (z. B. „Silicon Saxony" für die Mikroelektronikkonzentration in Dresden oder „Paper Valley" für das Papierherstellungszentrum in Schwedt an der Oder)*

silk: Seide, *siehe auch* **techno-silk**

silver: Silber, *in Verbindungen wie* **silver generation**, **silver surfer** *und* **silver market** *auch:* ältere, Senioren- *(die untere Altersgrenze ist variabel, sie liegt zwischen 50 und 65)*

silver goal: Entscheidungstor, silbernes Tor *(Fußball, Regeln gegenüber dem* **golden goal** *geändert)*

simplify: vereinfachen

simply: einfach, *in vielen Werbebotschaften wie:* „Simply the best"

simsen, SMSen: *Kurznachrichten (SMS) versenden (per Mobiltelefon), Denglisch*

Simser: *Kurznachrichtenversender (per Mobiltelefon), Denglisch*

simultaneous engineering: integrative Projektsteuerung, *umfasst als Grundelemente: Parallelisierung, Standardisierung und Integration der Funktionsbereiche*

singer: Sänger/in

single[1]: Einzelspiel

single[2]: Kurzspielplatte, (Album-)Auskoppelung

single[3]: einzeln, alleinlebend; Alleinlebender, Alleinstehender, *auch in*

    single-eyed: einäugig, betriebsblind

    single party: Fete für Alleinstehende

    single payment: Einmalzahlung

    single room: Einzelzimmer

    single sign-on: Einmalanmeldung, einmalige Authentifizierung, zentrale Benutzeranmeldung *(EDV)*

sitcom: Situationskomödie, *siehe auch* **britcom**

site: Stelle, Platz, Fundstätte, *(Netz-)*Standort

site map: Übersicht, Inhaltsverzeichnis

sit-in: teilnehmen; Sitzblockade

six days: Sechstagerennen

six-pack: Sechserpack(ung)

sixties: sechziger Jahre

size: Größe - *nicht nur die Textilindustrie hat das deutsche Wort vergessen, auch die Deutsche Post präsentiert ihre Paketgrößen ihren ausschließlich deutschen Kunden nur noch mit dem englischen Namen*

skateboard: Rollbrett

skateboarden *(Denglisch)*, **skateboarding**: Rollbrett fahren

skaten: Rollschuh laufen; Schlittschuh laufen, *Denglisch, auch in*

    skater: Schlittschuhläufer, Eisläufer

    skates: Schlittschuhe

    skating: Schlittschuhlaufen, Eislaufen; Rollschuhlaufen *(Kurzform von* **in-line skating***)*

    skating night: Rollschuhnacht

skeptic *(AE)*, **sceptic** *(BE)*: Zweifler

sketch: *auch:* Grobzeichnung

sketch comedy: *Fernsehsendung aus aneinander gereihten gespielten Witzen*

skidoo: Pistenraupe

Skiercross: Querfeldeinschilauf, *Denglisch*

ski happening: Schivergnügen

skills: Fähigkeiten, Fertigkeiten, Qualifikationen *eines Mitarbeiters wie z. B. Fachwissen, Kompetenzen, Beherrschen von Fremdsprachen usw.*

skill transfer: Wissensaustausch, Wissensübertragung

skin: Haut, *auch in*

    skin conditioner: Hautpflegemittel

    skinhead: Glatzkopf, *kahlgeschoren, nicht durch Haarausfall*

    skin lotion: Faltencreme, Hautcreme; Gesichtswasser

    skinny-dipping: Nacktbaden

    skin serum: Hautöl, Hautcreme

Skinverpackung: *transparente* Kunststoffverpackung, *Denglisch, siehe auch* **blister**

skip, skippen *(Denglisch)*: (über-)springen, überschlagen

skipper: Steuermann, Bootsführer

ski stretch: *Schidehnen (ausgiebiges Dehnprogramm zur Vorbeugung von Muskelkater)*

skiwear: Schibekleidung

sky: Himmel, *nicht im religiösen Sinne (das wäre* **heaven***), auch in*

    sky beamer: Himmelsstrahler, Werbestrahler; Diskoscheinwerfer

    sky train: Schwebebahn, *z. B. die berühmte Bahn in Wuppertal oder die Kabinenbahn vom Bahnhof zum Flughafen Düsseldorf, Denglisch*

    skywalk: gläserner Himmelsgang, Himmelsbrücke *(zwischen Gebäuden); auch: Weg durch die Baumkronen (im Regenwald)*

    sky window: Schiebedach *eines PKW*

    skywriting: Himmelsschrift

skydiver: Fallschirmspringer

skyline[1]: Stadtsilhouette, Häusermeer, *Betonwüste*

skyline[2]: Horizont

sky lobby: Empfangshalle unterm Dach *auf mehreren Ebenen*, Himmelshalle, -treppe, *verglaste Treppenhausfläche - selbst im Bundeskanzleramt und im Reichstag (hier die berühmte Besuchertreppe unter der Glaskuppel) hat man keine deutsche Bezeichnung gefunden, während die lange, verglaste Treppenhausfläche der „Dr. Oetker Welt" wenigstens „Himmelsleiter" heißt.*

sky marshal: *bewaffneter* Flugbegleiter, Sicherheitsbegleiter, Flugbewacher

skypen: *interfonieren (mit dem Programm Skype über das Internet telefonieren), Denglisch*

skyscraper: Wolkenkratzer

skyway: Flugweg, Flugbahn

slang: Umgangssprache

slapstick: *komisch grotesker Film*

slash: Schrägstrich (/), *siehe auch* **backslash**

sleep: Schlaf, schlafen, *auch in*

    sleeper: Schläfer, „Terrorist auf Abruf"

    sleep mode: Schlaf-, Stromspar-, Ruhemodus

slice: Ausschnitt, *z. B. aus einer Statistik oder einer Bildschirmdarstellung*

slicks: profillose Reifen, Glattreifen *(Formel 1)*

slide: Dia, Diapositiv, (Bildschirm-)Folie

slide show: Diaschau, -vorführung, Diavortrag

sliding shirt: Seitenschürze *(Rennsport)*

sliding tackling: Grätsche, Seitangriff

slim: schlank, dünn, *auch in*

    slim food: Schlankheitsnahrung

slim line: *besonders dünne* **CD**-Hülle

slimmen: abnehmen, Schlankheitskur machen, *Denglisch*

slipper: *senkellose Herrenschuhe, Denglisch (im Englischen bedeutet „slipper" „Pantoffel" oder „Hausschuh")*

slogan: Motto, Wahl-, Werbespruch, Schlagwort, Losung, Parole, Phrase

slomo: *siehe* **slow motion**

slot[1]: Steckplatz *(Rechner)*

slot[2]: Platz, Termin *(Start- und Landeanrecht bzw. -zeit auf Flughäfen)*, Zeitfenster, Zeitnische, *siehe auch* **timeslot**

slot machine: Spielautomat, „einarmiger Bandit"

slow: langsam, *auch in*

> **slowdown**: Drosselung, Verlangsamung

> **slow motion, slomo**: Zeitlupe

> **slowness**: Langsamkeit, Schwerfälligkeit

slow city: „entschleunigte Stadt", ruhige Stadt, entspannte Stadt

slow food: gemütliches, ruhiges, kultiviertes, bedächtiges, genussvolles, langsames Essen, *im Gegensatz zu* **fast food**

slow-gos: schwerfällige Senioren *(Erfindung einer bayrischen Politikerin), siehe auch* **go-gos** *und* **no-gos**

slow-moving: Ladenhüter, schwer verkäuflich

SLP: *siehe* **second life people**

small: unbedeutend, klein, kurz, *Kleidergröße S, jetzt auch: spezielle Paketgröße (Deutsche Post)*

small business: (kleine) mittelständische Wirtschaft, *gewerblicher* Mittelstand

small business act: Existenzgründergesetz *der rot-grünen Bundesregierung (diese verwendet selbst aber nur den englischen Begriff), Denglisch*

small cap: kleineres Wertpapier, kleines Unternehmen, *Unternehmen mit geringer Marktkapitalisierung*

small talk: leichte, beiläufige Konversation, Gerede, Geplapper, Schwätzchen, Plaudern

smart[1]: klug; geschäftstüchtig, gewitzt, verschlagen, gerissen, ganovenhaft, betrügerisch

smart[2]: fein, gutaussehend, *modisch* elegant, schneidig

smart card: Plastikkarte *(mit Mikroschaltkreis)*, intelligente Plastikkarte, *vorgesehen als intelligente „Gesundheitskarte", siehe auch* **Chipkarte**

smart display: *mobile, vom Rechner örtlich getrennte Ein- und Ausgabeeinheit,* „tragbarer Bildschirm"

smart home: „intelligentes Heim", „intelligentes Haus", *das mit Hilfe vernetzter Elektronik die verschiedensten Geräte zentral bedient und darüber hinaus verbesserte Sicherheit bieten soll*

smartie: Siegertyp

smart key: „Fahr-Karte", „Autopass" - *schlüsselloses Berechtigungssystem für PKW (z. B. Toyota)*

smart label: Haftetikett, Infoetikett - *intelligentes Etikett für Kleidungs- oder Gepäckstücke, das mit einem Mikroschaltkreis zur kontaktlosen Identifikation ausgestattet ist*

smart material: „intelligenter Werkstoff" - *optimierter bzw. maßgeschneiderter Werkstoff*

smart phone: „intelligentes Telefon", *Mobiltelefon mit Minirechner*

smartshopper: Schnäppchenjäger

smash, smashen *(Denglisch)*: Schmetterball, schmettern

smile: Lächeln

smiley: Lächler, Grinsegesicht, *siehe auch* **emoticon**

smiling face: Lachgesicht, gute Miene, freundliches Gesicht, Frohnatur

smoke: Rauch, Qualm, *auch in*

    smoke-in: Rauchdemo, Raucherkneipe

    smoking area: Raucherbereich, Raucherzone

    smoking gun: Beweisstück, Hauptbelastungsmittel

Smoking: Gesellschaftsanzug, *Denglisch, im Englischen „dinner jacket" oder „tuxedo"*

smoothen: glätten, ausgleichen, einebnen, *Denglisch*

SMS: *Kurzmitteilung, Kurzbotschaft (per Mobiltelefon), siehe auch* **short message service**, *auch in*

    SMSen: *siehe* **simsen**

    SMS-to-speech: Sprach-SMS, *Dienstleistung eines Mobiltelefonanbieters, Denglisch*

    SMS voting: Abstimmung, Wahl *(per Mobiltelefon)*

snack, snacken *(Denglisch)*: Imbiss, kleiner Happen, Zwischenmahlzeit, *Snäck; einen Imbiss einnehmen, auch in*

    snack bar: Imbissbude, -stube

snail mail: herkömmlicher Brief, Schneckenpost, *traditionelle Postbeförderung*

snapshot[1]: Schnappschuss

snapshot[2]: Bildschirmabzug, Bildschirmkopie, *siehe auch* **screen-shoot**

snare drum: kleine Trommel *beim Schlagzeug*

sneakers: Sportschuhe; „Schleicher"

sneak preview: Vorabvorführung, Vorpremiere

sniff: Kokainportion

sniffen: schnüffeln, schnupfen, *Rauschmittel inhalieren,* sich *(durch Dämpfe)* berauschen, *Denglisch*

sniper: Heckenschütze

sniping: *„Schnapp-ab", Bieten in letzter Sekunde (bei Versteigerungen im Internet)*

snob: Großtuer, Wichtigtuer, Vornehmtuer, Eingebildeter

snobiety: Schickeria, *Gruppe, die sich durch zur Schau gestellte Extravaganz auszeichnet, extravagante Gesellschaftsgruppe von reichen Nichtstuern, Denglisch*

snooze: schlummern, ruhen; *speziell:* „Schlummerfunktion" *(Selbstabschaltung technischer Geräte)*

snowbike: Schneegleiter, Schirad

snowboard: Schibrett, *siehe auch* **Grasboard**, *auch in*

    snowboarden *(Denglisch)*, **snowboarding**: Schibrett fahren

    snowboarder: Schibrettfahrer

snow cross: Motorschlittenrennen

snow festival: Schneefestival, Hüttenzauber

snow fun: Spaß im Schnee

snowmobile: Schneemobil

snow & rail: „Schnee und Gleis", *Kombination von Schipass und Bahnanreise*

snowscoot: Schneefahrrad, Schneeroller

snow scooter: Schneemobil, Pistenroller

snow sport(s): Sport im Schnee

snow trekking: Schneewandern

soap[1]: Seife, *auch in*

    soapie: Seriendarsteller

    soap opera, soap[2]: rührselige Serie, Schnulzenserie, Seifenoper

soccer: Fußball, *wird nur im (AE) berechtigterweise zur Unterscheidung vom* „American football" *verwendet [im (BE) und auch im Namen der europäischen Fußballföderation UEFA heißt es dagegen „football"], der Ausdruck dient aber bei uns zum unnötigen „Aufmotzen" von fußballbezogener Werbung, auch in*

    soccer ball: Fußball *(Sportgerät)*

    soccer shoes: Fußballschuhe

    soccer wear: Fußballbekleidung

social: sozial, gesellschaftlich, *auch in*

    social dumping, Sozialdumping *(Denglisch)*: Sozialabbau, *unlauterer Wettbewerb durch Nichteinhaltung von Sozialstandards*

    social engineering[1]: *Gestaltung von sozialen Prozessen, politische Sozialgestaltung*

    social engineering[2]: mentale Ausforschung, *Herauslocken von kopfgespeicherten (Geheim-)Informationen*

    social event: gesellige Veranstaltung

    social marketing: *Maßnahmen zur Steuerung des sozialen Bewusstseins (z. B. Werbung)*, Sozialbeeinflussung

    social networking: Beziehungspflege, *Nutzung von „Vitamin B"*

    social power: soziale Kraft, sozialer Sprengstoff

    social sciences: Sozialwissenschaften

society: Gesellschaft

sock: Socke, Stutzen *(Fußball)*

socket: Sockel, Sockelschnittstelle, Buchse

soda pop: Limo, Limonade, *alkoholfreies Mischgetränk, siehe auch* **alcopop**

soft: weich, gefühlvoll, *auch in*

> **softcover**: Taschenbuch, *siehe auch* **paperback** *und* **hardcover**
>
> **soft drink**: alkoholfreies Getränk, Limonade
>
> **soften**: weichzeichnen, *Denglisch*
>
> **soft ice**: *sahniges, weiches* Speiseeis
>
> **softie**: *sanfter, empfindsamer, sentimentaler Mann,* Weichling, Weichei, Muttersöhnchen, Schlappschwanz, *Denglisch*
>
> **softig**: weich, anschmiegsam, *Denglisch*
>
> **soft key**: virtuelle Taste *(EDV)*
>
> **soft news**: *harmlose, unpolitische Nachrichten, z. B. Rummel um Prominente, Klatsch*
>
> **softpack**: Weichverpackung
>
> **soft porn(o)**: Erotikfilm, *siehe auch* **hardcore**[1]
>
> **soft tip**: weicher Anschlag, *etwa bei der Gangschaltung*

soft opening: Teileröffnung, *siehe auch* **grand opening**

soft skills: *nicht zählbare, abstraktere Fähigkeiten, „weiche Persönlichkeitsmerkmale": u. a. Einfühlungsvermögen, Flexibilität, Kommunikationsbereitschaft, Kooperations- und Konfliktlösefähigkeit sowie Fähigkeit zur Selbstkritik*

software: *(Rechner-)Programme, Rechnersteuerung (EDV), auch in*

> **software engineering**: EDV-Programmentwicklung, Programmiertechnik
>
> **software technology**: Programmtechnik
>
> **software vendor**: Programmanbieter, Anbieter

solar trap: *Solar-Dachspeicherkollektor, Solar-Dachwarmwasserbereiter*

solid-state disk: Festspeicher *(mit der Leistung einer Festplatte)*

some: etwas, einige

somehow: irgendwie

something: etwas

sometimes: irgendwann, manchmal

song: Lied, Gesang, Musiktitel, *auch in*

> **songbook**: Liederbuch
>
> **song contest**: Schlager-, Sängerwettbewerb, *Talentesuche*
>
> **Songmacher**: Liederschreiber, Liedermacher, *Denglisch*
>
> **Songschreiber** *(Denglisch)*, **songwriter**: Liederschreiber, Liedermacher

sonnyboy: Strahlemann, fröhlicher Typ, *Denglisch (im Englischen* **sunnyboy**, *dagegen bedeutet* **sonnyboy** *„Kleiner", „Söhnchen")*

soon: bald, früh, gern

sorrows: Sorgen

sorry[1]: Entschuldigung, Verzeihung, *der Anglizismus verdrängt vor allem das französische Wort Pardon in der Rolle einer abgeschwächten Entschuldigung, etwa wie:* Es tut mir leid.

sorry[2]: bekümmert, traurig

sorter: Sortierer, Sortieranlage

soul: Seele, Gefühl

sound[1]: Klang, Geräusch, *auch in*

> **sound card**, **Soundkarte** *(Denglisch)*: Geräusch-, Klang-, Akustik-, Audiokarte *(EDV)*

> **sound check**: Klangabstimmung, Klangprobe

> **Sounddatei**: Klangdatei, Musikdatei, *Denglisch*

> **sound designer**: Akustiker

> **Sounddusche**: Musikberieselung, *Denglisch*

> **sound file**: Klangdatei, Musikdatei

> **Soundkarte**: Geräusch-, Klang-, Akustik-, Audiokarte *(EDV)*, *Denglisch*

> **soundtrack**: Filmmusik, Filmtonspur

sound[2]: Musikrichtung, *musikalische Stilrichtung*

source: Quelle, *auch in*

> **source code**: Quellkode, Quelltext, Quelle *(EDV)*

sour cream: Sauerrahm, saure Sahne

so what?: na und?, was soll's? - *die Wendung wurde lange in einer vollkommen unverständlichen Werbung für eine Handelskette eingesetzt; irgendjemandem muss aber aufgefallen sein, dass sie da nicht hinpasst; nun ist sie nur noch selten zu sehen.*

Sozialdumping *(Denglisch)*: *siehe* **social dumping**

space: (Welt-)Raum; Platz, *auch in*

> **space lab**: Weltraumlabor

> **space shuttle**: Weltraumgleiter, Raumpendler, Raumfähre

> **spaciger Look**: Weltraumschick, *Denglisch*

space[2]: Leerstelle, Leerzeichen, Spalte *(auf Rechnertastaturen)*

space cookie: „Haschkeks", *ein Keks bzw. eine Tablette, mit Drogen versetzt*

spacy[1]: überirdisch, weltfremd, verrückt, *siehe auch* **abgespact**

spacy[2]: geräumig

spam[1], **spam mail**: *siehe* **e-mail spam**

spam filter: *siehe* **Antispam-Programm**

spamming, **spam**[2], **spammen** *(Denglisch)*: überfluten *(mit unnützer Werbepost im Internet)*, zumüllen, *siehe auch* **e-mail spam**

spare: entbehren, übrig, *auch in*

> **spare car**: Ersatzwagen *(Formel 1)*

> **spare parts**: Ersatzteile

spareribs: Schälrippchen

Sparringspartner: Übungsgegner *beim Boxen, Denglisch*

speaker: Sprecher, Redner, *auch in*

>   **speaker's corner**: Sprechplatz, Infoplatz

special[1]: besonders, speziell, *auch in*

>   **special edition**: Sonderausgabe, Sonderversion *mit Zugaben (bei Film-**DVD**), siehe auch* **feature**[3]

>   **special effect, Specialeffekt** *(Denglisch)*: Spezialeffekt, *bestimmte gewollte Wirkung;* Trick, *digitale Bildmanipulation*

>   **special event**: Höhepunkt, Knaller; Sonderveranstaltung

>   **special guest**: Ehrengast

>   **special interest**: ausgefallenes Interesse, Sonderneigungen

>   **Special-Interest-Sender**: Nischen-, Spezialsender, *Denglisch*

>   **Special-Interest-Zeitschrift**: Spezialzeitschrift, *Denglisch*

>   **special offer**: Sonderangebot

special[2]: Sonderbericht, Sondersendung; Sonderaktion, Sonderveranstaltung

speech: *(kurze)* Rede, Ansprache, *auch in*

>   **speechwriter**: Redenschreiber, *siehe auch* **ghostwriter**

speed[1]: Geschwindigkeit, Tempo, Eile, *auch in*

>   **speedboat, Speedboot** *(Denglisch)*: schnelles Motorboot, Rennboot; Schnellboot

>   **speed breaker**: Fahrbahnschwelle, *speziell angelegte* Bodenwelle *(„Schikane")*

>   **speedster**: Sportwagen

>   **speedway**: Rennstrecke, *Denglisch, ursprünglich (und im Englischen nur): spezielle Rennstrecke für* Sandbahnrennen, *Name für den Lausitzring („Eurospeedway")*

>   **speedy**: (über-)eilig, schnell, rasch, rasend, prompt

speed[2]: Aufputschmittel

spicy: würzig, feurig

spider[1]: Spinne, *auch in*

>   **spider lines**: Fadenkreuz

spider[2]: *(offener)* Sportwagen

spike: Schuhnagel, Dorn

spikes[1]: Nagelschuhe, *Laufschuhe mit Dornen*

spikes[2]: *Autoreifen mit Dornen,* Dornenreifen

spill over: überfließen, überlaufen

spin: schnelle Drehung; Drall

spin-off[1]: Abfall-, Nebenprodukt

spin-off[2]: Weiterentwicklung, Weiterführung, *„Weiterspinnen" (eigentlich nur: „in Gang bringen")*

spin-off[3]: Ausgliederung *(z. B. einer Abteilung)*, Ausgründung

spirit: Geist, *in der symbolischen Bedeutung*

splashdown: Wasser(land)ung *(eines Raumfahrzeugs oder einer Rakete)*

splashing dash: *kurzfristiger* Tankstopp *(Formel 1)*

splatter movie: *blutrünstiger* Gruselfilm, Schockfilm

spleen: Verschrobenheit, Spinnerei, Tick, Macke, Marotte

spleenig: verrückt, überspannt, eingebildet, *Denglisch*

split-run test: (Anzeigen-)Wirkungstest

split screen: geteilter Bildschirm, Bild(schirm)teilung *(für gleichzeitige Ausstrahlung von Programm und Werbung)*

splitten: spalten, teilen, aufteilen, auftrennen, *Denglisch*

splitting[1]: aufteilen, aufspalten; Teilung, *siehe auch* **Steuersplitting**

splitting[2], **split**: Aktien(auf)teilung, Nennwertverringerung *(von Aktien)*

spoiler: Luftleitblech

spoiler[2]: Spiel-, Karriereverderber

sponsor: Förderer, Geldgeber, Gönner, Unterstützer, *auch in*

    sponsern: unterstützen, finanziell fördern, *Denglisch*

    sponsoring: Förderung *im sportlichen oder kulturellen Bereich*

spooky: geisterhaft, gespenstisch, gruselig, spukhaft

spool: Warteschlange *(z. B. beim Drucker)*

spoon: Löffel

sportive: sportlich

sports: Sport, *Körperertüchtigung, auch in*

    sports aid: Sporthilfe

    sports watch: Sportuhr, *sportliche Armbanduhr*

    sportswear: Sportbekleidung, *sportliche Freizeitbekleidung*

sport-utility vehicle, **SUV**, **sport-utility car**: *sportliches Nutzfahrzeug, geländegängiges Mehrzweckfahrzeug*

spot[1]: Stelle, Fleck

spot[2]: kurze Werbung

spot[3]: Richtscheinwerfer, *Beleuchtung auf einen bestimmten Gegenstand oder eine bestimmte Person, auch in*

    spotlight: Rampenlicht, Ziellicht, *auf einen Punkt gerichtet*

spot guide: Kurzführer, Reiseprospekt

Spotmarkt: Sofortmarkt, *Denglisch, Markt für Sofortgeschäfte im Gegensatz zu Termingeschäften*

spotten: entdecken *(als Ergebnis einer konkreten Suche), Denglisch*

spray: *zerstäubte Flüssigkeit,* Sprühdose, Benebler, *Sprüh, auch in*

    Spraydose: Sprühdose, Zerstäuber, *Denglisch*

sprayen: sprühen, stieben, spritzen, zerstäuben *von Flüssigkeit, Denglisch*

sprayer: Sprüher, Sprühkünstler

spreadsheet: Tabellenkalkulation; Tabelle

spring: Frühling, z. B. *in vielen aberwitzigen Werbungen wie:* Spring Sensa-tions = *Spülmittel,* spring in the city = *Frühjahrskampagne einer sog. Kultur-einrichtung*

sprinkler: Spritzdüse, Rasensprenger, Berieselungsgerät *(als Brandschutz)*

sprinkler system: *(automatische)* Feuerlöschanlage

sprint[1]: Kurzstreckenlauf

sprint[2], **sprinten** *(Denglisch)*: schnell laufen, rennen

sprinter: Läufer, Kurzstreckenläufer, *Schnellläufer*

spurt: *(beschleunigter) Lauf*

spurten: schnell laufen, rennen, beschleunigen, *Denglisch*

spycam: Spannerkamera *im Internet, siehe auch* **watchcam**

spyware: Ausspähprogramm(e), Schnüffelprogramm(e), Spionierpro-gramm(e) *(zur Weitergabe persönlicher Daten an Dritte)*

stack: Stapel(-speicher) *(EDV)*

staff: Personalstab, Belegschaft, Mitarbeiter

stage: Bühne

stage-diving: Sprung von der Bühne *(ins Publikum)*

staging: Stadieneinteilung, Klassifizierung

stakeholder: *Mitglied einer Interessengruppe*

stalker: Nachsteller, Schleicher

stalking: Nachstellung *(amtliche deutsche Entsprechung), unzumutbare* Be-lästigung, Nötigung

stampede[1]: panische Flucht

stampede[2]: Massenansturm

stamp it: digitale Frankatur *(Deutsche Post)*

standalone: *unvernetzter Rechner,* Einzelplatzrechner; Einzelgerät, *autono-mes Gerät*

Stand-alone-Programm: Einzel-, Soloprogramm, unabhängiges Programm *(EDV), Denglisch*

standard[1]: Norm, Maßstab, *auch in*

    standardize: normen, standardisieren; angleichen

standard[2]: Standard, *auch in*

    standard of living: Lebensstandard

standby, Stand-by-Modus *(Denglisch)*: Wartebetrieb, Bereitschaft, Warte-stellung, Bereitschaftsstellung, *z. B. beim Fernseher, auch in*

    Standbyliste: Warteliste, *Denglisch*

    Stand-by-Passagier: Passagier auf Warteliste, *Denglisch*

standing: Rang, Ansehen, Stand, Renommee, Ruf

standing invitation: Dauereinladung

standing ovation: andauernder Beifall, anhaltender Beifall, stürmischer Beifall, Beifallsstürme, Applaus im Stehen

Stand-up-Komödiant: Spontankomödiant *(arbeitet ohne Vorbereitung und reagiert auf das Publikum)*, *Denglisch*

star[1]: *(Bühnen-, Film-)*Berühmtheit, Erfolgsmensch

star[2]: Stern, *auch in*

    starlet: Filmsternchen

    star wars: Krieg der Sterne, Konflikt im All

Starterkit: Erstausstattung, z. B. bei Mobiltelefonen, *Denglisch (im Banken-bereich inzwischen historischer Begriff für die Ende 2002 an die Haushalte verteilten ersten Euromünzen)*

start-up: Firmenneugründung; Unternehmens-, Existenzgründer; Startkapital, *auch in*

    start-up company: Jungunternehmen

state: Stand, Zustand, Lage, *auch in*

    state of the art: Stand der Forschung / Wissenschaft, derzeitiger Wissensstand

statement[1]: Erklärung, Aussage, Stellungnahme, Verlautbarung, Rede, Ansprache, Darlegung, Ansicht, Meinungsäußerung, *auch in*

    statement of income: *Aufstellung des Einkommens,* Einkommen-steuererklärung

    statement of profit and loss: Gewinn- und Verlustrechnung, Erfolgs-rechnung, *Aufstellung von Gewinn und Verlust; Bilanz*

statement[2]: Anweisung *(EDV)*

station id: Senderkennung, *siehe auch* **logo id**

status report: Lagebericht, Zustandsbericht

stay[1]: stehen

stay[2]: bleiben, warten

steadycam, steadicam: "schwebende Kamera", Schwebestativ, *Halterungs-system für tragbare Kameras, das trotz Eigenbewegung des Kameramanns verwackelungsarme Bilder ermöglicht*

steering committee: Lenkungsausschuss

stent: *(Blut-)*Gefäßprothese

step: Schritt, *auch in*

    step-by-step: Schritt für Schritt

    stepper[1]: *spezielles Konditionsgerät*

    stepper[2]: Schrittmotor

Steuersplitting: *Einkommensteuerveranlagung von Ehepaaren, Denglisch*

steward, stewardess: Flugbegleiter/in, *Bordpersonal*

stick: Stäbchen; *Knabbergebäck in Stäbchenform*; Trommelstock *für das Schlagzeug*; Speicherstift *(siehe auch* **memory stick***)*

sticker: Anstecknadel, Aufkleber

still: Standbild

stock[1]: Lager, Bestand

stock[2]: Aktie(n), Stammaktie(n), Wertpapier(e), *auch in*

stockbroker: Börsenmakler

stock exchange: (Wertpapier-)Börse

stock (holding) company: Aktiengesellschaft, AG

stockjobber: Börsenspekulant, Effektenhändler

stock options: Aktienoptionen, -bezugsrechte *(in den Firmen der* **New Economy** *gelegentlich als Gehaltsbestandteil oder -ersatz eingesetzt)*

stoned: bekifft, berauscht, benebelt *von Haschisch oder Marihuana*

stonewashed: steingewaschen, *mit Hilfe von Bimsstein vorgewaschener Stoff*

stop: Halt, Stopp, *auch in*

> **stop-and-go, Stop-and-go-Verkehr** *(Denglisch)*: Schleichverkehr, Verkehrsstockung, zähfließender Verkehr

> **Stop-and-go-Strafe**: Zeitstrafe *(Formel 1)*, Denglisch

> **stopover**: Zwischenhalt, Zwischenlandung, Fahrtunterbrechung

storage: Speicher; Speicherung

store: Lager; Geschäft, Laden; Warenhaus - *ähnlich wie* **shop** *wird das Wort für jede beliebige Verkaufsstelle verwendet, meist ohne System und Sinn; die Araltankstellen zeichnen sogar ihr größeres Krimskramssortiment damit aus.*

storen: lagern, speichern, *Denglisch*

story: Geschichte, Erzählung, Handlung, *auch in*

> **storyboard**: Szenenansicht, -vorschau, bebildertes Drehbuch; Ablaufplan

> **story in progress**: *Geschichte in Arbeit, weiterwachsende Geschichte (von mehreren Autoren fortgesetzt)*

> **story line**: Handlung(sstrang), roter Faden *(einer Geschichte)*

straight: methodisch, streng strukturiert; geradeheraus; anständig, harmlos, bieder

Strandbuggy: Strandkarre, *Denglisch*

Straps: Strumpfhalter, *Denglisch, im Englischen unbekannt!*

strawberry: Erdbeere

stream: Datenstrom

streamen *(Denglisch)*, **streaming**: Datenstromübertragung; (in Echtzeit) übertragen, *über das Internet senden, „strömen" (Rundfunksender)*

streamer (tape): Bandgerät, Magnetband(-station), *Datensicherungsgerät (EDV)*

Streamingangebot: *(Internet-)Angebot zum Anhören, zur Ansicht (ohne Speichermöglichkeit), Denglisch*

Streamingtechnik: *Internetfernsehen (Verschmelzung von Internet und Fernsehen), Denglisch, siehe auch* **web-TV**

streamlining, streamlinen *(Denglisch)*: rationalisieren, sanieren; überarbeiten, „in Form bringen"

street: Straße, *auch in*

    streetball: Straßenbasketball

    streetballer: Straßenbasketballer

    street entertainment: Straßenkunst

    street fighter: Straßenkämpfer, *auch im übertragenen Sinne verwendet, etwa für ein Motorrad*

    street hockey: Straßenhockey

    street kicker: Straßenfußballer

    street party: Straßenfest

    streetsoccer: Straßenfußball, *siehe auch* **soccer**

    street wear: Straßenkleidung

    streetworker: Straßenhelfer, Sozialarbeiter *(im Außendienst)*, Vor-Ort-Sozialarbeiter

street credibility: Glaubwürdigkeit *beim Volk*, Sympathieträger *in der Politik*

streetwise: bauernschlau

strength: Stärke, Kraft

stress[1]: Belastung, (Über-)Druck

stress[2]: Spannung, Anspannung, seelischer Druck

stressig: anstrengend, aufreibend, belastend, *Denglisch*

stretch: dehnbar; dehnen, *auch in*

    stretching: Dehnübung

strictly confidential: streng vertraulich *(Geheimhaltungsstufe)*

strike: Schlag

string: Zeichenkette, Kette *(EDV)*

strip[1]: *(Pflaster-)*Streifen; *(Klebe-)*Streifen

strip[2], **strippen** *(Denglisch)*: sich ausziehen, sich entkleiden

strobe light: Stroboskop; Lichtblitze

stroke unit: Schlaganfall(intensiv)station, Schlaganfallabteilung, Hirnschlagabteilung, *der Hinweis wird ungeachtet der akuten Lebensgefahr unverschämterweise in manchem deutschen Krankenhaus ohne deutsche Übersetzung angebracht.*

Strombroker: Stromhändler, *Denglisch*

strong: kräftig, stark

strong buy: *unbedingt empfehlenswertes Wertpapier, „Muss"-Aktie (Börse)*

strong sell: *schleunigst abzustoßendes Wertpapier (Börse)*

struggle for life: Kampf ums Dasein, Überlebenskampf

stunt: gefährliche *oder* akrobatische Filmszene, Gefahrenvorführung, *auch in*

    stuntman: Filmakrobat, Gefahrendarsteller, Double *(für gefährliche Filmszenen)*

style: Stil, Ausdrucksmittel, Lebensart

stylen: gestalten, sich schön machen, „aufmotzen", *Denglisch*

style sheet: *Vorgabe für Schriftsatz, Zitierweise und Korrekturlesen (von Verlagen)*

styling: Aufmachung, Gestaltung

stylish, stylisch *(Denglisch)*: *dem (modernen) Lebensstil entsprechend, siehe auch* **lifestylig**

Stylistin: Gestalterin, *Denglisch, siehe auch* **hairstylist**

subcontracting: Zulieferung

subdirectory: Unterverzeichnis

subdomain: Sub-, Unterdomäne, *Teil einiger Internetadressen, siehe auch* **domain**^{2}

subject heading: Rubrik(-überschrift)

subnotebook: Minirechner, *besonders kleiner und leichter Klapprechner, siehe auch* **notebook**^{2}

subtask: Teilaufgabe, Unteraufgabe

suburb: Vorstadt

subway: U-Bahn

subwoofer: Tiefsttöner, Basslautsprecher

success: Erfolg, *auch in*

> **successful**: erfolgreich, überlegen

> **success story**: Erfolgsgeschichte

such: solch/e/s

sudden death^1: Entscheidungstor, -punkt

sudden death^2: plötzlicher Tod

sugar: Zucker

suitcase: Koffer

summary (paper): Zusammenfassung, Kurzfassung

summer: Sommer, *auch in*

> **summer hit**: Sommerschlager

> **summer school**: Sommerschule, Ferienkurs

summit: Gipfelkonferenz, Gipfel(-treffen); Höhepunkt

sun: Sonne, *auch in vielen übertragenen Verbindungen wie:* D2 sun *(Mobilfunktarif), auch in*

> **sunbed studio**: Solarium, Sonnenbank(-studio)

> **sunblocker, Sunblockstift** *(Denglisch)*: Sonnenschutz(-mittel)

> **Sundiesel**: „Sonnendiesel" - *synthetischer Dieselkraftstoff aus Biomasse, Denglisch*

> **sun lotion**: *(flüssiger)* Sonnenschutz, *(flüssiges)* Sonnenschutzmittel

> **sun milk**: Sonnenmilch

> **sunny**: sonnig, *auch in vielen Werbungen:* Fanta sunny melon = *Fanta Sonnenmelone*

> **sunnyboy**: *siehe* **sonnyboy**

> **sunrise**: Sonnenaufgang

sunroof: Schiebe(ausstell)dach *(bei PKW)*

sunset: Sonnenuntergang

sunshine: Sonnenschein

sun spray: *Sonnenschutz(mittel)zerstäuber*

sunrise period: Startphase, Vorzugsphase

super: Über-, über-, *auch in*

   superclass: klasse

   superlearning: Schnelllernen

   supermodel: Schönheitsideal

   superseller: Kassen-, Verkaufsschlager

   superstar: *besonders herausragende (Bühnen-, Film-)Berühmtheit*

superflat screen: Flachbildschirm, *besonders flacher Bildschirm, siehe auch* **flat screen**

superuser: Benutzerunterstützer

supervision: Betreuung, Überwachung, Aufsicht

supervisor: Verwalter, Anweiser, Aufseher

supplement: Ergänzung

supply: Belieferung, *auch in*

   supply chain: Liefer-, Logistikkette

   supply-chain management, SCM: Lieferkettenverwaltung

support, supporten *(Denglisch)*: Hilfe, Unterstützung; Kundenbetreuung, Kundendienst; unterstützen, *auch in*

   support act: Begleitauftritt

   supporter: Helfer, Unterstützer, Förderer, Mentor, Betreuer

   supporting: unterstützen

sure: sicher, gewiss

surfboard, Surfbrett *(Denglisch)*: Wellenreitbrett

surfen[1]: wellenreiten, Brandungsreiten, *Denglisch, nicht zu verwechseln mit* **windsurfen**

surfen[2]: *sich im Internet bewegen,* blättern, „Seiten reiten", navigieren, *Denglisch*

surfer: Wellenreiter

surfwatch: Kindersicherung, Zugriffskontrolle *(für das Internet)*

surplus: Überbestände; Überschuss, Gewinn

surprise party: Überraschungsfeier

surround receiver: Raumklangsteuergerät

surround sound: Raumklang, Mehrkanalklang, Rundumklang

survey: Umfrage, Markt-, Meinungsforschung, Erhebung; Überblicksartikel

survival: Überleben, *besonders in unzähligen* Survivaltrainings, Survivaltrips, Survivalreisen, Survivaltagen *für Führungskräfte der deutschen Wirtschaft*

survivalkit: Überlebenspaket

survivals: Überbleibsel

suspense: Spannung, Erwartung, Ungewissheit, *auch in*

    suspense story: spannende, fesselnde Geschichte

sustainability: Nachhaltigkeit

sustainable development: nachhaltige Entwicklung

swap[1]: Austausch, *auch in*

    Swapgeschäft: Tauschhandel, *Denglisch*

swap[2]: Seitenwechsel *(EDV)*

sweater: Pullover, Pulli, Strickjacke

sweatshirt: Sportpullover

sweet: süß, *auch in*

    sweetheart: *(Kosewort:)* Liebling, Liebste/r

    sweets: Süßigkeiten

SWIFT code: *siehe* **bank identifier code**

swimming pool: Schwimmbecken

swing[1]: *höchste Kreditgrenze im Außenhandel*

swing[2]: Pendelschlag, *auch symbolisch für:* Umschwung, Wechsel

Swing von Wählern: Wählerwanderung, *Denglisch*

Swiss: schweizerisch

switch[1]: Schalter, *auch in*

    switchboard: Schaltbrett, Schalttafel

    switchen: umschalten, (über-)wechseln, *Denglisch*

    switcher[1]: Schalter, Umschalter

switch[2]: Verteiler

switcher[2]: Unschlüssiger, Schwankender, *jemand, der zwischen verschiedenen Möglichkeiten (Produkten, Fernsehsendern, sogar Weltanschauungen) schwankt und ständig wechselt*

synergy: Zusammenarbeit, *Energie oder Erfolg durch gemeinsamen Einsatz*

synthesizer: *(elektronisches)* Geräuschinstrument

synthetics: Kunststoffe, Kunstfasern

system: System, *besonders der Plural* **systems** *wird gern von deutschen Unternehmen als Namenszusatz verwendet („RWE Systems", „SAP Systems"). Da „Systeme" aber nur in Kombination mit anderen Zusammenhängen einen Sinn ergeben, ist der Zusatz überflüssig. Es handelt sich dann um eine Sammelbezeichnung wie „Sachen". Besonders befremdlich ist „SAP Systems", da SAP bereits „Systeme, Anwendungen, Produkte" heißt, auch in*

    system manager: Programmverantwortlicher, Systemverwalter *(EDV)*, *Denglisch*

    systems engineering, **Systemengineering** *(Denglisch)*: Prozess-, Systemgestaltung

    system software: Systemprogramm(e) *(EDV)*, *Denglisch*

T

tab: *(Karten-, Mappen-)*Reiter, Einzugstaste *bei Rechner und Schreibmaschine, siehe auch* **tabulator**

table: *auch:* Tabelle

table of content: Inhaltsverzeichnis

tablet-PC: *tragbarer Rechner, der nicht mehr aufgeklappt werden muss, mit berührungsempfindlichem Bildschirm*

tablets: Tabletten, *z. B. in Produktnamen wie:* Ariel tablets

table water: Tafelwasser, *meist Wasser, das nicht die Qualität von* Mineralwasser *erreicht*

tabulator: Karteikartenmarkierung, Einzugsmarkierung, Zeileneinzug

tacker: Klammerhefter

tackling: Körperangriff *(im Sport)*

tag: Anhänger, (Namens-)Schild

taggen: kennzeichnen, markieren, *Denglisch*

take[1]: Aufnahme, Szene *(ohne die Kamera zu stoppen)*

take[2]: (mit-, weg-)nehmen, *auch in*

    take-away: zum Mitnehmen

take-back obligation: Rücknahmepflicht *(Entsorgungsbranche)*

take care!: pass auf! - *auch als salopper Gruß unter privaten Briefen*

take it easy!: nimm's leicht!, mach dir nichts draus!

takeoff[1]: Start, Durchbruch

takeoff[2]: Abhub, Abflug

takeover: Übernahme *(eines Unternehmens durch Erwerb der Aktienmehrheit), siehe auch* **unfriendly takeover**

talent scout: Talentespäher, -sucher

talk, talken *(Denglisch)*: Gespräch, Diskussion, Schwatz, Plausch, zwanglose Unterhaltung; reden, plappern, plaudern, diskutieren, *auch in*

    talkback: Anrufsendung, (Radio) mit Hörerbeteiligung; Gegensprech(-anlage)

    talk comedy: lustige Gesprächsrunde, Quasselrunde, *siehe auch* **gag show**

    Talkgast: Gesprächsgast, *Denglisch*

    talking points: Diskussionspunkte

    talk master: Gesprächsleiter, Diskussionsleiter, *Denglisch*

    talk queen: *bekannte* Gesprächs-, Diskussions-, Quasselrundenleiterin, Plauderdiva, *Denglisch*

    talk show: Gesprächs-, Diskussionsrunde *(im Fernsehen), auch in sehr vielen denglischen Verbindungen wie:* Donnerstalk = *Gespräch am Donnerstag, Donnerstagplausch*

tape[1]: *(Ton-, Film-, Magnet-)*Band, Musikkassette, *auch in*

  tape deck: Band-, Tonband-, Kassettengerät

tape[2]: Klebeband

tapen: verbinden *(Verband anlegen), Denglisch, siehe auch* **dress**[2]

target: Ziel, *auch in*

  targeten: zum Ziel setzen, zum Ziel stellen, anvisieren, *Denglisch*

  target group: Zielgruppe

  target research: Anwendungsforschung; Forschungsschwerpunkt;
  speziell: Wirkstoffsuche

  targets: Zielvorgaben, Zielvereinbarungen *(kaufmännisch)*

task: Aufgabe, Auftrag, *gerade untere Führungskräfte machen sich bei ihren
Mitarbeitern gern lächerlich, indem sie das Wort* Aufgaben *meiden, obwohl
doch praktisch jeder weiß, dass eine* **task** *eine* Aufgabe *ist.*

task force: Sondereinheit, Spezialeinheit, Eingreiftruppe, Krisenstab, *zurzeit
Lieblingswort aller Denglischliebhaber in Wirtschaft und Politik, selbst im
Sport, wenn es z. B. um die Eindämmung der Gewalt in Fußballstadien geht*

Taskleiste: Funktionsleiste, *schaltfähige Aufgabenleiste (beim Rechner),
Denglisch*

task manager: Aufgabenverwalter *(EDV)*

taste: Geschmack

tattoo: Tätowierung

tax-free: steuerfrei, *meist:* mehrwertsteuerfrei

taxiway: Manövrierweg, Taxiweg, Taxilinie, *Flugzeugzufahrt zur und von der
Start- und Landebahn*

T-car: Testwagen *(Formel 1)*

tea: Tee, *auch in*

  tea bag: Teebeutel

  teacake: Teeplätzchen

  tearoom: Teestube

  teashop: Teeladen

  teatime: Teezeit

teach: lehren, *auch in*

  teacher: Lehrer, Betreuer, *siehe auch* **instructor**, **trainer**

  teach-in: *aufklärende Protestaktion*

  teaching unit: Lehr-, Lern-, Unterrichtseinheit, *siehe auch* **learning
  unit**

  teachware: Lehrprogramm *(EDV)*

team: Arbeitsgruppe, Arbeitsgemeinschaft, Gruppe, Mannschaft *und noch
eine ganze Reihe weiterer eingebürgerter Ausdrücke für Spezialfälle - beliebt, weil geschlechtsneutral und inzwischen weitgehend integriert, auch in*

  Teamarbeit: Gemeinschaftsarbeit, *Denglisch*

  teambuilding: (Arbeits-)Gruppenentwicklung, *Prozess des Zusam-
  menwachsens, des Sich-Findens, der Entwicklung im* **team**

Teamchef: Mannschaftsleiter, *Denglisch, siehe auch* **trainer**

team coaching: persönliche Betreuung zur Leistungssteigerung *in der Abteilung*; *auch:* Gruppenbetreuung, Betreuung vor Ort *(nach Lehrgängen durch die Lehrkräfte)*

teamer[1]: (Arbeits-)Gruppenleiter, *Denglisch*

teamer[2]: Gruppen(reise)leiter *(für Kleingruppen bei Jugendreisen)*, *Denglisch*

team event: (Abteilungs-)Feier, Abteilungsausflug - *kann auch kleinere Betriebe ohne Abteilungsstruktur betreffen*

teamfähig: gruppenfähig, *Denglisch*

Teamgefährte: Mannschaftsgefährte, -kollege, *Denglisch*

Teamgeist *(Denglisch): siehe* **team spirit**

teamlead(er), **Teamleiter** *(Denglisch)*: (Arbeits-)Gruppenleiter; Mannschaftskapitän *(Sport)*

team manager: Gruppenleiter; Mannschaftsleiter *(Sport)*

team player: mannschaftsdienlicher Spieler, *im Gegensatz zum „Einzelkämpfer", „Spieler, der immer für die Mannschaft da ist", auch im übertragenen Sinne*

team spirit: Gruppen-, Mannschaftsgeist, Zusammengehörigkeitsgefühl

team teaching: Ringvorlesung

teamwork: Gemeinschaftsarbeit, Gemeinschaftsleistung; Gruppenarbeit

teaser: Lockwerbung, *kleine Werbegeschenke „zum Anfüttern"*; Appetithäppchen

technical: technisch, *auch in*

technical advancement: technischer Fortschritt

technical documentation: technische Dokumentation

technical services manager: Leiter (der) technische(n) Dienste; Kundendienstmitarbeiter

technical writing: technisches Schreiben, Gebrauchstexte verfassen, Gebrauchsanweisungen schreiben

technology: Technologie, Technik

techno-silk: Kunstseide, *in der Praxis:* Polyester

teen, **teenager**, **teenie**: Halbwüchsige/r, Jugendliche/r

teeny: *wie* **teenager***; auch:* klein, winzig

tele: Fern-, *eigentlich Griechisch, auch in*

telebanking: telefonischer Bankverkehr, *siehe auch* **banking**

telecoach: Fernlehrer, Fernbetreuer

telecommunication: Nachrichtenverbindung

telelearning: Fernsehkolleg, Fernkurs, Fernlernen, Netzlernen

teleprompter: *elektronischer Spicker*

teleshopping: *Einkauf per Fernseher,* Fernseheinkauf, Bildschirmeinkauf

Teleshopping-Kanal: Einkaufssender, Fernsehkaufhaus, *Denglisch*

teleteacher: Fernlehrer, Ferndozent

teleteaching: Fernunterricht, interaktives Seminar

teletutor: *siehe* **teleteacher**

television, TV: Fernsehgerät, Fernseher; Fernsehen, *auch Namensbestandteil von Fernsehsendern*

television set, TV set: Fernsehgerät, Fernseher

televoting: Fernabstimmung, Internetabstimmung, -wahl

telex: Fernschreiben

Telefonhotline: telefonischer Kundendienst, *Denglisch*

telly: Fernseher, *kurz für* **television**

tempered glass: gehärtetes Glas

template: Schablone, Muster, Vorlage

temptoo: Kurzzeittätowierung

temp-to-perm: *Übergang in ein festes Arbeitsverhältnis, Denglisch (Hartz)*

tender: (öffentliche) Ausschreibung; (Preis-, Leistungs-, Liefer-)Angebot, Offerte, (Kosten-)Voranschlag; Submission; Zeichnung *(Börse)*

term: Zeitraum, Frist, Termin, Dauer, Laufzeit

terminal[1]: Abfertigung *in jeglicher Bedeutung:* Bahnhof, Abflug- und Ankunftshalle, Umschlaganlage, Abfertigungsrampe, Abfertigungshalle *im Flughafen*

terminal[2]: Eingabegerät, -station, Bediengerät, Zugangsgerät *(EDV)*

terms of payment: Zahlungsbedingungen

terms of trade: Handelsbedingungen

test: *auch:* psychologisches Experiment

test report: Prüf-, Test-, Erfahrungsbericht

test result: Testergebnis

textbook: Schulbuch, Lehrbuch; Textheft

textliner: (Faser-)Schreiber

textmarker: Markierungsstift

text-to-speech: Sprachausgabe *(EDV)*

thank-you: Dankeschön, danke

that's: das ist, so ist

theme park: Themenpark, *themenbezogener Freizeitpark*

think: denken, *auch in*

    thinkpad: Kleinrechner, Mobilrechner, *siehe* **notebook**[2]

    think shop: Beratungsgremium, *gemeinsame Ideenproduktion*

    think tank: Expertenrunde, Ideenagentur, „Denkfabrik", „Ideenfabrik"

    think tools: Denkwerkzeuge

Third-Person-Perspektive: Außenstehendansicht, *Denglisch*

thirtysomethings: *Männer und Frauen um die Dreißig, Umdiedreißiger, Denglisch (im Englischen bedeutet der Begriff „über Dreißig"), siehe auch* **quarterlife crisis**

this is: das ist, dies ist

thread: Themenstrang, Kommentarsammlung *(zu einem Thema im Internet)*

three-letter code: *(dreibuchstabige)* Flughafenkennung

threshold: Grenzbereich, Grenzwert, Schwellwert; (Reiz-)Schwelle

thrill: Spannung, Nervenkitzel; *beim Einkauf:* Erfolgserlebnis *(Denglisch)*

thriller: Reißer, spannender Film, fesselnder Film

thumbnail: Miniaturansicht, Kleinansicht, Vorschaubild, Seitenvorschau

tick: ein Stückchen, ein bisschen *(ursprünglich eine Einheit auf einer Skala, z. B. Grad)*

ticker: Fernschreiber

ticket[1]: Strafmandat, Strafzettel

ticket[2]: Eintrittskarte, Fahrkarte, Fahrschein, Flugschein, *auch in*

    Ticketautomat: Karten(verkaufs)automat, *Denglisch*

    ticket booth: Kartenverkaufsstelle, Kassenhäuschen

    ticket center, t. corner: Kartenverkauf

    ticket counter: Fahrkartenschalter *(Deutsche Bahn)*

    ticket hotline: Kartenfernverkauf, telefonischer Kartenvorverkauf, Kartentelefon

    ticketing: Eintrittskarten(vor)verkauf

    ticket office, t. service, t. shop: Kartenverkauf

tie[1]: Krawatte, Schlips

tie[2]: unentschieden, *auch in*

    tiebreak: Entscheidungsspiel *(Tennis, Volleyball)*

tie-in: Werbegeschenk

tights: Strumpfhose

tilt, tilten *(Denglisch)*: kippen, neigen, abstürzen

time: Zeit, Zeitraum, Dauer, Zeitpunkt, *auch in so unsinnigen Verbindungen wie:* time and more *für einen Mobilfunktarif, auch in*

    time code: Zeitmarke

    time frame: Zeitrahmen, *zur Verfügung stehende Zeit*

    time is money: Zeit ist Geld

    time lag: Zeitkrankheit, *siehe auch* **jet lag**

    timeline: Zeitplan, Zeitachse *(Politikerdeutsch)*

    time management, Zeitmanagement *(Denglisch)*: Zeiteinteilung, Selbstorganisation, *Steuerung des Zeitablaufs*

    timen: zeitlich abstimmen, *Denglisch*

    time-out[1]: Spielpause, Auszeit; Ausfallzeit, Unterbrechung

    time-out[2]: Zeitgrenze (überschritten)

    Timeplaner: Zeitplaner, Terminkalender, *Denglisch*

timer[1]: Notiz- und Adressbuch, Terminkalender

timer[2]: Zeitgeber, Zeitschaltuhr, Aufnahme(zeit)steuerung *(bei der Videogerätprogrammierung)*

time scale: Zeitmaßstab

time-sharing: Zeitscheibenverfahren, Zeitverteilung *auf mehrere Sachen, Angelegenheiten (z. B. gemeinsame Nutzung von Rechnern oder Ferienwohnungen)*

time shift: Zeitversatz, Terminänderung

time-shift TV: *zeitversetzter, zeitverschobener Fernsehempfang*

timeslip: Zeitverschiebung, zeitversetzte Ausstrahlung, zeitversetztes Fernsehen

timeslot: Termin, Zeitfenster

timetable: Fahrplan, Zeitplan

timetainment: unterhaltsame Rückschau(-sendung) *im Fernsehen, siehe auch* **retro show**

timing: Zeiteinteilung, Zeitplan, (Zeit-)Abstimmung, Zeitgefühl

time board: *berührungsempfindliche Wandtafel,* Sensitivtafel, *siehe auch* **touch screen**

tip[1]: Wink, Anregung, Hinweis

tip[2]: Trinkgeld

tiptronic: Antippsteuerung, Sensorsteuerung, *Denglisch*

tissue: Gewebe, *auch in*

    tissue engineering: Gewebezüchtung, *Sammelbegriff für:* Gewebe-, Gelenk-, Herzklappen- *oder* Zellersatz

tivi: Fernsehen *(nach der englischen Aussprache von* **TV***), Denglisch. Dieser Ausdruck ist verwerflich, weil damit die üble Angewohnheit, englische Großbuchstaben-Abkürzungen auch englisch auszusprechen, sogar noch im Schriftbild zementiert wird.*

toast: *auch:* Trinkspruch

tobacco: Tabak

to-dos: Aufgaben, zu erledigen, zu Erledigendes, *zurzeit der absolute Renner in der Wirtschaft. Man hat keine Aufgaben mehr, weil das offensichtlich nicht modern genug klingt, auch in*

    to-do list, **To-do-Liste** *(Denglisch)*: Aufgabenliste

toe-loop: Drehsprung *(Eiskunstlauf)*

toe ring: Zehenring, *Modeschmuck, der am Zeh getragen wird*

toffee: (Weich-)Karamelle

together: zusammen, gemeinsam

to go: zum Mitnehmen, *siehe auch* **coffee to go** *und* **food to go**

to-go business: Laufkundengeschäft

toilet cleaning set: Toilettengarnitur, Klobürste

token: Zeichen; Gutschein, Spielmarke, Wertmarke

toner: Drucker-, Kopiererfarbe, (Drucker-)Farbpulver

tonic (water): Chininlimonade

too: auch, zusätzlich

tool[1]: Werkzeug, (Hilfs-)Mittel, *auch in*

    toolbar: Symbol-, Hilfsmittel-, Werkzeugleiste

    toolbox: Werkzeugkiste

    tool kit, tool set: Werkzeugsatz

tool[2]: (Hilfs-)Programm *(EDV)*

top[1]: Spitze, Gipfel, ganz oben, von höchster Güte, hochmodern, *so gut wie mit jedem deutschen oder englischen Hauptwort kombinierbar, auch in*

    top act: Hauptauftritt, Hauptereignis

    top case: (abnehmbarer) Motorradkoffer, -gepäckbehälter

    top competition: Spitzenwettbewerb, -wettkampf

    top edition: Bestausstattung, Spitzenausgabe

    Topelite: Spitzen-, Klasseleute, *Denglisch (eigentlich Unsinn, denn „Elite" drückt die besondere Qualität auch allein schon aus)*

    Topfavorit: Sieganwärter, *Denglisch, von Sportreportern gern verwendete überflüssige Begriffsdoppelung*

    top fifty: die ersten fünfzig, die fünfzig Besten

    top-fit: in bester Verfassung, tauglich

    top five: die ersten fünf, die fünf Besten

    topgesetzt: *(bei Auslosungen)* bevorzugt gesetzt *(Sport), Denglisch*

    top girl: Spitzenmodell

    top jobber: Spitzenkraft

    top management: Führungsspitze, *oberste Führungsebene eines Unternehmens*

    top manager: *herausragender* leitender Angestellter, Spitzenkraft, *auch:* Vorstandsmitglied

    topmodisch: hochmodisch, letzter Schrei, *Denglisch*

    top news: Spitzenmeldungen, wichtigste Nachrichten

    toppen: übertreffen, überbieten, steigern, *Denglisch*

    top scorer: Torschützenkönig *(bei Fuß- und Handball)*, Punktemacher

    top-secret: streng geheim, vertraulich, *strengste Geheimhaltung (Geheimhaltungsstufe)*

    top seller: Spitzenverkäufer, Verkaufsschlager

    top shop: Spitzengeschäft, Klasseladen

    top spot: wichtiger Ort, *z. B. für den Urlaub oder für Industrieansiedlungen*

    top story: Aufhänger, Hauptartikel, wichtiger Artikel

    top team: Spitzenmannschaft

    top ten: die ersten zehn, die zehn Besten

    Topthema: Schlagzeile, Spitzenthema, *Denglisch*

top[2]: Oberteil, *ärmel- oder trägerloses Hemd, auch in*

topless: „oben ohne", barbusig

top-down: von oben nach unten, z. B. *in der Unternehmenskommunikation*, Abwärtskommunikation, abwärts, absteigend, *Gegenstück zu* **bottom-up**

topic: Thema, Gegenstand

top-level domain: Länderkennung, Bereichskennung *(Teil der Internetadresse), siehe auch* **domain**^{2}

top load, toploader, Toplader *(Denglisch)*: „Obenlader", *Waschmaschine mit Befüllung von oben, siehe auch* **frontloader**

top sites: *Empfehlungen (für das Internet)*

topspin: Drall

Tops und Flops: Gelungenes und Misslungenes, Höhepunkte und Enttäuschungen, *Denglisch*

torque: Drehmoment

total quality management, TQM: durchgängige Qualitätssicherung, *das Prinzip, jedem Mitarbeiter individuell Verantwortung zuzuweisen, siehe auch* **quality management**

Total-Return-Fonds: *unspezialisierter Fonds, der auf hohe Gewinne orientiert ist, gleich woher sie stammen, Denglisch*

total sell, sale: Komplettausverkauf

touch: Hauch, Anstrich, Berührung, Anflug

touch and go: Aufsetzen und Durchstarten *eines Flugzeugs*

touch dimmer: Sensorsteuerung *(z. B. zum Einschalten und Regeln einer Stehlampe durch einfaches Berühren)*

touchpad: Berührungsfeld, Navigierfeld, Tastfeld *(EDV)*

touch screen: Sensitiv-, Tast-, Berührungsbildschirm

tough: hart, streng, unerbittlich, ausdauernd, zäh, robust, durchsetzungsfähig, *taff*

touren^1: reisen, unterwegs sein, *Denglisch, auch in*

> **Touri** *(Denglisch),* **tourist**: Reisender, Urlauber
>
> **touring**: Reise
>
> **touring service**: Reisedienst
>
> **tourist guide**: Reiseführer *(es kann eine Person oder ein Buch gemeint sein)*; Stadtplan
>
> **tourist office**: Fremdenverkehrsamt, Tourismusbüro, Touristeninformation - *es ist schon seltsam, dass gerade die Touristenbüros der verstaubtesten Orte, in die niemals ein amerikanischer Tourist seinen Fuß setzen wird, ihren wenigen deutschen Gästen das Büro entziehen und durch ein* **tourist office** *ersetzen.*

touren^2: *Auftritte von Künstlern, Musikern in verschiedenen Städten, Denglisch*

tourer: Tourenrad, Tourenmotorrad

tower: Turm, Turmgehäuse; Kontrollturm, Flugleitung, *auch symbolisch*

town house: Reihenhaus, Stadthaus

toy: Spielzeug

trace: Spur; nachvollziehen, aufspüren

track[1]: Spur; Datenspur, *auch in*

    trackball: Spurball, Kugelmaus

track[2]: Musiktitel *(z. B. auf einer Platte)*

track[3], **tracking**: jmd. jagen, verfolgen

track and field: Leichtathletik

tracking software: Bestellverfolgung(sprogramm)

Trackingsystem: *funkbasiertes Erfassungssystem für Spielsituationen (z. B. im Fußball), Denglisch*

traction control: Antischlupf-Regelung, ASR, *besonders in Berichten über die Formel 1*

trade: Geschäft, Handel, *auch in*

    trademark: Waren-, Markenzeichen

    traden: *(an der Börse)* handeln, *Denglisch*

    trade-off: Preis, Gegenwert

    trader: Händler

trade union: Gewerkschaft

trading: Handel, *auch in*

    trading floor: Handelsparkett

traffic[1]: Verkehr, *auch in*

    traffic jam: *(Verkehrs-)*Stau

    traffic-message channel, TMC: *digitaler* Verkehrs(meldungs)kanal, *automatisierter* Verkehrswarndienst

    traffic program, TP: Staumelder

traffic[2]: Besucherstrom, -fluss *(auf einer Internetseite)*

trailer[1]: Anhänger, Wohnanhänger, Wohnwagen

trailer[2]: kurzer Vorfilm, Eigenwerbung, Sendungsankündigung *im Fernsehen*

train, trainieren *(Denglisch)*: ausbilden, betreuen, *auch in*

    trainee: Lehrling, Auszubildender, Azubi

    trainer: (Sport-)Lehrer, Ausbilder, Weiterbilder, Betreuer, *siehe auch* **instructor, teacher**

    train the trainers: Ausbildung der Ausbilder

training: Schulung, Übung, Ausbildung, Weiterbildung, *auch in*

    training manager: Ausbildungsleiter, Leiter Weiterbildung

    training on the job: Ausbildung am Arbeitsplatz

    Trainingscamp: Ausbildungslager, *Denglisch*

    Trainingscenter: Ausbildungszentrum, *Denglisch*

tramp: *ein Mensch auf Wanderschaft,* Landstreicher, *auch in*

    trampen: per Anhalter fahren, *Denglisch*

    tramper: Anhalter, Autostopp

trance: Benommenheit, *Zustand der* Entrückung

tranquillizer: Besänftiger, Beruhigungsmittel, Antidepressivum

transaxle: Kompaktgetriebe *(Formel 1)*

transceiver: Sender und Empfänger *(Kombination von* **transmitter** *und* **receiver***)*

transcript: Abschrift, Kopie

transfer: Übermittlung, *auch in*

>   **transfer protocol, Transferprotokoll** *(Denglisch)*: Übertragungsprotokoll, *etwa im Internet, siehe auch* **protocol**

transfiguration: Verwandlung, Umgestaltung

transient: durchgehend, vorübergehend, vergänglich, flüchtig

transit hall: Transitraum *(auf Flughäfen)*

transmitter: Übersender, Übermittler

transponder: Signalübertrager *(Anlage zur Aufnahme, Verstärkung und Weitergabe von Funksignalen, Kurzwort aus* **transmitter** *und* **responder***)*

trash: Schund, Schrott, Abfall, Müll, Ramsch, Dreck, *auch in*

>   **trash film**: *schlecht gemachter Billigfilm*

>   **Trashkomödie**: billige Klamotte, *Denglisch*

>   **trash-TV**: Primitiv-, Kitschfernsehen

>   **trashy, trashig** *(Denglisch)*: kitschig, Schund-, wertlos

travel: Reise, *auch in*

>   **travel agency, tr. center, tr. shop**: Reisebüro

>   **traveler** *(AE)*, **traveller** *(BE)*: Reisender

>   **travel manager**: *(professioneller) (Dienst-)*Reiseorganisator

>   **travel service**: Reisedienst *(Deutsche Post)*

>   **travel shop**: *siehe* **travel agency**

travel system: *Kinderwagengestell mit verschiedenen Aufsätzen, ein Anglizismus, auf den man jederzeit verzichten kann*

treasurer: Kämmerer, Schatzmeister

treatment: Handlungsskizze; Handhabung, Behandlung

trekking, trekken *(Denglisch)*: Wandern, *meist in der Wildnis,* Bergwandern

trekking (cross) bike, Trekking(-Cross-)Rad *(Denglisch)*: *(bequemes) Straßen- und Geländerad*

trend: Neigung, Tendenz, Entwicklung, Strömung, (Grund-)Richtung, *auch in*

>   **trend check**: Tendenzumfrage

>   **Trendfrisur**: modische Frisur, *Denglisch*

>   **trendie**: *jemand, der* **trendy** *ist*

>   **trendig** *(Denglisch)*: *siehe* **trendy**

>   **trend letter**: Fortschrittsbericht

>   **trend line**: Entwicklungsverlauf

>   **trend scout**: Modekundschafter, „Spürhund" *für das Erkennen von Entwicklungstendenzen*

trendsetter[1]: Vorreiter, Schrittmacher *für eine bestimmte Entwicklung*

trendsetter[2], **Trendsetterin** *(Denglisch)*: Modeauslöser/in, Entwicklungsauslöser/in

Trendsport: Modesport, *Denglisch*

trendspotting, trendspotten *(Denglisch)*: Tendenzen bestimmen; Entwicklungen verfolgen, Neigungen herausfinden

Trendwende: Entwicklungs-, Tendenzumkehr, *Denglisch*

trendy: *dem Zeitgeist folgend,* modisch, zeitgemäß

trial[1]: Versuch, Probe, *auch in*

> **trial and error**: *(lernen durch)* Versuch und Irrtum, Ausschlussmethode

trial[2]: *Gelände-Kunstmotorradfahren (Motorsportart), siehe auch* **mountain-bike trial**

tribute to: ehren, anerkennen

tricky: trickreich

trike: (Motor-)Dreirad, *dreirädriges Motorrad*

trip: Reise, Ausflug; Drogenreise

triple: Dreifachsieg *eines Sportlers*

troll: vor sich hin reden, jmd. langweilen; Langweiler; Geschreibsel

trolley: Karren; Rollenkoffer

trolley bus: Oberleitungsbus, Obus

tropical: tropisch

trouble: Schwierigkeit, Ärger, Unannehmlichkeit, Aufregung, *auch in*

> **troublemaker**: Querulant, Streithammel, Krittler

> **trouble sheet**: (schriftliche) Fehlermeldung

> **troubleshooter**: Schlichter, Vermittler; *Experte im Auffinden und Beseitigen von Fehlern,* Problemlöser

> **troubleshooting**: Störungsbehebung, Problemlösung

truck: (Schwer-)Lastkraftwagen, LKW, Laster, Brummi - *der Anglizismus überrennt zurzeit sämtliche deutschen Bezeichnungen. Fachzeitschriften verwenden ihn ebenso gern wie schmuddelige Frittenbuden („Truck-Stop" u. ä.), auch in*

> **trucker**: LKW-Fahrer, Fernfahrer

> **truck stop**: Autohof, Fernfahrertreff *(mit Restaurant und Tankstelle),* Fernfahrerlokal

> **truck wash**: LKW-Waschanlage

truck system: *Entlohnung durch Naturalien,* Tauschhandel

trust[1]: trauen, vertrauen, sich verlassen auf, *auch Substantiv, auch in*

> **trust center**[1]: Vertrauenszentrum

> **trust center**[2]: Zertifizierungsstelle *(für die Bestätigung der Echtheit von digitalen Unterschriften), Denglisch (im Englischen: „certification authority"), siehe auch* **signature**

trusted pocket signer: Signaturrechner, *Taschenrechner zur Erzeugung gesicherter digitaler Unterschriften*

trustee: Treuhänder

trust receipt: Vertrauensbescheinigung

trust^2: Syndikat, Kartell, Quasimonopolist, Unternehmenszusammenschluss

try: Versuch, *auch in*

> **try it!**: versuch es!, probiere es aus!

try-out: Versuchs-, Erprobungs-

T-shirt: Trikothemd, T-Hemd *(knopfloses Baumwollhemd in T-Form)*

tubeless: schlauchlos *(Autoreifen)*

tumble dryer, tumbler: Wäschetrockner, *siehe auch* **dryer**

tune, tunen: verbessern, abstimmen, „frisieren", Leistung steigern, „aufmotzen", *Denglisch*

tuner: Rundfunkgerät, Empfänger

tuning^1: Abstimmung, Einstellen

tuning^2: „Frisieren" *(eines Autos)*, Leistungssteigerung, „Aufmotzen"

turf: Pferderennbahn

turkey^1: Entzugserscheinungen, Entzugsrausch

turkey^2: Puter, Truthahn

turn: Drehung, Törn, Runde; drehen, *auch in*

> **turnaround**: Umkehr, (Kehrt-)Wende; neues Unternehmenskonzept

> **turning point**: Wendepunkt

> **turntable**: Plattenteller, Plattenspieler

turnkey: schlüsselfertig, betriebsbereit

turnover: Umsatz

tutorial: Kurs, Einführung, Einführungskurs, Lehrgang

TV: Fernsehen; Fernseh-, *in Zusammensetzungen wie*

> **TV guide**: Fernsehprogrammführer

> **TV movie**: Fernsehfilm

> **TV special**: Fernsehsondersendung

tween: *Jugendliche/r zwischen 9 und 14 Jahren*

tweening: *(spezielle) Animationstechnik, siehe auch* **morphing**

tweeter: Hochtöner

twen: Zwanziger, *Mensch im Alter zwischen 20 und 30 Jahren, Denglisch, auch in*

> **Twen-Ticket**: Jugendkarte - *spezielle Fahrkarte der Deutschen Bahn für jüngere Fahrgäste, Denglisch*

twinning: Ineinandergreifen, Verquickung, Verfilzung

twins: Zwillingspaar, Zwillinge

twist: drehen, winden; überraschende Wendung, Knalleffekt

twist-off: Schraubdeckel

Twist-off-Verschluss: Schraubverschluss, *Denglisch*
two-coloured *(BE)*, **two-colored** *(AE)*: zweifarbig
two-in-one: zwei in eins
two-tone, **two-toned**: zweifarbig
tycoon: Wirtschaftsgigant, *Geschäftsmann von außergewöhnlichem Einfluss, Reichtum und Macht; mächtiger* Parteiführer
type[1]: Druck; Buchstabe; Schriftzug, Schriftart, Schrift; tippen, *auch in*
    typeface: Schriftschnitt, Schriftbild, Schriftart, Schrift
    typesetting: Drucksatz
type[2]: Art

U

überpacen: zu schnell sein, *Denglisch*
ubiquitous computer: *Immer-da-Rechner,* Überallrechner, „allgegenwärtiger" Rechner *(neue Generation von Miniaturrechnern, die unabhängig vom Menschen arbeiten und in allen möglichen technischen Geräten, z. B. in Autos, eingesetzt werden sollen)*
ultimate: höchst, größtmöglich
ultralight: besonders leicht, ultraleicht
umpire: Schiedsrichter
UMTS: *siehe* **universal mobile telecommunication system**
Umweltsheriff: Mülldetektiv, Müllkontrolleur, *Denglisch, siehe auch* **Müllsheriff**
unbias(s)ed: unparteiisch, unvoreingenommen, neutral, sachlich
unbundling: Entflechtung *(von Energieerzeugung, -übertragung und -lieferung)*
uncompress: entpacken, auspacken, *Denglisch (im Englischen „decompress"), siehe auch* **compress**
uncool: uninteressant, langweilig, spießig, *Denglisch*
under: unter, *auch in*
    undercover: geheim, unerkannt, unter einem Decknamen
    Undercoveragent: V-Mann, Spitzel, *Denglisch*
    underfashion: Unterwäsche
    underflow: Unterströmung
    underground[1]: Untergrund, Boden; Widerstand; geheim
    underground[2] *(BE)*: U-Bahn

underperformer: *siehe* **market underperformer**

underpriced: unterbewertet

understatement: Untertreibung

under way: unterwegs, auf dem Weg; in Arbeit

underwear: Unterwäsche

underwriter: *Agent einer Rückversicherung(sgesellschaft), besonders schlimme Berufsbezeichnung, da aus der deutschen Übersetzung „Unterzeichner" nicht das Geringste an Information über das zugrunde liegende Berufsbild zu entnehmen ist*

underdog[1]: Außenseiter *im Wettkampf*, Herausforderer

underdog[2]: (sozial) Benachteiligter, Schwächerer

underdressed: zu einfach, zu schlecht, unpassend angezogen, *siehe auch* **overdressed** *und* **overstyled**

understanding: Verstehen

understeering control, USC: Untersteuerungskontrolle *von Renault (Ergänzung zum System ESP)*

undo: rückgängig, rückgängig machen

uneconomic: unwirtschaftlich

unemployed: arbeitslos, *siehe auch* **jobless**

unexpected: unvorhergesehen, unerwartet

unfair: ungerecht, parteiisch *gegenüber Anderen*; regelwidrig, unsportlich; unanständig, unlauter, unredlich

unfolding: Entwicklung, Entfaltung, *für die Sanierung der Neustadt von Hoyerswerda (das unter Einbeziehung des sorbischen Stadtnamens Wojerecy im Volksmund „Hoywoy" genannt wird) entwarfen Studenten ein Projekt „Hoywoy Unfolding" - nach Protesten der Bevölkerung nennt es sich jetzt „Superumbau".*

unfriendly takeover: feindliche Übernahme *(durch Erwerb der Aktienmehrheit)*

uniformity: Gleichförmigkeit

uniform resource locator, URL: *genormte* Internetadresse

uninstaller: Deinstallations-, Löschprogramm *(EDV)*

unique: einzigartig, *auch in*

   unique selling point, USP: Alleinstellungs-Merkmal

   unique selling proposition, USP: Alleinstellungs-Merkmal, *einzigartiger Vorzug, das einzigartige Verkaufsargument (Werbung)*

unisex: *Kleidung ohne geschlechtsspezifischen Unterschied*

Unisex-Tarif: Einheitstarif *(für Frauen und Männer, z. B. bei Versicherungen), Denglisch*

unit: Einheit, Block

universal mobile telecommunication system, UMTS: Hochgeschwindigkeits-Mobiltelefon(funk)netz, *neuer Mobiltelefonstandard (u. a. für* **MMS***)*

university: Universität. *In der betrieblichen Praxis oft nur:* Weiterbildung, Fortbildung, Weiterbildungsabteilung, *reiner Euphemismus.*

unlike: verschieden, unähnlich

unlimited: unbegrenzt, uneingeschränkt

unlock: offen, öffnen

unmount: *(für ein Gerät, z. B. Laufwerk)* Zuweisung aufheben, Zuordnung aufheben *(in der EDV, speziell bei UNIX und LINUX), siehe auch* **mount**

unplugged: unverstärkt, *nicht elektronisch verstärkte Musik; im übertragenen Sinne:* unbearbeitet *(z. B. so auch zur Qualitätskennzeichnung von deutschem Wein verwendet)*

unprintable: *nicht für den Druck geeignet,* undruckbar

unsolicited commercial e-mail, **UCE**: *unerwünschte E-Post-Werbung,* Werbebelästigung, Werbemüll, *siehe auch* **e-mail spam**

untouchable, untouchbar *(Denglisch):* unberührbar

unzip, unzippen *(Denglisch):* *(Dateien)* entpacken

unzoomen: entfernen, verkleinern, wegziehen, *Denglisch*

up-and-away: auf und davon

up-and-coming: vielversprechend, auf dem aufsteigenden Ast

up-and-down: auf- und absteigend, auf- und abnehmend

update, updaten *(Denglisch):* Aktualisierung, Modernisierung; aktualisieren, *auf den neuesten Stand bringen,* aufrüsten

upgespaced: abgehoben, abgefahren, *Denglisch*

upgrade, upgraden *(Denglisch):* Aufwertung, Auffrischung, Aufbesserung; verbessern, nachrüsten, aufrüsten, überarbeiten, neu fassen; neu auflegen

upload, uploaden *(Denglisch):* (hoch-)laden, hinaufladen

upper[1]: Ober-, *auch in*

    upper class: Oberklasse, *höhere Gesellschaftsschicht,* Oberschicht

upper[2]: Aufputschmittel, *aufputschende Droge,* Amphetamin, *siehe auch* **downer**

uppercut: Aufwärtshaken *(Boxen)*

ups and downs: Erfolge und Tiefschläge, *Aufs und Abs*

upshot: Ausgang, Resultat, Endergebnis

upside-down: *auf dem Kopf (stehend),* kopfstehend, umgekehrt

upstairs: „Weg nach oben", *wird jetzt im Zusammenhang mit Jugendgruppen in der Kirche gebraucht*

upstream: von unten nach oben, vorgeschaltet, vorherig, aufwärts fließend, *auch symbolisch; speziell: von der Tochter- zur Muttergesellschaft, siehe auch* **downstream**

up-to-date: aktuell, *auf dem neuesten Stand,* zeitgemäß, auf der Höhe, gut informiert, auf dem Laufenden

uptown: Stadtrand, besseres Viertel, *siehe auch* **downtown, west end**

up to you: liegt bei dir / Ihnen

URL: *siehe* **uniform resource locator**

usability: Brauchbarkeit, Benutzungsfreundlichkeit, *Denglisch*
usable: brauchbar, anwendbar, geeignet
usage: Gebrauch, Behandlung
use: nutzen, gebrauchen
used-car ordinance: Altautoverordnung *(Entsorgungsbranche)*
used glass: Altglas *(Entsorgungsbranche)*
user[1]: Anwender, Nutzer, Benutzer, *auch in*

> **user account**: *Benutzerzugang zu einem Netzwerk,* Benutzerkonto, Zugangskonto, Zugang
> **user-friendly**: benutzerfreundlich
> **user group**: Benutzergruppe
> **user id**: Benutzerkennung
> **user profile, profile**: Benutzerprofil(-datei)
> **user test**: Anwendertest

user[2]: Rauschgiftkonsument
Userin: weiblicher **user**[1] oder **user**[2], *Denglisch*
utility: Dienst-, Hilfsprogramm; Dienstleistung, Versorgung, *siehe auch* **multiutility**
utility drive: Hilfsantrieb
U-turn: *U-Wende,* Kehrtwende

V

valid: gültig
validity: Gültigkeit
value: Wert, *auch in*

> **value added**: Unternehmenswertschöpfung, Mehrwert
> **value-added tax, VAT**: Mehrwertsteuer, MwSt.
> **value analysis**: Wertanalyse
> **value chain**: Wertschöpfungskette
> **value control**: Wertkontrolle
> **value for money**: *(gutes)* Preis-Leistungs-Verhältnis
> **value sourcing**: Wertschöpfung im Einkauf, Einsparungen

value-at-risk: Verlustpotential
value engineering: *Bau, Bedienung von Maschinen*
vamp: *ugs. für: „männermordende" Frau,* Verführerin, *erotische, berechnende Frau*

van[1]: Lieferwagen, *siehe auch* **minivan**[1]

van[2]: *familiengerechter* Kastenwagen, Familienwagen, Kleinbus, *siehe auch* **minivan**[2] und **Kompaktvan**

vanity: Eitelkeit, *auch in*

vanity fair: Jahrmarkt der Eitelkeit

vanity number, **Vanitynummer** *(Denglisch): personifizierende Telefonnummer, meist alphabetisch aufgebaut*

van jumping: Lückenspringen *(gefährliches Überholen von Lastwagen)*

variable: veränderlich

variation: Abweichung, Änderung

variety: Auswahl, Mannigfaltigkeit, Vielfalt

variety seeking: "etwas Neues ausprobieren"

various: vielfältig

VAT: *siehe* **value-added tax**

vending: *Vertrieb über Automaten (Handelszweig)*

vendor: Verkäufer, Händler, Anbieter, Lieferer, Lieferant

venture: Wagnis, Risiko, mutiger Einsatz, *siehe auch* **joint venture**, *auch in*

venture capital, **Venturekapital** *(Denglisch)*: Wagniskapital, Risikokapital

venture capitalist: Wagniskapitalgeber, Risikokapitalgeber

ver-: *beliebte Vorsilbe für die Bildung denglischer Ungetüme, so etwa in*

verchartern: *(ein Schiff oder Flugzeug) vermieten, Denglisch, siehe auch* **chartern**

vergagt: *witzig, voller Scherze, Denglisch, siehe auch* **gag**

verlinken: *verknüpfen, mit Verweisen versehen (Internet), Denglisch, siehe auch* **link**[2]

verslumen: *zum Elendsviertel werden, herunterkommen, Denglisch*

versnobt: *dünkelhaft, eingebildet, Denglisch, siehe auch* **snob**

Versoftung: *Umsetzung von Filmen, Büchern oder Ereignissen in ein Rechnerspiel (EDV), Denglisch*

verifier: Prüfer, Prüfgerät, Überprüfer

very: sehr, viel, besonders, *auch in*

very important person: *siehe* **VIP**

vibes, **vibrations**: Schwingungen, Vibrationen

vice president: Vizepräsident

Video: *Video ist kein Anglizismus, sondern Latein, und heißt "ich sehe". Das Wort wird jedoch als Vorsilbe in Anglizismen gebraucht, so in*

video blog, **vlog**: Netztagebuch mit Videosequenzen, Videotagebuch

video card: Videokarte, Videoplatine *(EDV)*

video CD: (kompakter) Filmdatenträger

video chat: Videodiskussion, -konferenz | Bildtelefonieren

video clip: kurzer Videofilm, *meist:* Musikfilm

video game: Videospiel

video jockey, VJ: Videovorführer *(im Fernsehen)*

videomessaging: Videobesprechung, -konferenz

video on demand: Filmabruf

videophone: Bildtelefon

videoplayer: Videoabspieler

video screen: Großbildschirm, Videoschirm

video stream: Direktübertragung von Videos *im Internet, siehe auch* **live stream**

videotape: Videoband, Videofilm

video trailer: kurzer Videofilm, Kurzvideo

video wall: Videowand

Vienna: Wien, *z. B. in der österreichischen Fernsehserie* Hello Austria, Hello Vienna, *die im deutschsprachigen Programm 3sat läuft*

view: Blick, Ansicht, Anblick, Aussicht

viewer: Betrachter, Betrachtungsprogramm

viewer's digest: Filmzusammenschnitt

village[1]: Dorf, Gemeinde

village[2]: (Stadt-)Viertel *(z. B. Eppendorf-Village = Viertel in Hamburg)*

violence: Gewalt

VIP, very important person: Berühmtheit, Prominenz, Prominente/r, *sehr wichtige oder prominente Persönlichkeit, auch in*

    VIP lounge: Sonder-, Extra-, Luxus-, Ehren-, Prominentenbereich, Prominentenraum, *siehe auch* **lounge**

    VIP treatment: „Promibehandlung", *buchbare gehobene Behandlung „einfacher Leute" in vornehmen Hotels und anderen Dienstleistungseinrichtungen*

    VIPy: „promimäßig", *Denglisch*

Virenscan(ner): Virensucher, *Virenskänner, Programm zum Auffinden und Unschädlichmachen von Rechnerviren*

virtual: unwirklich, virtuell, *auch in*

    virtual community: Internetgemeinde

    virtual life: *rechnererzeugtes „Leben"*

    virtual reality: multimediale Scheinwelt, *virtuelle Realität, rechnererzeugte Realität*

    virtual reality center: Simulationsabteilung, *Zentrum für die virtuelle Erprobung von technischen Neuentwicklungen*

visibility: Erscheinungsbild *einer Firma*

vision[1]: Sicht

vision[2]: Erscheinung

visions: Gewinnversprechen, Erwecken von Gewinnerwartungen *(bei Anlegern)*

visit[1]: Besuch, besuchen, besichtigen

visit[2]: Anwählen *einer Internetseite*

visitor: Besucher

visitor attractions: Sehenswürdigkeiten *aller Art, das können z. B. Museen oder Freizeitparke, Schlösser, Burgen oder Zoos sein*

visualizer: *Sichtbarmacher, grafischer Ideengestalter*

vital[1]: lebenswichtig, unerlässlich

vital[2]: lebendig, gesund, munter

VJ: *siehe* **video jockey**

V-neck: V-Ausschnitt

vocabulary: Vokabular *(aus dem Lateinischen)*

vocal group: A-cappella-Gruppe, *im Jazz für:* Gesangsgruppe

voice: Sprache, Stimme, Äußerung, *auch in*

> **voice box**: Anrufbeantworter, *siehe auch* **mailbox**[2]
>
> **voice chat**: Gesprächsrunde *(im Internet) (mit Sprechverbindung), im Gegensatz zu* **chat**
>
> **voice commerce**: *gesprochene Beantwortung von Kauf- bzw. Suchanfragen (per Mobiltelefon)*
>
> **voice data**: Sprachdaten
>
> **voice mail**: gesprochene Post, Sprachpost, gesprochene Nachricht
>
> **voice message**: gesprochene Mitteilung, Sprachmitteilung, Sprachnachricht
>
> **voice over IP, VoIP**: Internettelefonie, *Sprachübertragung über das Internet*
>
> **voice processing**: Stimmensteuerung
>
> **voice recorder**: Stimmenaufzeichner, Tonband

void: Leere; leer, ungültig

voipen: übers Internet telefonieren, *Denglisch*

volley: Flugball, Direktabnahme

volume: Lautstärke

volunteer: Freiwilliger, *ehrenamtlicher* Helfer

Vorcasting: Vorauswahl *vor dem* **casting**[1], *Denglisch*

vote: Wahl, Stimmabgabe; Zustimmung, *auch in*

> **vote getter**: Stimmenfänger, Wahlgewinner
>
> **voting, voten** *(Denglisch)*: abstimmen, Abstimmung, *für etwas stimmen (besonders beliebt im deutschen Privatfernsehen, wenn Zuschauer über irgendetwas abstimmen können, aber auch bei Zeitungen und im Internet)*

voucher: Gutschein

voyage: Reise

voyager: Reisender

VSOP: erstklassig, *Weinbrandqualität*

W

wafer[1]: Waffel, Oblate; Plättchen, Scheibe *(auf vielen deutschen Produkten)*

wafer[2]: Halbleiterscheibe *(Ausgangsmaterial für den* **microchip***)*

wait: warten, *auch in*

> **wait-and-see**: lauern, abwarten und beobachten, *schau' mer mal*

> **waiting room**: Wartezimmer

wakeboarding: Wasserbrett fahren

wake-up call: Weckruf

walk: Gang, gehen, *auch in*

> **walken**: marschieren, *schnell spazieren gehen, scharf wandern, Denglisch*

> **walker**: *Marschierer, schneller Spaziergänger*

> **walkie-talkie**: *tragbares* Funksprechgerät

> **walking**: Marschieren, *schnelles Spazierengehen, scharfes Wandern, siehe auch* **power walking** *und* **Nordic walking**

> **walking character**: Maskottchen *(z. B. in Freizeitparks oder bei Sportveranstaltungen)*

> **walkman**: *tragbarer* Kassettenspieler, *im Englischen nicht existent, japanische Kreation wie das deutsche* **handy**[2], *siehe auch* **discman**

> **Walk of Fame**: Ruhmesmeile, Straße des Ruhmes *(mit Gedenksteinen im Straßenpflaster), wurde im deutschsprachigen Raum schon mehrere Male eingerichtet, Denglisch, siehe auch* **Hall of Fame**

wall: Wand, Mauer

wallet: Brieftasche, Geldbörse

Wall Street: New-Yorker Börse, *hat ihren Sitz in der Wall Street*

walnut: Walnuss, *z. B. als Bezeichnung einer deutschen Eissorte*

want: wünschen, wollen, fordern

wanted: gesucht (wird)

WAP: *siehe* **wireless application protocol**, *auch in*

> **WAP handy**: *internetfähiges Mobiltelefon,* Internettelefon, *Denglisch, siehe auch* **handy**[2]

> **wappen**: *mit dem Mobiltelefon auf das Internet zugreifen, Denglisch*

war: Krieg, *auch in*

> **warblogger**: *privater Kriegsberichterstatter im Internet (bekannt aus dem Irakkrieg), siehe auch* **weblogger**

> **war games**: Kriegsspiele

> **warlord**: Feldherr, Heerführer; Kriegsfürst, Bandenführer, Landsknechtsführer

Ware-gegen-Cash: „Ware gegen Bares", *spezielle Zahlungsmethode, Denglisch*

warehouse: Speicher, Lager

warm: aufwärmen, wärmen, *auch in*

    Warming-up-Phase: Aufwärmphase, *Denglisch*

    warm-up: Aufwärmphase *(Formel 1)*; aufwärmen, warm machen

    warm-upper: Anheizer *(des Publikums bei öffentlichen Fernseh-sendungen)*

warning: Warnung, Achtung

warrant: Optionsschein *(Börse)*, Garantie(-schein), Lagerschein, Befugnis

warrior: Krieger - *auch seriöse Fernsehsender machen aus dem Krieger dann einen* **warrior***, wenn dieser z. B. in Afghanistan sein Handwerk aus-übt, als ob Englisch die Landessprache von Afghanistan, Irak, Usbekistan usw. wäre.*

wash: waschen, *auch in*

    wash-and-go: waschen und fertig

    wash-and-wear: bügelfrei, waschen und tragen

    washboard: Rhythmusinstrument, Waschbrett

    wash out: verwaschen, verblassen, verschwimmen

waste[1]: öde, unbebaut

waste[2]: Müll, Abfall *(gern in der Entsorgungsbranche verwendet)*, *auch in*

    waste collection: Abfallsammlung

    waste-collection system: Müllabfuhr - *ein ebenso erbärmlicher wie vergeblicher Euphemismus*

    waste management: Abfallentsorgung

    waste-management company: Entsorger

    waste paper: Altpapier

    waste prevention: Abfallvermeidung

watch[1]: Armbanduhr

watch[2]: Aufsicht, *auch in*

    watchcam: Überwachungskamera, *auch als* Spannerkamera *im Internet, siehe auch* **spycam**

    watchdog function: Überwachungsfunktion, „Wachhund"

    watcher: Aufpasser, Beobachter

    watchlist: Schwarze Liste, Überwachungsliste

    watchman[1]: *(tragbarer)* Kleinstfernseher

    watchman[2]: Wachtposten, Nachtwächter

water: Wasser, *auch in*

    water cooler: Wasserkühler, -spender

    waterproof: wasserdicht; wasserdichter Stoff; Regenmantel

wave: Welle

Waveprotectstoff: Strahlenschutzstoff, *Denglisch*

way[1]: Art, Weise, *auch in*

    way of life: Lebensart; Lebensweg

way[2]: Weg, Straße

WBT: *siehe* **web(-based) trainings**

weak: schwach, schwächlich

weaning station: Entwöhn(ungs)station *(in Kliniken)*

wear[1]: Kleidung, *in Wortverbindungen*

wear[2]: tragen, *auch in*

    wearable computer: *(in der Kleidung tragbarer)* Kleinstrechner

    wear off, **wear out**: abnutzen

weather: Wetter, Witterung, *auch in*

    weatherproof: wetterfest, *oft in Textilienaufdrucken und in diversen deutschen Katalogen*

web: Netz, Weltnetz, *auch in*

    web(-based) trainings, **WBT**: *Lektionen im Internet,* Netzlernkurs, *Teil des* **e-learning**

    web-basiertes Lernen *(Denglisch): siehe* **e-learning**

    webcam: Netzkamera

    web card: *Postkarte mit Hinweis auf einen Netzstandort*

    web cast: (interaktives) Netzreferat *(von Spezialisten)*

    web crawler: Netzabsucher, *Netzabgraser*

    web design: Netzseitenentwurf, Netzseitengestaltung

    web-fähig: netzfähig, *Denglisch*

    webhits: Netzzugriffe, Standortzugriffe, (Seiten-)Zugriffe *(im Internet)*

    webhoster: Internetanbieter

    weblog, **blog**: *interaktiv geführtes, persönliches* Netztagebuch

    weblogger, **blogger**: *einer, der Persönliches im Internet äußert, siehe auch* **warblogger** *und* **weblog**

    webmaster: Netzverwalter, *Verantwortlicher für eine Netzseite,* Netzwart

    webpage: Netzseite, Weltnetzseite

    web publishing: Netzpublikation, -veröffentlichung, *Verbreitung von Informationen im Internet, Publizieren im Internet*

    web radio: Netzrundfunk, *Radiosendungen bzw. Radiosender im Internet*

    web server: Netzdienstrechner

    web service: *(erweiterter und vereinheitlichter)* Netzdatendienst

    web shop: Netzkiosk, *Geschäft im Internet*

    website: Netzauftritt, Netzstandort, Netzadresse, *Präsentation im Internet*

    website creator: Netzseitengestalter *(EDV-Programm)*

    webspace: Netzplatz, *persönlicher Netzspeicherplatz*

    websurfer: Weltnetznutzer

websurfing: *siehe* **surfen**[2]

web-TV: Netzfernsehen, *Denglisch, siehe auch* **Streamingtechnik**

web-usage mining: *Netznutzungsforschung, Untersuchung des Verhaltens von Internetnutzern*

webwasher: Netzfilter

webzine: Netzzeitschrift

week: Woche, *auch in*

> **weekday**: Alltag, Wochentag, *z. B. im Telefontarif* free and easy weekday

> **weekend**: Wochenende

> **weekend feeling**: Wochenendgefühl, Wochenendstimmung

> **weekend of sport(s)**: Sportwochenende

> **weekly soap (opera)**: wöchentliche Seifenoper, *siehe auch* **soap opera**

wegzappen: *(Sender)* wegschalten, *Denglisch, siehe auch* **zappen**

weight: Gewicht, *auch in*

> **weight concept**: *Gepäckbegrenzung nach Gewicht (bei Flugreisen), siehe auch* **piece concept**

welcome: willkommen *(viele kleinere deutsche Geschäfte scheinen nur noch britische und amerikanische Gäste begrüßen zu wollen)*

welcome hostess: Empfangsdame, *Denglisch*

welcome package: Begrüßungs-, Startpaket

well: gut, in Ordnung

well-done[1]: gut gemacht

well-done[2]: durchgebraten

well-dressed: richtig gekleidet, elegant

wellfit: *denglische Version von „mens sana in corpore sano", d. h. dem „gesunden Geist, der in einem gesunden Körper wohnt"*

wellness: Wohlbefinden; Wohlfühl-, *siehe auch* **selfness**, *auch in*

> **wellness clinic**: Schönheits(operations)klinik

> **wellness coach**: Gesundheitsbetreuer, *Wohlfühlexperte*

> **wellness drink**: Gesundheitsgetränk

> **wellness level**: Wohlfühlniveau

> **Wellnessprogramm**: Wohlfühlprogramm, Sport- und Gesundheitspro-gramm, *Denglisch, dazu kommen unzählige teils unfreiwillig witzige denglische Verbindungen wie:* Wellness Bad = Wohlbefinden schlecht, *so in der Werbung der Stadt Bad Oeynhausen.*

> **wellness spa**: Schönheitsfarm

> **wellness trainer**: Gesundheitsbetreuer, *Wohlfühlexperte*

well-off older people, woopie: *wohlhabende/r Rentner/in, wohlhabende/r Ältere/r*

Werbebreak. Werbepause, Werbeunterbrechung, *Denglisch*

Werbe-Pop-up: Aufspringwerbung, *Denglisch*

Werbespot: *(kurzer)* Werbebeitrag, Werbeeinblendung, *Denglisch, siehe auch* **spot**[2]

west end: vornehmer, eleganter Stadtteil, *siehe auch* **uptown**

wet: nass, feucht - *besonders die Putzmittelhersteller und die Kosmetikproduzenten mögen zwischen* nass *und* feucht *nicht so recht unterscheiden, weshalb dort der Anglizismus für alles verwendet wird, was nicht knochentrocken ist.*

whalewatching: Walschau, -beobachtung *(touristische Attraktion)*

wheel: Rad, Reifen, Rolle, *auch in*

    wheel mouse: mechanische Maus

whirlpool: Sprudelwanne, Brodelbad

whisper: flüstern

white: weiß; hell, *auch in*

    whiteboard: Schreibtafel, weißes Brett

    White-Collar-Kriminalität: Schreibtischverbrechen *(in Politik und Wirtschaft), Denglisch*

    White-Collar-Verbrechen: Kavaliersdelikt, Wirtschaftskriminalität, *Denglisch*

    white-collar worker: Angestellter, *siehe auch* **blue-collar worker**

    whitening: Bleicher, Weißer *(z. B. in Zahnpasta)*

    white noise: weißes Rauschen

    white pages: Telefonbuch *(wörtlich: Weiße Seiten)*

    white paper: Weißbuch

who's who, who is who: Wer ist wer, *Kurzbiografiensammlung bestimmter Persönlichkeiten, im übertragenen Sinne oft nur einfache Liste mit Funktionsangaben, dann etwa: „Wer macht was in der Stadtverwaltung"*

why not: warum (auch) nicht

wide screen: Breitwand *(Film)*

widget: Fensteranwendung, Steuerelement, Dialogelement *(EDV)*

wildcard[1]: Freilos, Zusatzstartrecht *(Sport)*

wildcard[2]: Platzhalter, (Such-)Schablone *(EDV)*

wildlife: Wildnis, Tier- und Pflanzenwelt

win: gewinnen, triumphieren; Sieg, Triumph, *auch in*

    winner: Gewinner, Sieger, *der Begriff wird häufig in der im Deutschen völlig überflüssigen Formel „And the winner is ..." benutzt*

    winner and loser: Gewinner und Verlierer

    winner skills: Siegermentalität, Siegereigenschaften, Siegerfertigkeiten

    Wintyp: Gewinnertyp, Siegertyp, *Denglisch*

    win-win (situation): Zwei-Gewinner-Situation, *„alle Beteiligten profitieren"*

windbreaker: Windjacke

wind-chill: gefühlte Kälte, gefühlte Temperatur

window: Fenster, *auch in*

    window (air) bag: Fensterprallkissen, *siehe auch* **air bag**

    window colors: Fensterfarben

    window dressing[1]: Schaufensterdekoration

    window dressing[2]: Manipulation *in Wirtschaftsstatistiken, Bilanzen usw.*

    window-shopping: Schaufensterbummel

windsurfen: *brettsegeln, standsegeln, stehsegeln, Denglisch, nicht zu verwechseln mit* **surfen**[1], *siehe auch* **kitesurfen**

Wine-and-dine-Abend: *Abend bei Wein und gutem Essen, Denglisch*

wine & cheese party: *Wein- und Käsefete*

winemaker: Winzer, Weinerzeuger

wing: Flügel, Tragfläche, *siehe auch* **chicken wings**

wireless: Funkgerät; drahtlos, kabellos, schnurlos, Funk-; schnurlos verbunden, funkverbunden, *siehe auch* **cordless**

wireless application protocol, **WAP**: Anwendungs-Funkprotokoll, *Internetzugriff für Mobiltelefone, auch in*

wireless local area network, **wireless LAN**, **WLAN**: Funk-Netzwerk, *kabelloses lokales Funknetz, schnurloser Internetzugang*

wish: wünschen, wollen, erhoffen

wishlist: Wunschliste

witness: Zeuge, *siehe auch* **attester**

wizard[1]: Pfiffikus, Tüftler, Guru *(EDV)*

wizard[2]: Assistent *(eingebaute Hilfe, um bestimmte Funktionen komplizierter EDV-Programme leichter nutzen zu können)*

WLAN: *siehe* **wireless local area network**

woman: Frau, Dame, *auch in*

    womanizer: Schürzenjäger, Frauenheld

    women's lib(eration): Frauen(emanzipations)bewegung

    women's wear: Damenbekleidung

wonder: Wunder, *auch in*

    wonderful: wundervoll, erstaunlich

woofer: Tieftöner

wool: Wolle *(das deutsche Wort ist in kaum noch einem Wollprodukt zu finden, auch wenn es in Deutschland für den deutschen Markt hergestellt wurde)*

woopie: *siehe* **well-off older people**

word: Wort, Nachricht, *auch in*

    wording: Sprachregelung, Formulierung(en), *speziell eine Gruppensprache in der Wirtschaft mit viel Englisch und Denglisch, die technisches Verständnis, Modernität, Weltläufigkeit und hohen Lebensstandard suggerieren soll, siehe auch* **corporate wording**

word processing: Textverarbeitung *(EDV)*

work: Arbeit, Tätigkeit, *auch in*

workaholic: Arbeitssüchtiger, Arbeitstier, *siehe auch* **overachiever**

work-around: Behelfslösung

work camp: Arbeitslager *(Lager für gemeinschaftliches Arbeiten - ohne negativen Bedeutungsbeigeschmack)*

workflow: Arbeitsfluss, Arbeitsablauf

workflow management: Ablauforganisation, Arbeitsablaufgestaltung

work force: Belegschaft

workgroup: Arbeitsgruppe

workholder value: Mitarbeiterwert, Beschäftigungsfähigkeit *von Mitarbeitern - ein Führungsprinzip, das die Berücksichtigung der Interessen der Beschäftigten verfolgt*

working capital: *arbeitendes Kapital,* Nettoumlaufvermögen

worklife: Berufsleben, Arbeitsleben

workload: Arbeitslast, Arbeitspensum

workout: Übung, Körperertüchtigung, *(sportliche)* Ausarbeitung

work paper: Arbeitspapier, Entwurf, Vorentwurf

workplace: Arbeitsplatz

worksheet: Arbeitsblatt, Tabellenblatt *(bei Tabellenkalkulationsprogrammen)*

workshop[1]: Werkstatt

workshop[2]: Arbeitssitzung, -tagung, -gruppe, Arbeitskreis, -treffen, Lehrgang, Seminar

work simplification: Arbeitsvereinfachung

workstation[1]: (Rechner-)Arbeitsplatz; *(leistungsstarker)* Arbeitsplatzrechner *(EDV)*

workstation[2]: Arbeitsplatz *(im Sinne von Werkzeugmaschine)*

workwear: Arbeitskleidung

work weight: Betriebsgewicht

Working-Holiday-Visum: Aufenthalts- und Arbeiterlaubnis *(z. B. für Australien, Japan, Neuseeland),* Denglisch

work-life balance: *siehe* **life-work balance**

world: Welt, Erde, *wird oft vollkommen sinnentleert eingesetzt, z. B. in* „Deutsche Post World Net", *auch in*

> **World Cup**: Weltmeisterschaft, Weltpokal
>
> **world-famous**: weltberühmt
>
> **world tracer**: *weltweites* Gepäcksuchsystem *(Flugwesen)*
>
> **world trade**: Welthandel
>
> **worldwide**: weltweit, weltumspannend

World Wide Web, **WWW**: Weltnetz, weltweites Informationsnetz, *verallgemeinert:* Netz, *fälschlich oft als Synonym für das Internet gebraucht*

worst case: *schlimmst mögliche Entwicklung,* schlimmster Fall, Schlimmstfall, *auch in*

Worst-Case-Szenario: Katastrophenszenarium, *Denglisch*

wow!: oh!, *Ausruf des Erstaunens*

wrap, **wrapping**: einwickeln, einpacken, verpacken, *auch in*

wrap industry: Verpackungsindustrie

wrapper: Hülle, Umschlag, Verpackung

wrestling: Ringen *(olympische Disziplin), meist aber:* Schauringen, *siehe auch* **catchen**

wristphone: *Telefon am Handgelenk*

write: (nieder-)schreiben, *auch in*

write off: abschreiben *(Wirtschaft, auch symbolisch)*

writer: Schreiber

wrong: falsch, fehlerhaft, unzutreffend

wrongdoing: Übertretung, Rechtsverletzung

WWW: *siehe* **World Wide Web**

WYSIWYG: *Abkürzung für:* **what you see is what you get**, *das bedeutet zweierlei: im Handel „gekauft wie gesehen", in der EDV „bei einem Textverarbeitungsprogramm stimmen Bildschirmdarstellung und späteres Druckbild überein".*

X

X^1: *oft Abkürzung für: „sehr" (engl. „extremely"): Kleidergrößen XS, XL, XXL*

X-^{2}: *oft Abkürzung für:* **cross-** *oder* **ex-**, *etwa in*

X-ing: Kreuzung *(für:* **crossing***)*

X-roads: Kreuzung *(für:* **crossroads^1***)*

x-by-wire: *(variable) elektronische Antriebssteuerung (bei Kfz)*

X-chromosome: *Geschlechtschromosom*

X-large: Übergröße

X-mas: Weihnachten, *Abkürzung für* **Christmas***, ein absoluter Renner der Werbung, um das wohl zu christlich klingende Wort* Weihnachten *zu vermeiden*

X-ray: Röntgenstrahlen, *auch für:* Röntgenschirm, Röntgenbild

X-shaped: X-förmig - *das gilt analog auch für andere Buchstaben, mit deren Form häufig gearbeitet wird (z. B. S, Y, T)*.

XtraFriend: *spezieller Telefontarif, etwa:* Jugendtarif

Xtra4you: *spezieller Telefontarif, etwa:* Für-Dich-Tarif

XXL entertainment: Spitzenunterhaltung, *Denglisch*

XXX: Porno, *nach dem Bewertungszeichen der amerikanischen Filmaufsichtsbehörde für extreme Pornofilme*

Y

yacht: Jacht, *großes* Kajütboot, Segelboot

year: Jahr

yearly: jährlich

Yello Strom: *denglisch klingende Bezeichnung für eine Strommarke*

yellow: gelb

yellowback: Billigtaschenbuch

yellow pages: Branchenbuch, Gelbe Seiten

yellow press: Sensationspresse, Regenbogenpresse, Revolverblätter

yellow station: „Deutsche" Post, *Denglisch*

yelpen: „winseln" - *hessische Polizeiautos sollen jetzt so klingen wie die amerikanischen, Denglisch*

you'll never walk alone: du wirst nie allein dastehen - *offensichtlich danebengegangener Abschiedsgruß auf einem Transparent für den großen deutschen Fußballer Fritz Walter*

young: jugendlich, jung, *auch in*

> **young biz**: Schülerfirma, „junge Unternehmer", *auch gewöhnungsbedürftige Bezeichnung für:* „Schülerwirtschaftstage" *(z. B. in Sachsen) auf dem geistigen Niveau von* **girls' day**

> **young fashion**: junge Mode, *Mode für junge Menschen*

> **youngster[1]**: Junger, Jugendlicher

> **youngster[2]**: Neuling, Jüngster, *jüngster Teilnehmer an einem Sportwettkampf*

young professional: Berufsanfänger, Berufseinsteiger

youngtimer: jüngerer Autoveteran, *im Gegensatz zum* **oldtimer**

youth: Jugend, *auch in*

> **youth center**: Jugendzentrum, Haus der Jugend

youth court: „Wellenbrecher", *spezieller Jugendgerichtshof, an dem Jugendliche selbst über straffällig gewordene, aber unmündige Jugendliche richten (bemerkenswert fantasievolle Eindeutschung eines englischen Begriffs)*

youthful: jugendlich

youth hostel: Jugendherberge

yuppie (young urban professional): Karrierist, Streber

Z [vgl. auch C und K]

zap: schnell schalten, *Denglisch, im Englischen unbekannt, auch in*

    zappen: durchschalten, *mit der Fernbedienung von Sender zu Sender schalten, Denglisch*

    zapper: Senderwechsler, Fernsehsüchtiger, *Denglisch*

    zapping: *(Fernseh-)*Senderspringen, *Denglisch, siehe auch* **channel hopping**

Zeitmanagement *(Denglisch)*: *siehe* **time management**

zero: Null, Grundwert

zero-based budgeting: kostendeckende Planung

zero-bond: abgezinste Anleihe, Null-Kupon-Anleihe, *Null-Prozenter (Börse)*

zero-defect: fehlerfrei *(Produktion)*

zero tolerance: Nulltoleranz, *siehe auch* **broken windows**

zip^1, zipper *(Denglisch)*: Reißverschluss

zip^2, zippen *(Denglisch)*: *(Dateien)* packen und verdichten

zombie: Untoter, *willenlos wandelnde Leiche*

zoom^1: *Gummilinse, Variooobjektiv*

zoom^2, zoomen *(Denglisch)*: *(meist stufenlos)* verkleinern *oder* vergrößern, heranziehen, heranholen

zugemailt: überschüttet *(mit E-Post), Denglisch*

Liebe Leserin, lieber Leser,

begegnen auch Ihnen immer wieder Anglizismen, die Sie für überflüssig halten und die Sie lieber gegen ein deutsches Wort austauschen möchten?

Oder haben Sie noch weitere Anregungen für uns?

Schreiben, faxen oder senden Sie uns doch bitte Ihre Anmerkungen unter

IFB Verlag
Schulze-Delitzsch-Straße 40
33100 Paderborn

Telefon 0 52 51 – 31 06 02
Telefax 0 52 51 – 37 09 06
E-Post info@ifb-verlag.de

Vielen Dank für Ihre Mithilfe.

Ihr IFB Verlag

Lesen Sie zum gleichen Thema

Franz Stark
Sprache - sanftes Machtinstrument in der globalen Konkurrenz
Wo, wie und wieweit wir Deutsch verteidigen sollten.
10 Thesen für eine deutsche Sprachenpolitik

80 Seiten, 9,90 Euro, ISBN 978-3-931263-67-6

Die Zukunft des „Standorts Deutschland" hängt nicht unwesentlich von der Zukunft seiner Sprache ab. Denn die ist – wie dieser Aufsatz zu zeigen versucht – Teil einer Wirkungskette: Präsenz einer Sprache und Prestige des Sprachmutterlandes, die Anziehungskraft seiner Gesellschaft, ihres Bildungsniveaus und ihrer Kultur, und nicht zuletzt die Fähigkeit (eines rohstoff- und energiearmen Landes), Ideen und Innovationen exportieren zu können – anstatt sie importieren zu müssen – sind untrennbar miteinander verbunden. In diesem Buch werden diese Zusammenhänge analysiert, Versäumnisse aufgezeigt und Überlegungen angestellt, wo, wie und wieweit wir die deutsche Sprache verteidigen sollten, um die Zukunft unseres Wirtschaftsstandortes auch für die Zukunft zu sichern.

Gerhard Illgner
Die deutsche Sprachverwirrung
Lächerlich und ärgerlich: Das neue Kauderwelsch

136 Seiten, 12,00 Euro, ISBN 978-3-931263-38-6

In alten Mythen steckt meistens ein wahrer Kern. "Es hatte aber alle
Welt einerlei Zunge und Sprache" heißt es in der alttestamentarischen
Geschichte vom Turmbau zu Babel. Bis auf den heutigen Tag wiederholt sich, was im alten Babylon mit dem Verfall der gemeinsamen Sprache endet. In unserer Zeit ist die hochdeutsche Sprache von Verwirrung
bedroht. Sie wird bis zum Verlust der allgemeinen Verständlichkeit verändert. Da wirbelt vielerlei durcheinander: Modewörter und Schlagwor-
te, halbverdaute Brocken aus Fachjargons, Wörter aus Gruppen- und
Sondersprachen und vor allem viel Anglo-Amerikanisches oder das,
was man dafür hält.

Der Autor Gerhard Illgner, ein Mann der Sprache, viele Jahre journali-
stisch tätig und medienerfahren, stellt in der vierten Auflage dieses Buches die waghalsigsten, dümmsten und sinnlosesten Auswirkungen der
angesprochenen Verwirrung vor und kommentiert sie klug und ge-
wandt.

Man muss kein Linguist sein, um an den Ausführungen Illgners zu erkennen, wo der Hase im Pfeffer liegt!

Sternstunden der deutschen Sprache
Herausgegeben von Walter Krämer und Reiner Pogarell

431 Seiten, 24,90 Euro, ISBN 978-3-931263-27-0

Wussten Sie schon, dass das erste deutsche Buch ein Wörterbuch war? Wussten Sie, dass es ein deutschsprachiges Buch war, das den Anstoß zur Gründung des Staates Israels gab? Und dass es ein deutschsprachiges Buch war, auf das sich die kommunistischen Herrscher in aller Welt beriefen? Kennen Sie die Texte Wagners, Luthers oder Hesses nur vom Hörensagen? Haben Sie Lust, etwas mehr über die spannende Geschichte unserer Sprache zu erfahren?

Selbstverständlich finden sich in diesem Buch die bekannten Glanzlichter berühmter Geistesgrößen aus Literatur und Philosophie. Doch werden darüber hinaus nicht wenige Entdeckungen vorgestellt, die bisher nur kleineren Fachkreisen bekannt waren, eine vollständig neue Konzeption.

Eine faszinierende Reise durch die deutsche Sprachgeschichte in Literatur, Technik, Philosophie, Musik, Religion und Politik erwartet Sie. Dieses Werk enthält eine einmalige und mitreißende Sammlung deutschsprachiger Texte vom Anfang der deutschen Sprachgeschichte bis zur Gegenwart – anregend kommentiert und erläutert von 35 sachkundigen Autoren.

Sternstunden der deutschen Sprache - Das Wissensspiel

120 Karten, 9,90 Euro, ISBN 978-3-931263-65-2

Ein geniales Quiz für alle Menschen, die Freude an der deutschen Sprache haben. In diesem Kartenspiel werden so gut wie alle Themengebiete gestreift, in denen die deutsche Sprache aus gutem Grund zuhause ist: Literatur, Musik, Technik, Philosophie, Religion, Politik. Kurz: Ein spannender Streifzug durch die deutsche Geschichte. Dabei berücksichtigen die interessanten Fragestellungen Themengebiete der letzten 1.200 Jahre. Kluge Fragen und informative Antworten vermitteln Wissen und sorgen für Unterhaltung auf höchstem Niveau. Mehrere Spielvarianten sind möglich und garantieren ein lehrreiches Spielvergnügen.